全国“八五”普法
普法知识题集系列 10

互联网从业人员

HULIANWANG CONGYE RENYUAN

普法知识题集

PUFA ZHISHI TIJI

中国法制出版社
CHINA LEGAL PUBLISHING HOUSE

图书在版编目（CIP）数据

互联网从业人员普法知识题集／中国法制出版社编．—北京：中国法制出版社，2021.6
（普法知识题集系列）
ISBN 978－7－5216－1897－6

Ⅰ.①互… Ⅱ.①中… Ⅲ.①法律－中国－习题集 Ⅳ.①D92－44

中国版本图书馆 CIP 数据核字（2021）第 098659 号

策划统筹 胡 斌 唐 鹍
责任编辑 唐 鹍　　封面设计 李 宁

互联网从业人员普法知识题集
HULIANWANG CONGYE RENYUAN PUFA ZHISHI TIJI

编者/中国法制出版社
经销/新华书店
印刷/三河市紫恒印装有限公司
开本/880 毫米×1230 毫米 32 开　　印张/ 8 字数/ 199 千
版次/2021 年 6 月第 1 版　　2021 年 6 月第 1 次印刷

中国法制出版社出版
书号 ISBN 978－7－5216－1897－6　　定价：32.00 元

北京西单横二条 2 号
邮政编码 100031　　传真：010－66031119
网址：http：//www.zgfzs.com　　**编辑部电话：010－66066820**
市场营销部电话：010－66033393　　**邮购部电话：010－66033288**

（如有印装质量问题，请与本社印务部联系调换。电话：010－66032926）

编辑说明

当前，我国已开启全面建设社会主义现代化国家新征程，进入新发展阶段。通过开展“八五”普法，使公民法治素养和社会治理法治化水平显著提升，形成全社会尊法学法守法用法的良好氛围。多层次多领域依法治理深入推进，全社会办事依法、遇事找法、解决问题用法、化解矛盾靠法的法治环境显著改善。

提升公民法治素养是全民普法的主要目标，也是全面依法治国的迫切要求，要突出重点对象，分层分类指导。实行公民终身法治教育制度，把法治教育纳入干部教育体系、国民教育体系、社会教育体系，不断提升全体公民法治意识和法治素养。坚持学用结合、普治并举。注重在立法、执法、司法和法律服务过程中开展实时普法，把普法深度融入立法、执法、司法和法律服务全过程，把普法融入法治实践、基层治理和日常生活。

为配合“八五”普法工作需要，我们组织编写了“普法知识题集系列丛书”。定位普法，覆盖公民、国家工作人员、领导干部、青少年、企业人员等，题型丰富、解析精准、难度适中，从试题角度为普法工作学习提供检验测试工具。丛书具有以下特点：

一、题型丰富。题型涵盖判断题、单选题、多选题、填空题、简答题，完备系统。

二、解析精准。习题均附有参考答案，解析有法律条文做依据，精准可靠。部分判断题、填空题的解析出于节省篇幅考虑，只列出答案和条文序号。

三、难度适中。习题设置避免难题、偏题、怪题，以突出应知应会和重点条文为出发点设置。

本丛书既适合机关、团体、学校、企业、事业单位等组织相关培训配套使用，也适合有学习需求的广大读者阅读。希望本丛书的出版能够有助于引导广大读者养成自觉守法的意识，形成遇事找法的习惯，培养解决问题靠法的意识和能力。为建设信仰法治、公平正义、保障权利、守法诚信、充满活力、和谐有序的社会主义法治社会贡献一份力量。

由于时间和水平有限，不足之处在所难免，敬请广大读者批评指正。

中国法制出版社

2021 年 6 月

目录

一、宪　法

（一）判断题

1. 全国各族人民、一切国家机关和武装力量、各政党和各社会团体、各企业事业组织，都必须以宪法为根本的活动准则，并且负有维护宪法尊严、保证宪法实施的职责。互联网从业者也没有例外。（　　）
2. 公民依照法律规定，通过各种途径和形式，管理国家事务，管理经济和文化事业，管理社会事务。（　　）
3. 国家行政机关、监察机关、审判机关、检察机关都由人民代表大会产生，对它负责，受它监督。（　　）
4. 国家根据各少数民族的特点和需要，帮助各少数民族地区加速经济和文化的发展，但互联网技术不应在少数民族地区发展。（　　）
5. 各民族都有使用和发展自己的语言文字的自由，都有保持或者改革自己的风俗习惯的自由，这在互联网行业也同样适用。（　　）

（二）单项选择题

1. 社会主义制度是中华人民共和国的根本制度。（　　）是中国特色社会主义最本质的特征。禁止任何组织或者个人破坏社会主义制度。

   A. 马列主义毛泽东思想的指导与引领

   B. 中国共产党领导

   C. 共产主义

   D. 人民当家作主

2. （　　），即社会主义全民所有制经济，是国民经济中的主导力量。

   A. 集体经济　　　　B. 个体经济

   C. 公有制经济　　　D. 国有经济

3. 国家保护个体经济、私营经济等（　　）的合法的权利和利益。国家鼓励、支持和引导非公有制经济的发展，并对非公有制经济依法实行监督和管理。

A. 非公有制经济　　B. 公有制经济
C. 集体经济　　D. 非社会主义经济

4. 公民的(　　)不受侵犯。
A. 私有财产　　B. 所有财产
C. 合法的私有财产　　D. 合法的所有财产

5. 国家实行社会主义市场经济。国家加强经济立法，完善(　　)。国家依法禁止任何组织或者个人扰乱社会经济秩序。
A. 互联网经济体制　　B. 微观能动经济
C. 宏观调控　　D. 市场经济体制

（三）多项选择题

1. 国家通过提高劳动者的积极性和技术水平，推广先进的科学技术，完善(　　)，实行各种形式的社会主义责任制，改进劳动组织，以不断提高劳动生产率和经济效益，发展社会生产力。
A. 经济管理体制　　B. 职工管理体制
C. 生产管理体制　　D. 企业经营管理制度

2. 国家发展各种教育设施，扫除文盲，对(　　)和其他劳动者进行政治、文化、科学、技术、业务的教育，鼓励自学成才。
A. 工人　　B. 互联网从业者
C. 农民　　D. 国家工作人员

3. 国家发展(　　)事业，普及科学和技术知识，奖励科学研究成果和技术发明创造。
A. 互联网科学　　B. 天文科学
C. 自然科学　　D. 社会科学

4. 国家倡导社会主义核心价值观，提倡爱祖国、(　　)的公德，在人民中进行爱国主义、集体主义和国际主义、共产主义的教育，进行辩证唯物主义和历史唯物主义的教育，反对资本主义的、封建主义的和其他的腐朽思想。
A. 爱人民　　B. 爱劳动
C. 爱科学　　D. 爱社会主义

（四）填空题

1. 中华人民共和国是____领导的、以____为基础的人民民主专政的社会主义国家。
2. 中华人民共和国的国家机构实行____的原则。
3. 国家合理安排积累和消费，兼顾国家、集体和个人的利益，在____的基础上，逐步改善人民的物质生活和文化生活。
4. 国家建立健全____的社会保障制度。
5. 国有企业在法律规定的范围内有权____。国有企业依照法律规定，通过职工代表大会和其他形式，实行民主管理。
6. 集体经济组织在____的前提下，有独立进行经济活动的自主权。

（五）简答题

1. 简述《宪法》中有关公民通信自由和通信秘密的规定。
2. 简述《宪法》中有关公民劳动的权利和义务的规定。

参考答案

（一）判断题

1. √，解析：《宪法》序言。
2. ×，解析：《宪法》第 2 条第 3 款规定，人民依照法律规定，通过各种途径和形式，管理国家事务，管理经济和文化事业，管理社会事务。
3. √，解析：《宪法》第 3 条第 3 款。
4. ×，解析：《宪法》第 4 条第 1 款第 2 款规定，中华人民共和国各民族一律平等。国家保障各少数民族的合法的权利和利益，维护和发展各民族的平等团结互助和谐关系。禁止对任何民族的歧视和压迫，禁止破坏民族团结和制造民族分裂的行为。国家根据各少数民族的特点和需要，帮助各少数民族地区加速经济和文化的发展。
5. √，解析：《宪法》第 4 条第 4 款。

（二）单项选择题

1. B，解析：《宪法》第 1 条第 2 款规定，社会主义制度是中华人民共和国的根本制度。中国共产党领导是中国特色社会主义最本质的特征。禁止任何组织或者个人破坏社会主义制度。

2. **D，解析：《宪法》第7条规定，国有经济，即社会主义全民所有制经济，是国民经济中的主导力量。国家保障国有经济的巩固和发展。**
3. **A，解析：《宪法》第11条第2款规定，国家保护个体经济、私营经济等非公有制经济的合法的权利和利益。国家鼓励、支持和引导非公有制经济的发展，并对非公有制经济依法实行监督和管理。**
4. **C，解析：《宪法》第13条第1款规定，公民的合法的私有财产不受侵犯。**
5. **C，解析：《宪法》第15条规定，国家实行社会主义市场经济。国家加强**经济立法，完善宏观调控。国家依法禁止任何组织或者个人扰乱社会经济秩序。

（三）多项选择题

1. AD，解析：《宪法》第14条第1款规定，国家通过提高劳动者的积极性和技术水平，推广先进的科学技术，完善经济管理体制和企业经营管理制度，实行各种形式的社会主义责任制，改进劳动组织，以不断提高劳动生产率和经济效益，发展社会生产力。
2. ACD，解析：《宪法》第19条第3款规定，国家发展各种教育设施，扫除文盲，对工人、农民、国家工作人员和其他劳动者进行政治、文化、科学、技术、业务的教育，鼓励自学成才。
3. CD，解析：《宪法》第20条规定，国家发展自然科学和社会科学事业，普及科学和技术知识，奖励科学研究成果和技术发明创造。
4. ABCD，解析：《宪法》第24条第2款规定，国家倡导社会主义核心价值观，提倡爱祖国、爱人民、爱劳动、爱科学、爱社会主义的公德，在人民中进行爱国主义、集体主义和国际主义、共产主义的教育，进行辩证唯物主义和历史唯物主义的教育，反对资本主义的、封建主义的和其他的腐朽思想。

（四）填空题

1. 工人阶级；工农联盟。（《宪法》第1条第1款）
2. 民主集中制。（《宪法》第3条第1款）
3. 发展生产。（《宪法》第14条第3款）
4. 同经济发展水平相适应。（《宪法》第14条第4款）
5. 自主经营。（《宪法》第16条）
6. 遵守有关法律。（《宪法》第17条第1款）

（五）简答题

1. 答：解析：《宪法》第 40 条规定，中华人民共和国公民的通信自由和通信秘密受法律的保护。除因国家安全或者追查刑事犯罪的需要，由公安机关或者检察机关依照法律规定的程序对通信进行检查外，任何组织或者个人不得以任何理由侵犯公民的通信自由和通信秘密。
2. 答：（1）《宪法》第 42 条规定，中华人民共和国公民有劳动的权利和义务。国家通过各种途径，创造劳动就业条件，加强劳动保护，改善劳动条件，并在发展生产的基础上，提高劳动报酬和福利待遇。劳动是一切有劳动能力的公民的光荣职责。国有企业和城乡集体经济组织的劳动者都应当以国家主人翁的态度对待自己的劳动。国家提倡社会主义劳动竞赛，奖励劳动模范和先进工作者。国家提倡公民从事义务劳动。国家对就业前的公民进行必要的劳动就业训练。

   （2）《宪法》第 43 条规定，中华人民共和国劳动者有休息的权利。国家发展劳动者休息和休养的设施，规定职工的工作时间和休假制度。

   （3）《宪法》第 44 条规定，国家依照法律规定实行企业事业组织的职工和国家机关工作人员的退休制度。退休人员的生活受到国家和社会的保障。

   （4）《宪法》第 45 条规定，中华人民共和国公民在年老、疾病或者丧失劳动能力的情况下，有从国家和社会获得物质帮助的权利。国家发展为公民享受这些权利所需要的社会保险、社会救济和医疗卫生事业。国家和社会保障残废军人的生活，抚恤烈士家属，优待军人家属。国家和社会帮助安排盲、聋、哑和其他有残疾的公民的劳动、生活和教育。

二、民法典

（一）判断题

1. 为了保护民事主体的合法权益，调整民事关系，维护社会和经济秩序，适应中国特色社会主义发展要求，弘扬社会主义核心价值观，根据宪法，制定本法。（　　）
2. 民法调整平等主体的自然人、法人和非法人组织之间的人身关系（　　）
3. 善意受让人取得动产后，该动产上的原有权利消灭。但是，善意受让人在受让时知道或者应当知道该权利的除外。（　　）
4. 用益物权人对他人所有的不动产或者动产，依法享有占有、使用的权利。（　　）
5. 用益物权人行使权利，应当遵守法律有关保护和合理开发利用资源、保护生态环境的规定。所有权人不得干涉用益物权人行使权利。（　　）

（二）单项选择题

1. 根据《民法典》，下列说法错误的是：（　　）
   A. 建设用地使用权消灭的，出让人应当及时办理注销登记。登记机构应当收回权属证书
   B. 宅基地使用权人依法对集体所有的土地享有占有和使用的权利，有权依法利用该土地建造住宅及其附属设施
   C. 以建设用地使用权抵押的，该土地上的建筑物一并抵押。抵押人未一并抵押的，未抵押的财产视为一并抵押
   D. 乡镇、村企业的建设用地使用权可以单独抵押
2. 关于中介合同，下列说法错误的是：（　　）
   A. 中介人应当就有关订立合同的事项向委托人如实报告
   B. 中介人促成合同成立的，中介活动的费用，由中介人负担

C. 中介人未促成合同成立的，不得请求支付报酬；但是，可以按照约定请求委托人支付从事中介活动支出的必要费用

D. 委托人在接受中介人的服务后，利用中介人提供的交易机会或者媒介服务，绕开中介人直接订立合同的，不用向中介人支付报酬

3. 关于租赁合同，下列说法错误的是：（　　）

A. 承租人经出租人同意，可以将租赁物转租给第三人。承租人转租的，承租人与出租人之间的租赁合同继续有效；第三人造成租赁物损失的，承租人应当赔偿损失

B. 出租人知道或者应当知道承租人转租，但是在 3 个月内未提出异议的，视为出租人同意转租

C. 在租赁期限内因占有、使用租赁物获得的收益，归承租人所有，但是当事人另有约定的除外

D. 承租人无正当理由未支付或者迟延支付租金的，出租人可以请求承租人在合理期限内支付；承租人逾期不支付的，出租人可以解除合同

4. 根据《民法典》关于租赁合同的有关规定，下列哪一说法是错误的？（　　）

A. 出租人委托拍卖人拍卖租赁房屋的，应当在拍卖 5 日前通知承租人。承租人未参加拍卖的，视为放弃优先购买权

B. 租赁物危及承租人的安全或者健康的，即使承租人订立合同时明知该租赁物质量不合格，承租人仍然可以随时解除合同

C. 承租人在房屋租赁期限内死亡的，原租赁合同解除

D. 租赁期限届满，承租人继续使用租赁物，出租人没有提出异议的，原租赁合同继续有效，但是租赁期限为不定期

5. 关于承揽合同，下列说法错误的是：（　　）

A. 承揽人可以将其承揽的辅助工作交由第三人完成。承揽人将其承揽的辅助工作交由第三人完成的，应当就该第三人完成的工作成果向定作人负责

B. 承揽人发现定作人提供的图纸或者技术要求不合理的，应当及时通知定作人。因定作人怠于答复等原因造成承揽人损失的，应当赔偿损失

C. 定作人中途变更承揽工作的要求，造成承揽人损失的，应当赔偿损失

D. 承揽人应当妥善保管定作人提供的材料以及完成的工作成果，因保管不善造成毁损、灭失的，可以不承担赔偿责任

（三）多项选择题

1. 关于建设工程合同，下列哪些说法是正确的？（　　）
   A. 建设工程合同是承包人进行工程建设，发包人支付价款的合同
   B. 建设工程合同应当采用书面形式
   C. 建设工程的招标投标活动，应当依照有关法律的规定公开、公平、公正进行
   D. 发包人可以与总承包人订立建设工程合同，也可以分别与勘察人、设计人、施工人订立勘察、设计、施工承包合同
2. 根据《民法典》，下列哪些说法是正确的？（　　）
   A. 因承包人的原因致使建设工程在合理使用期限内造成人身损害和财产损失的，承包人应当承担赔偿责任
   B. 发包人未按照约定的时间和要求提供原材料、设备、场地、资金、技术资料的，承包人可以顺延工程日期，并有权请求赔偿停工、窝工等损失
   C. 因发包人的原因致使工程中途停建、缓建的，发包人应当采取措施弥补或者减少损失，赔偿承包人因此造成的停工、窝工、倒运、机械设备调迁、材料和构件积压等损失和实际费用
   D. 两个以上承运人以同一运输方式联运的，与托运人订立合同的承运人应当对全程运输承担责任
3. 关于法人，下列哪些说法是正确的？（　　）
   A. 法人是具有民事权利能力和民事行为能力，但不能独立享有民事权利和承担民事义务
   B. 法人的民事权利能力和民事行为能力，从法人成立时产生，到法人终止时消灭
   C. 依照法律或者法人章程的规定，代表法人从事民事活动的负责人，为法人的法定代表人
   D. 法人清算结束并完成法人注销登记时，法人终止；依法不需要办理法人登记的，清算结束时，法人终止

4. 下列哪些说法符合《民法典》的规定？（　　）
   A. 因紧急避险造成损害的，由引起险情发生的人承担民事责任
   B. 因保护他人民事权益使自己受到损害的，由侵权人承担民事责任，受益人可以给予适当补偿
   C. 因自愿实施紧急救助行为造成受助人损害的，救助人承担部分民事责任
   D. 人民法院请求保护民事权利的诉讼时效期间为 2 年。法律另有规定的，依照其规定
5. 关于诉讼时效，下列哪些说法是正确的？（　　）
   A. 当事人约定同一债务分期履行的，诉讼时效期间自最后一期履行期限届满之日起计算
   B. 无民事行为能力人或者限制民事行为能力人对其法定代理人的请求权的诉讼时效期间，自该法定代理终止之日起计算
   C. 未成年人遭受性侵害的损害赔偿请求权的诉讼时效期间，自受害人年满 18 周岁之日起计算
   D. 诉讼时效期间届满的，义务人可以提出不履行义务的抗辩

（四）填空题

1. ____以被代理人的名义____，被代理人已经开始履行合同义务或者接受相对人履行的，视为对合同的____。
2. 法人的法定代表人或者非法人组织的负责人____订立的合同，除相对人知道或者应当知道其超越权限外，____有效，订立的合同对法人或者非法人组织____。
3. 合同____的，不影响合同中有关解决争议方法的条款的效力。
4. 当事人在履行合同过程中，应当避免____、____和____。
5. 合同生效后，当事人就质量、价款或者报酬、履行地点等内容没有约定或者约定不明确的，可以____；不能达成补充协议的，按照合同相关条款或者____确定。

（五）简答题

1. 简述当事人可以解除合同的情形。

2. 简述委托代理终止的情形。

3. 简述承担民事责任的方式。

参考答案

（一）判断题

1. √，解析：《民法典》第 1 条。

2. ×，解析：《民法典》第 2 条规定，民法调整平等主体的自然人、法人和非法人组织之间的人身关系和财产关系。

3. √，解析：《民法典》第 313 条。

4. ×，解析：《民法典》第 323 条规定，用益物权人对他人所有的不动产或者动产，依法享有占有、使用和收益的权利。

5. √，解析：《民法典》第 326 条。

（二）单项选择题

1. D，解析：《民法典》第 360 条规定，建设用地使用权消灭的，出让人应当及时办理注销登记。登记机构应当收回权属证书。《民法典》第 362 条规定，宅基地使用权人依法对集体所有的土地享有占有和使用的权利，有权依法利用该土地建造住宅及其附属设施。《民法典》第 397 条规定，以建筑物抵押的，该建筑物占用范围内的建设用地使用权一并抵押。以建设用地使用权抵押的，该土地上的建筑物一并抵押。抵押人未依据前款规定一并抵押的，未抵押的财产视为一并抵押。《民法典》第 398 条规定，乡镇、村企业的建设用地使用权不得单独抵押。以乡镇、村企业的厂房等建筑物抵押的，其占用范围内的建设用地使用权一并抵押。

2. D，解析：《民法典》第 962 条规定，中介人应当就有关订立合同的事项向委托人如实报告。中介人故意隐瞒与订立合同有关的重要事实或者提供虚假情况，损害委托人利益的，不得请求支付报酬并应当承担赔偿责任。《民法典》第 963 条规定，中介人促成合同成立的，委托人应当按照约定支付报酬。对中介人的报酬没有约定或者约定不明确，依据本法第 510 条的规定仍不能确定的，根据中介人的劳务合理确定。因中介人提供订立合同的媒介服务而促成合同成立的，由该合同的当事人平均负担中介人的报酬。中介人促成合同成立的，中介活动的费用，由中介人负担。《民法典》第 964 条规定，中介人未促成合同成立的，不得请求支付报酬；但是，可以按照约定请求委托人支付从事中介活动支出的必要费用。《民法典》第 965 条规定，委托人在接受中介人的服务后，利用中介人提供的交易机会或者媒介服务，绕开中介人直接订立合同的，应当向中介人支付报酬。

3. B，解析：《民法典》第 716 条规定，承租人经出租人同意，可以将租赁物转租给第三人。承租人转租的，承租人与出租人之间的租赁合同继续有效；第三人造成租赁物损失的，承租人应当赔偿损失。承租人未经出租人同意转租的，出租人可以解除合同。《民法典》第 718 条规定，出租人知道或者应当知道承租人转租，但是在 6 个月内未提出异议的，视为出租人同意转租。《民法典》第 720 条规定，在租赁期限内因占有、使用租赁物获得的收益，归承租人所有，但是当事人另有约定的除外。《民法典》第 722 条规定，承租人无正当理由未支付或者迟延支付租金的，出租人可以请求承租人在合理期限内支付；承租人逾期不支付的，出租人可以解除合同。
4. C，解析：《民法典》第 727 条规定，出租人委托拍卖人拍卖租赁房屋的，应当在拍卖 5 日前通知承租人。承租人未参加拍卖的，视为放弃优先购买权。《民法典》第 731 条规定，租赁物危及承租人的安全或者健康的，即使承租人订立合同时明知该租赁物质量不合格，承租人仍然可以随时解除合同。《民法典》第 732 条规定，承租人在房屋租赁期限内死亡的，与其生前共同居住的人或者共同经营人可以按照原租赁合同租赁该房屋。《民法典》第 734 条规定，租赁期限届满，承租人继续使用租赁物，出租人没有提出异议的，原租赁合同继续有效，但是租赁期限为不定期。租赁期限届满，房屋承租人享有以同等条件优先承租的权利。
5. D，解析：《民法典》第 773 条规定，承揽人可以将其承揽的辅助工作交由第三人完成。承揽人将其承揽的辅助工作交由第三人完成的，应当就该第三人完成的工作成果向定作人负责。《民法典》第 776 条规定，承揽人发现定作人提供的图纸或者技术要求不合理的，应当及时通知定作人。因定作人怠于答复等原因造成承揽人损失的，应当赔偿损失。《民法典》第 777 条规定，定作人中途变更承揽工作的要求，造成承揽人损失的，应当赔偿损失。《民法典》第 784 条规定，承揽人应当妥善保管定作人提供的材料以及完成的工作成果，因保管不善造成毁损、灭失的，应当承担赔偿责任。

（三）多项选择题

1. ABCD，解析：《民法典》第 788 条规定，建设工程合同是承包人进行工程建设，发包人支付价款的合同。建设工程合同包括工程勘察、设计、施工合同。

《民法典》第789条规定，建设工程合同应当采用书面形式。《民法典》第790条规定，建设工程的招标投标活动，应当依照有关法律的规定公开、公平、公正进行。《民法典》第791条规定，发包人可以与总承包人订立建设工程合同，也可以分别与勘察人、设计人、施工人订立勘察、设计、施工承包合同。

2. ABCD，解析：《民法典》第802条规定，因承包人的原因致使建设工程在合理使用期限内造成人身损害和财产损失的，承包人应当承担赔偿责任。《民法典》第803条规定，发包人未按照约定的时间和要求提供原材料、设备、场地、资金、技术资料的，承包人可以顺延工程日期，并有权请求赔偿停工、窝工等损失。《民法典》第804条规定，因发包人的原因致使工程中途停建、缓建的，发包人应当采取措施弥补或者减少损失，赔偿承包人因此造成的停工、窝工、倒运、机械设备调迁、材料和构件积压等损失和实际费用。《民法典》第834条规定，两个以上承运人以同一运输方式联运的，与托运人订立合同的承运人应当对全程运输承担责任；损失发生在某一运输区段的，与托运人订立合同的承运人和该区段的承运人承担连带责任。

3. BCD，解析：《民法典》第57条规定，法人是具有民事权利能力和民事行为能力，依法独立享有民事权利和承担民事义务的组织。《民法典》第59条规定，法人的民事权利能力和民事行为能力，从法人成立时产生，到法人终止时消灭。《民法典》第61条规定，依照法律或者法人章程的规定，代表法人从事民事活动的负责人，为法人的法定代表人。法定代表人以法人名义从事的民事活动，其法律后果由法人承受。法人章程或者法人权力机构对法定代表人代表权的限制，不得对抗善意相对人。《民法典》第72条规定，清算期间法人存续，但是不得从事与清算无关的活动。法人清算后的剩余财产，按照法人章程的规定或者法人权力机构的决议处理。法律另有规定的，依照其规定。清算结束并完成法人注销登记时，法人终止；依法不需要办理法人登记的，清算结束时，法人终止。

4. AB，解析：《民法典》第182条规定，因紧急避险造成损害的，由引起险情发生的人承担民事责任。危险由自然原因引起的，紧急避险人不承担民事责任，可以给予适当补偿。紧急避险采取措施不当或者超过必要的限度，造成不应有的损害的，紧急避险人应当承担适当的民事责任。《民法典》第183条规定，因保护他人民事权益使自己受到损害的，由侵权人承担民事责任，受益人可以给予适当补偿。没有侵权人、侵权人逃逸或者无力承担民事责任，受害人请求补偿的，受益人应当给予适当补偿。《民法典》第 184 条规定，因自愿实施紧急救助行为造成受助人损害的，救助人不承担民事责任。《民法典》第 188 条规定，向人民法院请求保护民事权利的诉讼时效期间为 3 年。法律另有规定的，依照其规定。诉讼时效期间自权利人知道或者应当知道权利受到损害以及义务人之日起计算。法律另有规定的，依照其规定。但是，自权利受到损害之日起超过 20 年的，人民法院不予保护，有特殊情况的，人民法院可以根据权利人的申请决定延长。

5. ABCD，解析：《民法典》第 189 条规定，当事人约定同一债务分期履行的，诉讼时效期间自最后一期履行期限届满之日起计算。《民法典》第 190 条规定，无民事行为能力人或者限制民事行为能力人对其法定代理人的请求权的诉讼时效期间，自该法定代理终止之日起计算。《民法典》第 191 条规定，未成年人遭受性侵害的损害赔偿请求权的诉讼时效期间，自受害人年满 18 周岁之日起计算。《民法典》第 192 条规定，诉讼时效期间届满的，义务人可以提出不履行义务的抗辩。诉讼时效期间届满后，义务人同意履行的，不得以诉讼时效期间届满为由抗辩；义务人已经自愿履行的，不得请求返还。

（四）填空题

1. 无权代理人；订立合同；追认。（《民法典》第 503 条）
2. 超越权限；该代表行为；发生效力。（《民法典》第 504 条）
3. 不生效、无效、被撤销或者终止 。（《民法典》第 507 条）
4. 浪费资源；污染环境；破坏生态。（《民法典》第 509 条）
5. 协议补充；交易习惯。（《民法典》第 510 条）

（五）简答题

1. 答：《民法典》第 563 条规定："有下列情形之一的，当事人可以解除合同：（一）因不可抗力致使不能实现合同目的；（二）在履行期限届满前，当事人一方明确表示或者以自己的行为表明不履行主要债务；（三）当事人一方迟延履行主要债务，经催告后在合理期限内仍未履行；（四）当事人一方迟延履行债务或者有其他违约行为致使不能实现合同目的；（五）法律规定的其他情形。以持续履行的债务为内容的不定期合同，当事人可以随时解除合同，但是应当在合理期限之前通知对方。"
2. 答：《民法典》第 173 条规定："有下列情形之一的，委托代理终止：（一）代理期限届满或者代理事务完成；（二）被代理人取消委托或者代理人辞去委托；（三）代理人丧失民事行为能力；（四）代理人或者被代理人死亡；（五）作为代理人或者被代理人的法人、非法人组织终止。”

3. 答:《民法典》第179条规定:“承担民事责任的方式主要有:(一)停止侵害;(二)排除妨碍;(三)消除危险;(四)返还财产;(五)恢复原状;(六)修理、重作、更换;(七)继续履行;(八)赔偿损失;(九)支付违约金;(十)消除影响、恢复名誉;(十一)赔礼道歉。法律规定惩罚性赔偿的,依照其规定。本条规定的承担民事责任的方式,可以单独适用,也可以合并适用。”

三、网络安全法

（一）判断题

1. 国家坚持网络安全与信息化发展并重，遵循积极利用、科学发展、依法管理、确保安全的方针，推进网络基础设施建设和互联互通，鼓励网络技术创新和应用，支持培养网络安全人才，建立健全网络安全保障体系，提高网络安全保护能力。（　　）
2. 国家采取措施，监测、防御、处置来源于中华人民共和国境内外的网络安全风险和威胁，保护关键信息基础设施免受攻击、侵入、干扰和破坏，依法惩治网络违法犯罪活动，维护网络空间安全和秩序。（　　）
3. 国家积极开展网络空间治理、网络技术研发和标准制定、打击网络违法犯罪等方面的国际交流与合作，推动构建和平、安全、开放、合作的网络空间，建立多边、民主、透明的网络治理体系。（　　）
4. 网络运营者开展经营和服务活动，必须遵守法律、行政法规，尊重社会公德，遵守商业道德，诚实信用，履行网络安全保护义务，接受政府和社会的监督，承担社会责任。（　　）

（二）单项选择题

1. 任何（　　）发送的电子信息、提供的应用软件，不得设置恶意程序，不得含有法律、行政法规禁止发布或者传输的信息。

A. 个人　　B. 组织

C. 个人和组织　　D. 法人

2. （　　）为用户办理网络接入、域名注册服务，办理固定电话、移动电话等入网手续，或者为用户提供信息发布、即时通讯等服务，在与用户签订协议或者确认提供服务时，应当要求用户提供真实身份信息。用户不提供真实身份信息的，网络运营者不得为其提供相关服务。

A. 商人　　B. 网络运营者

C. 法人　　　　　　　　　　　　　D. 公民

3. 任何(　　)有权对危害网络安全的行为向网信、电信、公安等部门举报。收到举报的部门应当及时依法作出处理；属于本部门职责的，应当及时移送有权处理的部门。

A. 个人和组织　　　　　　　　　　B. 个人

C. 单位　　　　　　　　　　　　　D. 法人

(三) 多项选择题

1. 国务院和省、自治区、直辖市人民政府应当统筹规划，加大投入，扶持重点网络安全技术产业和项目，支持网络安全技术的研究开发和应用，推广安全可信的网络产品和服务，保护网络技术知识产权，支持(　　)等参与国家网络安全技术创新项目。

A. 企业　　　　　　　　　　　　　B. 研究机构

C. 高等学校　　　　　　　　　　　D. 人民法院

2. 网络运营者应当制定网络安全事件应急预案，及时处置(　　)等安全风险；在发生危害网络安全的事件时，立即启动应急预案，采取相应的补救措施，并按照规定向有关主管部门报告。

A. 系统漏洞　　　　　　　　　　　B. 计算机病毒

C. 网络攻击　　　　　　　　　　　D. 网络侵入

3. 国家积极开展网络空间治理、网络技术研发和标准制定、打击网络违法犯罪等方面的国际交流与合作，推动构建和平、安全、开放、合作的网络空间，建立(　　)的网络治理体系。

A. 多边　　　　　　　　　　　　　B. 民主

C. 透明　　　　　　　　　　　　　D. 单边

(四) 填空题

1. 网络关键设备和网络安全专用产品应当按照相关国家标准的____，由具备资格的机构安全认证合格或者安全检测符合要求后，方可销售或者提供。____会同国务院有关部门制定、公布网络关键设备和网络安全专用产品目录，并推动安全认证和安全检测结果互认，避免重复认证、检测。

2. ____为用户办理网络接入、域名注册服务，办理固定电话、移动电话等入网手续，或者为用户提供信息发布、即时通讯等服务，在与用户签订协议或者确认提供服务时，应当要求用户提供____。用户不提供真实身份信息的，网络运营者不得为其提供相关服务。

3. 网络运营者应当制定网络安全事件应急预案，及时处置系统漏洞、计算机病毒、网络攻击、网络侵入等安全风险；在发生危害网络安全的事件时，立即启动____，采取相应的补救措施，并按照规定向____报告。

4. 任何个人和组织不得从事非法侵入他人网络、干扰他人网络正常功能、窃取网络数据等危害网络安全的活动；不得提供专门用于从事侵入网络、____、窃取网络数据等危害网络安全活动的程序、工具；明知他人从事危害网络安全的活动的，不得为其____、广告推广、支付结算等帮助。

（五）简答题

简述网络安全事件发生的风险增大时，省级以上人民政府有关部门应当采取的措施。

参考答案

（一）判断题

1. √，解析：《网络安全法》第 3 条。
2. √，解析：《网络安全法》第 5 条。
3. √，解析：《网络安全法》第 7 条。
4. √，解析：《网络安全法》第 9 条。

（二）单项选择题

1. C，解析：《网络安全法》第 48 条第 1 款规定：“任何个人和组织发送的电子信息、提供的应用软件，不得设置恶意程序，不得含有法律、行政法规禁止发布或者传输的信息。”
2. B，解析：《网络安全法》第 24 条第 1 款规定：“ 网络运营者为用户办理网络接入、域名注册服务，办理固定电话、移动电话等入网手续，或者为用户提供信息发布、即时通讯等服务，在与用户签订协议或者确认提供服务时，应当要求用户提供真实身份信息。用户不提供真实身份信息的，网络运营者不得为其提供相关服务。”

3. A，解析：《网络安全法》第 14 条第 1 款规定：“任何个人和组织有权对危害网络安全的行为向网信、电信、公安等部门举报。收到举报的部门应当及时依法作出处理；不属于本部门职责的，应当及时移送有权处理的部门。”

（三）多项选择题

1. ABC，解析：《网络安全法》第 16 条规定：“国务院和省、自治区、直辖市人民政府应当统筹规划，加大投入，扶持重点网络安全技术产业和项目，支持网络安全技术的研究开发和应用，推广安全可信的网络产品和服务，保护网络技术知识产权，支持企业、研究机构和高等学校等参与国家网络安全技术创新项目。”
2. ABCD，解析：《网络安全法》第 25 条规定：“网络运营者应当制定网络安全事件应急预案，及时处置系统漏洞、计算机病毒、网络攻击、网络侵入等安全风险；在发生危害网络安全的事件时，立即启动应急预案，采取相应的补救措施，并按照规定向有关主管部门报告。”
3. ABC，《网络安全法》第 7 条规定：“国家积极开展网络空间治理、网络技术研发和标准制定、打击网络违法犯罪等方面的国际交流与合作，推动构建和平、安全、开放、合作的网络空间，建立多边、民主、透明的网络治理体系。”

（四）填空题

1. 强制性要求；国家网信部门。（《网络安全法》第 23 条）
2. 网络运营者；真实身份信息。（《网络安全法》第 24 条第 1 款）
3. 应急预案；有关主管部门。（《网络安全法》第 25 条）
4. 干扰网络正常功能及防护措施；提供技术支持。（《网络安全法》第 27 条）

（五）简答题

答：《网络安全法》第 54 条规定：“网络安全事件发生的风险增大时，省级以上人民政府有关部门应当按照规定的权限和程序，并根据网络安全风险的特点和可能造成的危害，采取下列措施：（一）要求有关部门、机构和人员及时收集、报告有关信息，加强对网络安全风险的监测；（二）组织有关部门、机构和专业人员，对网络安全风险信息进行分析评估，预测事件发生的可能性、影响范围和危害程度；（三）向社会发布网络安全风险预警，发布避免、减轻危害的措施。”

四、密码法

（一）判断题

1. 坚持中国共产党对密码工作的领导。中央密码工作领导机构对全国密码工作实行统一领导，制定国家密码工作重大方针政策，统筹协调国家密码重大事项和重要工作，推进国家密码法治建设。（　　）
2. 从事核心密码、普通密码科研、生产、服务、检测、装备、使用和销毁等工作的机构（下列统称密码工作机构）应当按照法律、行政法规、国家有关规定以及核心密码、普通密码标准的要求，建立健全安全管理制度，采取严格的保密措施和保密责任制，确保核心密码、普通密码的安全。（　　）
3. 密码管理部门依法对密码工作机构的核心密码、普通密码工作进行指导、监督和检查，密码工作机构应当配合。（　　）
4. 密码管理部门根据工作需要会同有关部门建立核心密码、普通密码的安全监测预警、安全风险评估、信息通报、重大事项会商和应急处置等协作机制，确保核心密码、普通密码安全管理的协同联动和有序高效。（　　）

（二）单项选择题

1. （　　）和有关部门建立日常监管和随机抽查相结合的商用密码事中事后监管制度，建立统一的商用密码监督管理信息平台，推进事中事后监管与社会信用体系相衔接，强化商用密码从业单位自律和社会监督。

   A. 人民法院　　B. 人民检察院

   C. 居民委员会　　D. 密码管理部门

2. 商用密码检测、认证机构违反《密码法》规定开展商用密码检测认证的，由市场监督管理部门会同密码管理部门责令改正或者停止违法行为，给予警告，没收违法所得；违法所得（　　）的，可以并处违法所得 1 倍以上 3 倍以下罚款。

   A. 30 万元以下　　B. 40 万元以上

C. 30 万元以上　　D. 40 万元以下

3. 涉及国家安全、国计民生、社会公共利益的商用密码产品，(　　)依法列入网络关键设备和网络安全专用产品目录，由具备资格的机构检测认证合格后，方可销售或者提供。商用密码产品检测认证适用《网络安全法》的有关规定，避免重复检测认证。

A. 无须　　B. 应当

C. 无需　　D. 可以

4. (　　)应当将密码工作纳入本级国民经济和社会发展规划，所需经费列入本级财政预算。

A. 县级以上人民政府　　B. 市级人民政府

C. 省级人民政府　　D. 市级以上人民政府

（三）多项选择题

1. 关于《密码法》，下列说法中正确的有：(　　)

A. 商用密码产品检测认证适用《刑法》的有关规定，避免重复检测认证

B. 商用密码领域的行业协会等组织依照法律、行政法规及其章程的规定，为商用密码从业单位提供信息、技术、培训等服务，引导和督促商用密码从业单位依法开展商用密码活动，加强行业自律，推动行业诚信建设，促进行业健康发展

C. 国家密码管理部门对采用商用密码技术从事电子政务电子认证服务的机构进行认定，会同有关部门负责政务活动中使用电子签名、数据电文的管理

D. 国务院商务主管部门、国家密码管理部门依法对涉及国家安全、社会公共利益且具有加密保护功能的商用密码实施进口许可，对涉及国家安全、社会公共利益或者中国承担国际义务的商用密码实施出口管制。商用密码进口许可清单和出口管制清单由国务院商务主管部门会同国家密码管理部门和海关总署制定并公布

2. 在有线、无线通信中传递的国家秘密信息，以及存储、处理国家秘密信息的信息系统，应当依照(　　)使用核心密码、普通密码进行加密保护、安全认证。

A. 法律　　B. 行政法规

C. 国家有关规定　　D. 规范性文件

3. 密码管理部门根据工作需要会同有关部门建立核心密码、普通密码的(　　)和应急处置等协作机制，确保核心密码、普通密码安全管理的协同联动和有序高效。

A. 安全监测预警　　B. 安全风险评估

C. 信息通报　　D. 重大事项会商

4. 国家鼓励商用密码技术的研究开发、学术交流、成果转化和推广应用，健全(　　)、有序的商用密码市场体系，鼓励和促进商用密码产业发展。

A. 统一　　B. 开放

C. 诚信　　D. 竞争

(四) 填空题

1. 国务院商务主管部门、国家密码管理部门依法对涉及国家安全、社会公共利益且具有加密保护功能的商用密码实施____，对涉及国家安全、社会公共利益或者中国承担国际义务的商用密码实施____。商用密码进口许可清单和出口管制清单由国务院商务主管部门会同国家密码管理部门和海关总署制定并公布。
2. 密码管理部门和有关部门及其工作人员不得要求商用密码从业单位和商用密码检测、认证机构向其披露源代码等密码相关专有信息，并对其在履行职责中知悉的____严格保密，不得泄露或者非法向他人提供。
3. 商用密码检测、认证机构违反本法第 25 条第 2 款、第 3 款规定开展商用密码检测认证的，由市场监督管理部门会同密码管理部门责令改正或者停止违法行为，给予警告，没收违法所得；违法所得 30 万元以上的，可以并处违法所得____罚款；没有违法所得或者违法所得不足 30 万元的，可以并处____罚款；情节严重的，依法吊销相关资质。
4. 关键信息基础设施的运营者违反本法第 27 条第 1 款规定，未按照要求使用商用密码，或者未按照要求开展商用密码应用安全性评估的，由密码管理部门责令改正，给予警告；拒不改正或者导致危害网络安全等后果的，处____罚款，对直接负责的主管人员处____罚款。

（五）简答题

简述《网络安全法》的立法目的。

参考答案

（一）判断题

1. √，解析：《密码法》第 4 条。
2. √，解析：《密码法》第 15 条。
3. √，解析：《密码法》第 16 条。
4. √，解析：《密码法》第 17 条第 1 款。

（二）单项选择题

1. D，解析：《密码法》第 31 条第 1 款规定："密码管理部门和有关部门建立日常监管和随机抽查相结合的商用密码事中事后监管制度，建立统一的商用密码监督管理信息平台，推进事中事后监管与社会信用体系相衔接，强化商用密码从业单位自律和社会监督。"
2. C，解析：《密码法》第 35 条规定："商用密码检测、认证机构违反本法第二十五条第二款、第三款规定开展商用密码检测认证的，由市场监督管理部门会同密码管理部门责令改正或者停止违法行为，给予警告，没收违法所得；违法所得三十万元以上的，可以并处违法所得一倍以上三倍以下罚款；没有违法所得或者违法所得不足三十万元的，可以并处十万元以上三十万元以下罚款；情节严重的，依法吊销相关资质。"
3. B，解析：《密码法》第 26 条规定，涉及国家安全、国计民生、社会公共利益的商用密码产品，应当依法列入网络关键设备和网络安全专用产品目录，由具备资格的机构检测认证合格后，方可销售或者提供。商用密码产品检测认证适用《网络安全法》的有关规定，避免重复检测认证。商用密码服务使用网络关键设备和网络安全专用产品的，应当经商用密码认证机构对该商用密码服务认证合格。
4. A，解析：《密码法》第 11 条规定，县级以上人民政府应当将密码工作纳入本级国民经济和社会发展规划，所需经费列入本级财政预算。

（三）多项选择题

1. BCD，解析：《密码法》第 26 条第 1 款规定，涉及国家安全、国计民生、社会公共利益的商用密码产品，应当依法列入网络关键设备和网络安全专用产品目录，由具备资格的机构检测认证合格后，方可销售或者提供。商用密码产品检测认证适用《网络安全法》的有关规定，避免重复检测认证。

2. ABC，解析：《密码法》第14条规定，在有线、无线通信中传递的国家秘密信息，以及存储、处理国家秘密信息的信息系统，应当依照法律、行政法规和国家有关规定使用核心密码、普通密码进行加密保护、安全认证。
3. ABCD，解析：《密码法》第17条规定，密码管理部门根据工作需要会同有关部门建立核心密码、普通密码的安全监测预警、安全风险评估、信息通报、重大事项会商和应急处置等协作机制，确保核心密码、普通密码安全管理的协同联动和有序高效。密码工作机构发现核心密码、普通密码泄密或者影响核心密码、普通密码安全的重大问题、风险隐患的，应当立即采取应对措施，并及时向保密行政管理部门、密码管理部门报告，由保密行政管理部门、密码管理部门会同有关部门组织开展调查、处置，并指导有关密码工作机构及时消除安全隐患。
4. ABD，解析：《密码法》第21条规定，国家鼓励商用密码技术的研究开发、学术交流、成果转化和推广应用，健全统一、开放、竞争、有序的商用密码市场体系，鼓励和促进商用密码产业发展。各级人民政府及其有关部门应当遵循非歧视原则，依法平等对待包括外商投资企业在内的商用密码科研、生产、销售、服务、进出口等单位（下列统称商用密码从业单位）。国家鼓励在外商投资过程中基于自愿原则和商业规则开展商用密码技术合作。行政机关及其工作人员不得利用行政手段强制转让商用密码技术。商用密码的科研、生产、销售、服务和进出口，不得损害国家安全、社会公共利益或者他人合法权益。

（四）填空题

1. 进口许可；出口管制。（《网络安全法》第28条第1款）
2. 商业秘密和个人隐私。（《网络安全法》第31条第2款）
3. 1倍以上3倍以下；10万元以上30万元以下。（《网络安全法》第35条）
4. 10万元以上100万元以下；1万元以上10万元以下。（《网络安全法》第37条第1款）

（五）简答题

答：《网络安全法》第1条规定："为了规范密码应用和管理，促进密码事业发展，保障网络与信息安全，维护国家安全和社会公共利益，保护公民、法人和其他组织的合法权益，制定本法。"

五、电子商务法

（一）判断题

1. 电子商务经营者应当依法办理市场主体登记。但是，个人销售自产农副产品、家庭手工业产品，个人利用自己的技能从事依法无须取得许可的便民劳务活动和零星小额交易活动，以及依照法律、行政法规不需要进行登记的除外。（　　）
2. 电子商务经营者销售商品或者提供服务应当依法出具纸质发票或者电子发票等购货凭证或者服务单据。电子发票与纸质发票不具有同等法律效力。（　　）
3. 电子商务经营者应当在其首页显著位置，持续公示营业执照信息、与其经营业务有关的行政许可信息、属于依照本法第 10 条规定的不需要办理市场主体登记情形等信息，或者上述信息的链接标识。（　　）
4. 电子商务经营者应当全面、真实、准确、及时地披露商品或者服务信息，保障消费者的知情权和选择权。电子商务经营者应当以虚构交易、编造用户评价等方式进行虚假或者引人误解的商业宣传，欺骗、误导消费者。（　　）

（二）单项选择题

1. 电子商务经营者自行终止从事电子商务的，应当提前（　　）在首页显著位置持续公示有关信息。

A. 30 日　　B. 40 日

C. 50 日　　D. 60 日

2. （　　）应当依法办理市场主体登记。但是，个人销售自产农副产品、家庭手工业产品，个人利用自己的技能从事依法无须取得许可的便民劳务活动和零星小额交易活动，以及依照法律、行政法规不需要进行登记的除外。

A. 法人　　B. 单位

C. 电子商务经营者 D. 个人

3. 电子商务平台经营者应当记录、保存平台上发布的商品和服务信息、交易信息，并确保信息的完整性、保密性、可用性。商品和服务信息、交易信息保存时间自交易完成之日起(　　)；法律、行政法规另有规定的，依照其规定。

A. 不少于 2 个月 B. 不少于 2 年

C. 少于 6 年 D. 不少于 3 年

(三) 多项选择题

1. 电子商务经营者应当(　　)地披露商品或者服务信息，保障消费者的知情权和选择权。电子商务经营者不得以虚构交易、编造用户评价等方式进行虚假或者引人误解的商业宣传，欺骗、误导消费者。

A. 准确 B. 全面

C. 真实 D. 及时

2. 电子商务经营者按照约定向消费者收取押金的，应当明示押金退还的(　　)，不得对押金退还设置不合理条件。消费者申请退还押金，符合押金退还条件的，电子商务经营者应当及时退还。

A. 时间 B. 方式

C. 地点 D. 程序

3. 电子商务经营者从事经营活动，应当遵循(　　)的原则，遵守法律和商业道德，公平参与市场竞争，履行消费者权益保护、环境保护、知识产权保护、网络安全与个人信息保护等方面的义务，承担产品和服务质量责任，接受政府和社会的监督。

A. 自愿 B. 平等

C. 公平 D. 诚信

(四) 填空题

1. 电子商务经营者因其技术优势、用户数量、对相关行业的控制能力以及其他经营者对该电子商务经营者在交易上的____等因素而具有市场支配地位的，不得滥用市场____，排除、限制竞争。

2. 电子商务经营者收到用户信息查询或者更正、删除的申请的，应当在核实身份后及时提供查询或者____用户信息。用户注销的，电子商务经营者应当____该用户的信息；依照法律、行政法规的规定或者双方约定保存的，依照其规定。

3. 有关主管部门依照法律、行政法规的规定要求电子商务经营者提供有关电子商务数据信息的，电子商务经营者____提供。有关主管部门应当采取必要措施保护电子商务经营者提供的数据信息的安全，并对其中的个人信息、隐私和商业秘密____，不得泄露、出售或者非法向他人提供。

4. 电子商务平台经营者应当要求申请进入平台销售商品或者提供服务的经营者提交其____，进行核验、登记，建立登记档案，并____。

参考答案

（一）判断题

1. √，解析：《电子商务法》第10条。

2. ×，解析：《电子商务法》第14条规定："电子商务经营者销售商品或者提供服务应当依法出具纸质发票或者电子发票等购货凭证或者服务单据。电子发票与纸质发票具有同等法律效力。"

3. √，解析：《电子商务法》第15条第1款规定："电子商务经营者应当在其首页显著位置，持续公示营业执照信息、与其经营业务有关的行政许可信息、属于依照本法第十条规定的不需要办理市场主体登记情形等信息，或者上述信息的链接标识。"

4. ×，解析：《电子商务法》第17条规定："电子商务经营者应当全面、真实、准确、及时地披露商品或者服务信息，保障消费者的知情权和选择权。电子商务经营者不得以虚构交易、编造用户评价等方式进行虚假或者引人误解的商业宣传，欺骗、误导消费者。"

（二）单项选择题

1. A，解析：《电子商务法》第16条规定："电子商务经营者自行终止从事电子商务的，应当提前三十日在首页显著位置持续公示有关信息。"

2. C，解析：《电子商务法》第10条规定："电子商务经营者应当依法办理市场主体登记。但是，个人销售自产农副产品、家庭手工业产品，个人利用自己的技能从事依法无须取得许可的便民劳务活动和零星小额交易活动，以及依照法律、行政法规不需要进行登记的除外。”

3. D，解析：《电子商务法》第 31 条规定：“电子商务平台经营者应当记录、保存平台上发布的商品和服务信息、交易信息，并确保信息的完整性、保密性、可用性。商品和服务信息、交易信息保存时间自交易完成之日起不少于三年；法律、行政法规另有规定的，依照其规定。”

（三）多项选择题

1. ABCD，解析：《电子商务法》第 17 条规定：“电子商务经营者应当全面、真实、准确、及时地披露商品或者服务信息，保障消费者的知情权和选择权。电子商务经营者不得以虚构交易、编造用户评价等方式进行虚假或者引人误解的商业宣传，欺骗、误导消费者。”
2. BD，解析：《电子商务法》第 21 条规定：“电子商务经营者按照约定向消费者收取押金的，应当明示押金退还的方式、程序，不得对押金退还设置不合理条件。消费者申请退还押金，符合押金退还条件的，电子商务经营者应当及时退还。”
3. ABCD，解析：《电子商务法》第 5 条规定：“电子商务经营者从事经营活动，应当遵循自愿、平等、公平、诚信的原则，遵守法律和商业道德，公平参与市场竞争，履行消费者权益保护、环境保护、知识产权保护、网络安全与个人信息保护等方面的义务，承担产品和服务质量责任，接受政府和社会的监督。”

（四）填空题

1. 依赖程度；支配地位。（《电子商务法》第 22 条）
2. 更正、删除；立即删除。（《电子商务法》第 24 条第 2 款）
3. 应当；严格保密。（《电子商务法》第 25 条）
4. 身份、地址、联系方式、行政许可等真实信息；定期核验更新。（《电子商务法》第 27 条第 1 款）

六、电子签名法

（一）判断题

1. 电子签名人应当妥善保管电子签名制作数据。电子签名人知悉电子签名制作数据已经失密或者可能已经失密时，应当及时告知有关各方，并终止使用该电子签名制作数据。（　　）

2. 从事电子认证服务，应当向国务院信息产业主管部门提出申请，并提交符合本法第 17 条规定条件的相关材料。国务院信息产业主管部门接到申请后经依法审查，征求国务院商务主管部门等有关部门的意见后，自接到申请之日起 25 日内作出许可或者不予许可的决定。予以许可的，颁发电子认证许可证书；不予许可的，应当书面通知申请人并告知理由。（　　）

3. 电子签名人向电子认证服务提供者申请电子签名认证证书，应当提供真实、完整和准确的信息。电子认证服务提供者收到电子签名认证证书申请后，应当对申请人的身份进行查验，并对有关材料进行审查。（　　）

（二）单项选择题

1. 未经许可提供电子认证服务的，由国务院信息产业主管部门责令停止违法行为；有违法所得的，没收违法所得；违法所得 30 万元以上的，处违法所得 1 倍以上 3 倍以下的罚款；没有违法所得或者违法所得不足 30 万元的，处（　　）以上 30 万元以下的罚款。

   A. 5 万元　　B. 10 万元
   C. 15 万元　　D. 7 万元

2. 电子认证服务提供者暂停或者终止电子认证服务，未在暂停或者终止服务 60 日前向国务院信息产业主管部门报告的，由国务院信息产业主管部门对其直接负责的主管人员处 1 万元以上（　　）以下的罚款。

   A. 2 万元　　B. 3 万元
   C. 5 万元　　D. 6 万元

3. 从事电子认证服务，应当向国务院信息产业主管部门提出申请，并提交符合本法第 17 条规定条件的相关材料。国务院信息产业主管部门接到申请后经依法审查，征求国务院商务主管部门等有关部门的意见后，自接到申请之日起(　　)作出许可或者不予许可的决定。予以许可的，颁发电子认证许可证书；不予许可的，应当书面通知申请人并告知理由。

A. 45 日内　　B. 30 日内

C. 50 日内　　D. 60 日内

（三）多项选择题

1. 关于《电子签名法》，下列说法正确的有：(　　)

A. 电子认证服务提供者暂停或者终止电子认证服务，未在暂停或者终止服务60日前向国务院信息产业主管部门报告的，由国务院信息产业主管部门对其直接负责的主管人员处 1 万元以上 5 万元以下的罚款

B. 未经许可提供电子认证服务的，由国务院信息产业主管部门责令停止违法行为；有违法所得的，没收违法所得；违法所得 30 万元以上的，处违法所得 1 倍以上 3 倍以下的罚款；没有违法所得或者违法所得不足 50 万元的，处 10 万元以上 30 万元以下的罚款

C. 电子认证服务提供者不遵守认证业务规则、未妥善保存与认证相关的信息，或者有其他违法行为的，由国务院信息产业主管部门责令限期改正；逾期未改正的，吊销电子认证许可证书，其直接负责的主管人员和其他直接责任人员 10 年内不得从事电子认证服务。吊销电子认证许可证书的，应当予以公告并通知工商行政管理部门

D. 伪造、冒用、盗用他人的电子签名，构成犯罪的，依法追究刑事责任；给他人造成损失的，依法承担民事责任

2. 电子签名人知悉电子签名制作数据已经失密或者可能已经失密未及时告知有关各方、并终止使用电子签名制作数据，未向电子认证服务提供者提供(　　)的信息，或者有其他过错，给电子签名依赖方、电子认证服务提供者造成损失的，承担赔偿责任。

A. 真实　　B. 巨大

C. 完整　　D. 准确

（四）填空题

1. ____、____、____他人的电子签名，构成犯罪的，依法追究刑事责任；给他人造成损失的，依法承担民事责任。
2. 电子签名人知悉电子签名制作数据已经____或者可能已经失密未及时告知有关各方、并终止使用电子签名制作数据，未向电子认证服务提供者提供____的信息，或者有其他过错，给电子签名依赖方、电子认证服务提供者造成损失的，承担赔偿责任。

（五）简答题

简述电子认证服务提供者签发的电子签名认证证书应当载明的内容。

参考答案

（一）判断题

1. √，解析：《电子签名法》第15条。
2. ×，解析：《电子签名法》第18条第1款规定："从事电子认证服务，应当向国务院信息产业主管部门提出申请，并提交符合本法第十七条规定条件的相关材料。国务院信息产业主管部门接到申请后经依法审查，征求国务院商务主管部门等有关部门的意见后，自接到申请之日起四十五日内作出许可或者不予许可的决定。予以许可的，颁发电子认证许可证书；不予许可的，应当书面通知申请人并告知理由。"
3. √，解析：《电子签名法》第20条。

（二）单项选择题

1. B，解析：《电子签名法》第29条规定："未经许可提供电子认证服务的，由国务院信息产业主管部门责令停止违法行为；有违法所得的，没收违法所得；违法所得三十万元以上的，处违法所得一倍以上三倍以下的罚款；没有违法所得或者违法所得不足三十万元的，处十万元以上三十万元以下的罚款。"
2. C，解析：《电子签名法》第30条规定：" 电子认证服务提供者暂停或者终止电子认证服务，未在暂停或者终止服务六十日前向国务院信息产业主管部门报告的，由国务院信息产业主管部门对其直接负责的主管人员处一万元以上五万元以下的罚款。”

3. A，解析：《电子签名法》第 18 条第 1 款规定：“从事电子认证服务，应当向国务院信息产业主管部门提出申请，并提交符合本法第十七条规定条件的相关材料。国务院信息产业主管部门接到申请后经依法审查，征求国务院商务主管部门等有关部门的意见后，自接到申请之日起四十五日内作出许可或者不予许可的决定。予以许可的，颁发电子认证许可证书；不予许可的，应当书面通知申请人并告知理由。”

（三）多项选择题

1. ACD，解析：《电子签名法》第 29 条规定：“未经许可提供电子认证服务的，由国务院信息产业主管部门责令停止违法行为；有违法所得的，没收违法所得；违法所得三十万元以上的，处违法所得一倍以上三倍以下的罚款；没有违法所得或者违法所得不足三十万元的，处十万元以上三十万元以下的罚款。”
2. ACD，解析：《电子签名法》第 27 条规定：“电子签名人知悉电子签名制作数据已经失密或者可能已经失密未及时告知有关各方、并终止使用电子签名制作数据，未向电子认证服务提供者提供真实、完整和准确的信息，或者有其他过错，给电子签名依赖方、电子认证服务提供者造成损失的，承担赔偿责任。”

（四）填空题

1. 伪造、冒用、盗用。（《电子签名法》第 32 条）
2. 失密；真实、完整和准确。（《电子签名法》第 27 条）

（五）简答题

答：《电子签名法》第 21 条规定：“电子认证服务提供者签发的电子签名认证证书应当准确无误，并应当载明下列内容：（一）电子认证服务提供者名称；（二）证书持有人名称；（三）证书序列号；（四）证书有效期；（五）证书持有人的电子签名验证数据（六）电子认证服务提供者的电子签名；（七）国务院信息产业主管部门规定的其他内容。”

七、国家安全法

（一）判断题

1. 国家安全工作应当坚持总体国家安全观，以人民安全为宗旨，以政治安全为根本，以经济安全为基础，以军事、文化、社会安全为保障，以促进国际安全为依托，维护各领域国家安全，构建国家安全体系，走中国特色国家安全道路。（　）
2. 中央国家安全领导机构负责国家安全工作的决策和议事协调，研究制定、指导实施国家安全战略和有关重大方针政策，统筹协调国家安全重大事项和重要工作，推动国家安全法治建设。（　）
3. 国家建设网络与信息安全保障体系，提升网络与信息安全保护能力，加强网络和信息技术的创新研究和开发应用，实现网络和信息核心技术、关键基础设施和重要领域信息系统及数据的安全可控；加强网络管理，防范、制止和依法惩治网络攻击、网络入侵、网络窃密、散布违法有害信息等网络违法犯罪行为，维护国家网络空间主权、安全和发展利益。（　）
4. 国家建立国家安全审查和监管的制度和机制，对影响或者可能影响国家安全的外商投资、特定物项和关键技术、网络信息技术产品和服务、涉及国家安全事项的建设项目，以及其他重大事项和活动，进行国家安全审查，有效预防和化解国家安全风险。（　）

（二）单项选择题

1. 国家安全机关、公安机关依法搜集涉及国家安全的情报信息，在国家安全工作中依法行使侦查、拘留、预审和执行逮捕以及法律规定的其他职权。有关（　）在国家安全工作中依法行使相关职权。

A. 检察机关　　B. 审判机关

C. 军事机关　　D. 监察机关

2. (　　)、澳门特别行政区应当履行维护国家安全的责任。

A. 新疆维吾尔族自治区　　B. 西藏自治区

C. 香港特别行政区　　D. 内蒙古自治区

3. 国家机关及其工作人员在履行职责时，应当贯彻(　　)原则。国家机关及其工作人员在国家安全工作和涉及国家安全活动中，应当严格依法履行职责，不得超越职权、滥用职权，公安机关不得侵犯个人和组织的合法权益。

A. 和平共赢　　B. 维护国家安全

C. 一国两制　　D. 两个维护

4. 维护国家安全，应当坚持预防为主、(　　)，专门工作与群众路线相结合，充分发挥专门机关和其他有关机关维护国家安全的职能作用，广泛动员公民和组织，防范、制止和依法惩治危害国家安全的行为。

A. 标本兼治　　B. 预警为辅

C. 防治兼顾　　D. 教育为辅

(三) 多项选择题

1. 国家机关及其工作人员在履行职责时，应当贯彻维护国家安全的原则。国家机关及其工作人员在国家安全工作和涉及国家安全活动中，应当严格依法履行职责，不得(　　)。

A. 超越职权　　B. 依法履行职责

C. 滥用职权　　D. 侵犯个人和组织的合法权益

2. 关于《国家安全法》，下列说法中正确的是：(　　)

A. 国家建立国家安全重点领域工作协调机制，统筹协调中央有关职能部门推进相关工作

B. 国家建立国家安全工作督促检查和责任追究机制，确保国家安全战略和重大部署贯彻落实

C. 国家根据维护国家安全工作需要，建立跨部门会商工作机制，就维护国家安全工作的重大事项进行会商研判，提出意见和建议

D. 国家建立国家安全决策咨询机制，组织专家和有关方面开展对国家安全形势的分析研判，推进国家安全的科学决策

3. 国家安全工作应当坚持总体国家安全观，以人民安全为宗旨，以政治安全为根本，以经济安全为基础，以(　　)为保障，以促进国际安全为依托，维护各领域国家安全，构建国家安全体系，走中国特色国家安全道路。

A. 军事　　B. 文化

C. 教育　　D. 社会安全

4. 国家建设网络与信息安全保障体系，提升网络与信息安全保护能力，加强网络和信息技术的创新研究和开发应用，实现网络和信息核心技术、关键基础设施和重要领域信息系统及数据的安全可控；加强网络管理，防范、制止和依法惩治网络攻击、网络入侵、网络窃密、散布违法有害信息等网络违法犯罪行为，维护国家网络空间(　　)。

A. 主权　　B. 安全

C. 发展利益　　D. 发展空间

(四) 填空题

1. 维护国家安全，应当坚持____、____，专门工作与群众路线相结合，充分发挥专门机关和其他有关机关维护国家安全的职能作用，广泛动员公民和组织，防范、制止和依法惩治危害国家安全的行为。

2. 国家建设____，提升网络与信息安全保护能力，加强网络和信息技术的创新研究和开发应用，实现网络和信息核心技术、关键基础设施和重要领域信息系统及数据的____；加强网络管理，防范、制止和依法惩治网络攻击、网络入侵、网络窃密、散布违法有害信息等网络违法犯罪行为，维护国家网络空间主权、安全和发展利益。

3. 国家建立国家安全审查和监管的制度和机制，对影响或者可能影响国家安全的____、特定物项和关键技术、网络信息技术产品和服务、涉及国家安全事项的建设项目，以及其他重大事项和活动，进行国家安全审查，有效预防和化解____。

4. 公民和组织支持、协助国家安全工作的行为受法律保护。因支持、协助国家安全工作，本人或者其近亲属的人身安全面临危险的，可以向____请求予以保护。

（五）简答题

简述公民和组织应当履行的维护国家安全的义务。

参考答案

（一）判断题

1. √，解析：《国家安全法》第 3 条。
2. √，解析：《国家安全法》第 5 条。
3. √，解析：《国家安全法》第 25 条。
4. √，解析：《国家安全法》第 59 条。

（二）单项选择题

1. C，解析：《国家安全法》第 42 条规定：“国家安全机关、公安机关依法搜集涉及国家安全的情报信息，在国家安全工作中依法行使侦查、拘留、预审和执行逮捕以及法律规定的其他职权。有关军事机关在国家安全工作中依法行使相关职权。”
2. C，解析：《国家安全法》第 40 条规定：“地方各级人民代表大会和县级以上地方各级人民代表大会常务委员会在本行政区域内，保证国家安全法律法规的遵守和执行。地方各级人民政府依照法律法规规定管理本行政区域内的国家安全工作。香港特别行政区、澳门特别行政区应当履行维护国家安全的责任。”
3. B，解析：《国家安全法》第 43 条规定：“国家机关及其工作人员在履行职责时，应当贯彻维护国家安全的原则。国家机关及其工作人员在国家安全工作和涉及国家安全活动中，应当严格依法履行职责，不得超越职权、滥用职权，不得侵犯个人和组织的合法权益。”
4. A，解析：《国家安全法》第 9 条规定：“维护国家安全，应当坚持预防为主、标本兼治，专门工作与群众路线相结合，充分发挥专门机关和其他有关机关维护国家安全的职能作用，广泛动员公民和组织，防范、制止和依法惩治危害国家安全的行为。”

（三）多项选择题

1. ACD，解析：《国家安全法》第 43 条规定：“国家机关及其工作人员在履行职责时，应当贯彻维护国家安全的原则。国家机关及其工作人员在国家安全工作和涉及国家安全活动中，应当严格依法履行职责，不得超越职权、滥用职权，不得侵犯个人和组织的合法权益。”

2. ABCD，解析：《国家安全法》第45条规定：“国家建立国家安全重点领域工作协调机制，统筹协调中央有关职能部门推进相关工作。”第46条规定：“国家建立国家安全工作督促检查和责任追究机制，确保国家安全战略和重大部署贯彻落实。”第48条规定：“国家根据维护国家安全工作需要，建立跨部门会商工作机制，就维护国家安全工作的重大事项进行会商研判，提出意见和建议。”第50条规定：“国家建立国家安全决策咨询机制，组织专家和有关方面开展对国家安全形势的分析研判，推进国家安全的科学决策。”
3. ABD，解析：《国家安全法》第3条规定：“国家安全工作应当坚持总体国家安全观，以人民安全为宗旨，以政治安全为根本，以经济安全为基础，以军事、文化、社会安全为保障，以促进国际安全为依托，维护各领域国家安全，构建国家安全体系，走中国特色国家安全道路。”
4. ABC，解析：《国家安全法》第25条规定：“国家建设网络与信息安全保障体系，提升网络与信息安全保护能力，加强网络和信息技术的创新研究和开发应用，实现网络和信息核心技术、关键基础设施和重要领域信息系统及数据的安全可控；加强网络管理，防范、制止和依法惩治网络攻击、网络入侵、网络窃密、散布违法有害信息等网络违法犯罪行为，维护国家网络空间主权、安全和发展利益。”

（四）填空题

1. 预防为主；标本兼治。（《国家安全法》第9条）
2. 网络与信息安全保障体系；安全可控。（《国家安全法》第25条）
3. 外商投资；国家安全风险。（《国家安全法》第59条）
4. 公安机关、国家安全机关。（《国家安全法》第80条）

（五）简答题

答：《国家安全法》第77条规定：“公民和组织应当履行下列维护国家安全的义务：（一）遵守宪法、法律法规关于国家安全的有关规定；（二）及时报告危害国家安全活动的线索；（三）如实提供所知悉的涉及危害国家安全活动的证据；（四）为国家安全工作提供便利条件或者其他协助；（五）向国家安全机关、公安机关和有关军事机关提供必要的支持和协助；（六）保守所知悉的国家秘密；（七）法律、行政法规规定的其他义务。任何个人和组织不得有危害国家安全的行为，不得向危害国家安全的个人或者组织提供任何资助或者协助。”

八、反恐怖主义法

（一）判断题

1. 新闻、广播、电视、文化、宗教、互联网等有关单位，应当有针对性地面向社会进行反恐怖主义宣传教育。（　　）
2. 电信业务经营者、互联网服务提供者应当为公安机关、国家安全机关依法进行防范、调查恐怖活动提供技术接口和解密等技术支持和协助。（　　）
3. 电信业务经营者、互联网服务提供者应当依照法律、行政法规规定，落实网络安全、信息内容监督制度和安全技术防范措施，防止含有恐怖主义、极端主义内容的信息传播；发现含有恐怖主义、极端主义内容的信息的，应当立即停止传输，保存相关记录，删除相关信息，并向公安机关或者有关部门报告。（　　）

（二）单项选择题

1. （　　）应当依照法律、行政法规规定，落实网络安全、信息内容监督制度和安全技术防范措施，防止含有恐怖主义、极端主义内容的信息传播；发现含有恐怖主义、极端主义内容的信息的，应当立即停止传输，保存相关记录，删除相关信息，并向公安机关或者有关部门报告。

   A. 电信业务经营者、互联网服务提供者

   B. 法官

   C. 律师

   D. 教师

2. 电信业务经营者、互联网服务提供者应当为（　　）、国家安全机关依法进行防范、调查恐怖活动提供技术接口和解密等技术支持和协助。

   A. 公安机关　　B. 检察机关

   C. 审判机关　　D. 行政机关

（三）多项选择题

1. （　　）应当对有关情报信息进行筛查、研判、核查、监控，认为有发生恐怖事件危险，需要采取相应的安全防范、应对处置措施的，应当及时通报有关部门和单位，并可以根据情况发出预警。有关部门和单位应当根据通报做好安全防范、应对处置工作。

A. 国家反恐怖主义情报中心　　B. 地方反恐怖主义工作领导机构

C. 公安机关等有关部门　　D. 人民法院

2. 反恐怖主义工作坚持（　　）的原则。

A. 专门工作与群众路线相结合　　B. 防范为主、惩防结合

C. 先发制敌　　D. 保持主动

（四）填空题

1. 电信业务经营者、互联网服务提供者应当为公安机关、国家安全机关依法进行防范、调查恐怖活动提供____和协助。
2. 网信、电信、公安、国家安全等主管部门对含有恐怖主义、极端主义内容的信息，应当按照职责分工，及时责令有关单位____相关信息，或者关闭相关网站、关停相关服务。有关单位应当____，并保存相关记录，协助进行调查。对互联网上跨境传输的含有恐怖主义、极端主义内容的信息，电信主管部门应当采取技术措施，阻断传播。
3. 电信、互联网、金融、住宿、长途客运、机动车租赁等业务经营者、服务提供者，应当对客户身份____。对身份不明或者拒绝身份查验的，不得提供服务。

参考答案

（一）判断题

1. √，解析：《反恐怖主义法》第 17 条第 3 款。
2. √，解析：《反恐怖主义法》第 18 条。
3. √，解析：《反恐怖主义法》第 19 条第 1 款。

（二）单项选择题

1. A，解析：《反恐怖主义法》第 19 条第 1 款规定："电信业务经营者、互联网服务提供者应当依照法律、行政法规规定，落实网络安全、信息内容监督制度和安全技术防范措施，防止含有恐怖主义、极端主义内容的信息传播；发现含有恐怖主义、极端主义内容的信息的，应当立即停止传输，保存相关记录，删除相关信息，并向公安机关或者有关部门报告。"
2. A，解析：《反恐怖主义法》第 18 条规定："电信业务经营者、互联网服务提供者应当为公安机关、国家安全机关依法进行防范、调查恐怖活动提供技术接口和解密等技术支持和协助。"

（三）多项选择题

1. ABC，解析：《反恐怖主义法》第 47 条规定："国家反恐怖主义情报中心、地方反恐怖主义工作领导机构以及公安机关等有关部门应当对有关情报信息进行筛查、研判、核查、监控，认为有发生恐怖事件危险，需要采取相应的安全防范、应对处置措施的，应当及时通报有关部门和单位，并可以根据情况发出预警。有关部门和单位应当根据通报做好安全防范、应对处置工作。"
2. ABCD，解析：《反恐怖主义法》第 5 条规定，反恐怖主义工作坚持专门工作与群众路线相结合，防范为主、惩防结合和先发制敌、保持主动的原则。

（四）填空题

1. 技术接口和解密等技术支持。（《反恐怖主义法》第 18 条）
2. 停止传输、删除；立即执行。（《反恐怖主义法》第 19 条第 2 款）
3. 进行查验。（《反恐怖主义法》第 21 条）

九、治安管理处罚法

（一）判断题

1. 违反国家规定，故意干扰无线电业务正常进行的，或者对正常运行的无线电台（站）产生有害干扰，经有关主管部门指出后，拒不采取有效措施消除的，处 3 日以上 10 日以下拘留；情节严重的，处 10 日以上 15 日以下拘留。（　　）
2. 制作、运输、复制、出售、出租淫秽的书刊、图片、影片、音像制品等淫秽物品或者利用计算机信息网络、电话以及其他通讯工具传播淫秽信息的，处 10 日以上 15 日以下拘留，可以并处 5000 元以下罚款；情节较轻的，处 5 日以下拘留或者 500 元以下罚款。（　　）
3. 煽动民族仇恨、民族歧视，或者在出版物、计算机信息网络中刊载民族歧视、侮辱内容的，处 10 日以上 15 日以下拘留，可以并处 1000 元以下罚款。（　　）
4. 盗窃、诈骗、哄抢、抢夺、敲诈勒索或者故意损毁公私财物的，处 5 日以上 10 日以下拘留，可以并处 500 元以下罚款；情节较重的，处 10 日以上 15 日以下拘留，可以并处 1000 元以下罚款。（　　）
5. 冒充国家机关工作人员或者以其他虚假身份招摇撞骗的，处 5 日以上 10 日以下拘留，可以并处 500 元以下罚款；情节较轻的，处 5 日以下拘留或者 500 元以下罚款。冒充军警人员招摇撞骗的，从重处罚。（　　）
6. 旅馆业、饮食服务业、文化娱乐业、出租汽车业等单位的人员，在公安机关查处吸毒、赌博、卖淫、嫖娼活动时，为违法犯罪行为人通风报信的，处 3 日以上 15 日以下拘留。（　　）

（二）单项选择题

1. 违反国家规定，故意干扰无线电业务正常进行的，或者对正常运行的无线电台（站）产生有害干扰，经有关主管部门指出后，拒不采取有效措施施消除的，处(　　)10日以下拘留；情节严重的，处10日以上15日以下拘留。

A. 1日以上　　B. 4日以上

C. 5日以上　　D. 3日以上

2. 故意制作、传播计算机病毒等破坏性程序，影响计算机信息系统正常运行的，处(　　)日以下拘留；情节较重的，处5日以上(　　)日以下拘留。

A. 2；8　　B. 3；9

C. 4；7　　D. 5；10

3. 强买强卖商品，强迫他人提供服务或者强迫他人接受服务的，处5日以上10日以下拘留，并处200元以上500元以下罚款；情节较轻的，处5日以下拘留或者(　　)元以下罚款。

A. 600　　B. 700

C. 500　　D. 800

(三) 多项选择题

1. 有下列哪些行为之一的，处5日以下拘留；情节较重的，处5日以上10日以下拘留？(　　)

A. 违反国家规定，侵入计算机信息系统，造成危害的

B. 违反国家规定，对计算机信息系统功能进行删除、修改、增加、干扰，造成计算机信息系统不能正常运行的

C. 违反国家规定，对计算机信息系统中存储、处理、传输的数据和应用程序进行删除、修改、增加的

D. 故意制作、传播计算机病毒等破坏性程序，影响计算机信息系统正常运行的

2. 关于《治安管理处罚法》，下列说法中正确的是：(　　)

A. 违反国家规定，故意干扰无线电业务正常进行的，或者对正常运行的无线电台（站）产生有害干扰，经有关主管部门指出后，拒不采取有效措施消除的，处5日以上10日以下拘留；情节严重的，处10日以上15日以下拘留

B. 故意制作、传播计算机病毒等破坏性程序，影响计算机信息系统正常运行的处5日以下拘留；情节较重的，处5日以上10日以下拘留

C. 制作、运输、复制、出售、出租淫秽的书刊、图片、影片、音像制品等淫秽物品或者利用计算机信息网络、电话以及其他通讯工具传播淫秽信息的，处10日以上15日以下拘留，可以并处3000元以下罚款；情节较轻的，处5日以下拘留或者500元以下罚款

D. 煽动民族仇恨、民族歧视，或者在出版物、计算机信息网络中刊载民族歧视、侮辱内容的，处10日以上15日以下拘留，可以并处1000元以下罚款

3. 盗窃、诈骗、哄抢、抢夺、敲诈勒索或者故意损毁公私财物的，（　　）。

A. 处5日以上10日以下拘留

B. 处5日以上15日以下拘留

C. 情节较重的，处10日以上15日以下拘留

D. 情节较重的，处5日以上10日以下拘留

（四）填空题

1. 制作、运输、复制、出售、出租淫秽的书刊、图片、影片、音像制品等淫秽物品或者利用____、电话以及其他通讯工具传播淫秽信息的，处10日以上15日以下拘留，可以并处3000元以下罚款；情节较轻的，处5日以下拘留或者500元以下____。

2. 煽动民族仇恨、民族歧视，或者在出版物、计算机信息网络中刊载民族歧视、侮辱内容的，处____拘留，可以并处1000元以下____。

3. ____商品，强迫他人提供服务或者强迫他人接受服务的，处5日以上10日以下拘留，并处200元以上500元以下____；情节较轻的，处5日以下拘留或者500元以下罚款。

4. 旅馆业、饮食服务业、____、出租汽车业等单位的人员，在公安机关查处吸毒、赌博、卖淫、嫖娼活动时，为违法犯罪行为人通风报信的，处10日以上15日以下拘留。

(五) 简答题

根据《治安管理处罚法》，制作、运输、复制、出售、出租淫秽的书刊、图片、影片、音像制品等淫秽物品或者利用计算机信息网络、电话以及其他通讯工具传播淫秽信息的，将会受到怎样的处罚？

参考答案

(一) 判断题

1. ×，解析：《治安管理处罚法》第 28 条规定："违反国家规定，故意干扰无线电业务正常进行的，或者对正常运行的无线电台（站）产生有害干扰，经有关主管部门指出后，拒不采取有效措施消除的，处五日以上十日以下拘留；情节严重的，处十日以上十五日以下拘留。"
2. ×，解析：《治安管理处罚法》第 68 条规定："制作、运输、复制、出售、出租淫秽的书刊、图片、影片、音像制品等淫秽物品或者利用计算机信息网络、电话以及其他通讯工具传播淫秽信息的，处十日以上十五日以下拘留，可以并处三千元以下罚款；情节较轻的，处五日以下拘留或者五百元以下罚款。"
3. √，解析：《治安管理处罚法》第 47 条。
4. √，解析：《治安管理处罚法》第 49 条。
5. √，解析：《治安管理处罚法》第 51 条。
6. ×，解析：《治安管理处罚法》第 74 条规定："旅馆业、饮食服务业、文化娱乐业、出租汽车业等单位的人员，在公安机关查处吸毒、赌博、卖淫、嫖娼活动时，为违法犯罪行为人通风报信的，处十日以上十五日以下拘留。"

(二) 单项选择题

1. C，解析：《治安管理处罚法》第 28 条规定："违反国家规定，故意干扰无线电业务正常进行的，或者对正常运行的无线电台（站）产生有害干扰，经有关主管部门指出后，拒不采取有效措施消除的，处五日以上十日以下拘留；情节严重的，处十日以上十五日以下拘留。"
2. D，解析：《治安管理处罚法》第 29 条规定："有下列行为之一的，处五日以下拘留；情节较重的，处五日以上十日以下拘留：（一）违反国家规定，侵入计算机信息系统，造成危害的；（二）违反国家规定，对计算机信息系统功能进行删除、修改、增加、干扰，造成计算机信息系统不能正常运行的；（三）违反国家规定，对计算机信息系统中存储、处理、传输的数据和应用程序进行删除、修改、增加的；（四）故意制作、传播计算机病毒等破坏性程序，影响计算机信息系统正常运行的。”

3. C，解析：《治安管理处罚法》第46条规定：“强买强卖商品，强迫他人提供服务或者强迫他人接受服务的，处五日以上十日以下拘留，并处二百元以上五百元以下罚款；情节较轻的，处五日以下拘留或者五百元以下罚款。”

（三）多项选择题

1. ABCD，解析：《治安管理处罚法》第28条规定：“违反国家规定，故意干扰无线电业务正常进行的，或者对正常运行的无线电台（站）产生有害干扰，经有关主管部门指出后，拒不采取有效措施消除的，处五日以上十日以下拘留；情节严重的，处十日以上十五日以下拘留。”第29条规定：“有下列行为之一的，处五日以下拘留；情节较重的，处五日以上十日以下拘留：（一）违反国家规定，侵入计算机信息系统，造成危害的；（二）违反国家规定，对计算机信息系统功能进行删除、修改、增加、干扰，造成计算机信息系统不能正常运行的；（三）违反国家规定，对计算机信息系统中存储、处理、传输的数据和应用程序进行删除、修改、增加的；（四）故意制作、传播计算机病毒等破坏性程序，影响计算机信息系统正常运行的。”

2. ABCD，解析：《治安管理处罚法》第29条规定：“有下列行为之一的，处五日以下拘留；情节较重的，处五日以上十日以下拘留：（一）违反国家规定，侵入计算机信息系统，造成危害的；（二）违反国家规定，对计算机信息系统功能进行删除、修改、增加、干扰，造成计算机信息系统不能正常运行的；（三）违反国家规定，对计算机信息系统中存储、处理、传输的数据和应用程序进行删除、修改、增加的；（四）故意制作、传播计算机病毒等破坏性程序，影响计算机信息系统正常运行的。”第68条规定：“制作、运输、复制、出售、出租淫秽的书刊、图片、影片、音像制品等淫秽物品或者利用计算机信息网络、电话以及其他通讯工具传播淫秽信息的，处十日以上十五日以下拘留，可以并处三千元以下罚款；情节较轻的，处五日以下拘留或者五百元以下罚款。”第47条规定：“煽动民族仇恨、民族歧视，或者在出版物、计算机信息网络中刊载民族歧视、侮辱内容的，处十日以上十五日以下拘留，可以并处一千元以下罚款。”

3. AC，解析：《治安管理处罚法》第49条规定：“盗窃、诈骗、哄抢、抢夺、敲诈勒索或者故意损毁公私财物的，处五日以上十日以下拘留，可以并处五百元以下罚款；情节较重的，处十日以上十五日以下拘留，可以并处一千元以下罚款。”

（四）填空题

1. 计算机信息网络；罚款。（《治安管理处罚法》第68条）
2. 10日以上15日以下；罚款。（《治安管理处罚法》第47条）
3. 强买强卖；罚款。（《治安管理处罚法》第46条）
4. 文化娱乐业。（《治安管理处罚法》第74条）

（五）简答题

答：《治安管理处罚法》第68条规定：“制作、运输、复制、出售、出租淫秽的书刊、图片、影片、音像制品等淫秽物品或者利用计算机信息网络、电话以及其他通讯工具传播淫秽信息的，处十日以上十五日以下拘留，可以并处三千元以下罚款；情节较轻的，处五日以下拘留或者五百元以下罚款。”

十、刑　法

（一）判断题

1. 明知他人利用信息网络实施犯罪，为其犯罪提供互联网接入、服务器托管、网络存储、通讯传输等技术支持，或者提供广告推广、支付结算等帮助，情节严重的，处3年以下有期徒刑或者拘役，并处或者单处罚金。（　　）

2. 以营利为目的，未经著作权人许可，复制发行、通过信息网络向公众传播其文字作品、音乐、美术、视听作品、计算机软件及法律、行政法规规定的其他作品的，违法所得数额较大或者有其他严重情节的，处3年以下有期徒刑，并处或者单处罚金；违法所得数额巨大或者有其他特别严重情节的，处3年以上10年以下有期徒刑，并处罚金。（　　）

3. 网络服务提供者不履行法律、行政法规规定的信息网络安全管理义务，经监管部门责令采取改正措施而拒不改正，致使用户信息泄露，造成严重后果的，处3年以下有期徒刑、拘役或者管制，并处或者单处罚金。（　　）

（二）单项选择题

1. 以营利为目的，未经录音录像制作者许可，复制发行、通过信息网络向公众传播其制作的录音录像的，违法所得数额较大或者有其他严重情节的，处3年以下有期徒刑，并处或者单处罚金；违法所得数额巨大或者有其他特别严重情节的，处（　　）10年以下有期徒刑，并处罚金。

A. 1年以上　　B. 2年以上

C. 5年以上　　D. 3年以上

2. 明知他人利用信息网络实施犯罪，为其犯罪提供互联网接入、服务器托管、网络存储、通讯传输等技术支持，或者提供广告推广、支付结算等帮助，情节严重的，处（　　）有期徒刑或者拘役，并处或者单处罚金。

A. 5年以下　　B. 3年以下

C. 2年以下　　D. 1年以下

3. 网络服务提供者不履行法律、行政法规规定的信息网络安全管理义务，经监管部门责令采取改正措施而拒不改正，致使用户信息泄露，造成严重后果的，处（　）有期徒刑、拘役或者管制，并处或者单处罚金。

A. 2 年以下　　B. 5 年以上

C. 3 年以下　　D. 7 年以上

（三）多项选择题

1. 网络服务提供者不履行法律、行政法规规定的信息网络安全管理义务，经监管部门责令采取改正措施而拒不改正，有下列哪些情形之一的，处 3 年以下有期徒刑、拘役或者管制，并处或者单处罚金？（　　）

A. 致使违法信息大量传播的

B. 致使用户信息泄露，造成严重后果的

C. 致使刑事案件证据灭失，情节严重的

D. 有其他严重情节的

2. 以营利为目的，未经著作权人许可，复制发行、通过信息网络向公众传播其（　　）、计算机软件及法律、行政法规规定的其他作品的，违法所得数额较大或者有其他严重情节的，处 3 年以下有期徒刑，并处或者单处罚金；违法所得数额巨大或者有其他特别严重情节的，处 3 年以上 10 年以下有期徒刑，并处罚金。

A. 文字作品　　B. 音乐

C. 美术　　D. 视听作品

（四）填空题

1. 明知他人利用____实施犯罪，为其犯罪提供互联网接入、服务器托管、网络存储、通讯传输等技术支持，或者提供广告推广、支付结算等帮助，情节严重的，处 3 年以下有期徒刑或者____，并处或者单处罚金。

2. 因利用____实施犯罪，或者实施违背职业要求的特定义务的犯罪被判处刑罚的，人民法院可以根据犯罪情况和预防再犯罪的需要，禁止其自刑罚执行完毕之日或者假释之日起从事相关职业，期限为____。

3. 依法负有信息披露义务的公司、企业向股东和社会公众提供虚假的或者隐瞒重要事实的____，或者对依法应当披露的其他重要信息不按照规定披露，严重损害股东或者其他人利益，或者有其他严重情节的，对其直接负责的主管人员和其他直接责任人员，处5年以下有期徒刑或者拘役，并处或者单处罚金；情节特别严重的，处____有期徒刑，并处罚金。

（五）简答题

1. 有哪些侵犯商业秘密行为之一，情节严重的，处3年以下有期徒刑，并处或者单处罚金；情节特别严重的，处3年以上10年以下有期徒刑，并处罚金？
2. 利用信息网络实施哪些行为之一，情节严重的，处3年以下有期徒刑或者拘役，并处或者单处罚金？

参考答案

（一）判断题

1. √，解析：《刑法》第287条之二。
2. √，解析：《刑法》第217条。
3. √，解析：《刑法》第286条之一。

（二）单项选择题

1. D，解析：《刑法》第217条规定："以营利为目的，有下列侵犯著作权或者与著作权有关的权利的情形之一，违法所得数额较大或者有其他严重情节的，处三年以下有期徒刑，并处或者单处罚金；违法所得数额巨大或者有其他特别严重情节的，处三年以上十年以下有期徒刑，并处罚金：（一）未经著作权人许可，复制发行、通过信息网络向公众传播其文字作品、音乐、美术、视听作品、计算机软件及法律、行政法规规定的其他作品的；（二）出版他人享有专有出版权的图书的；（三）未经录音录像制作者许可，复制发行、通过信息网络向公众传播其制作的录音录像的；（四）未经表演者许可，复制发行录有其表演的录音录像制品，或者通过信息网络向公众传播其表演的；（五）制作、出售假冒他人署名的美术作品的；（六）未经著作权人或者与著作权有关的权利人许可，故意避开或者破坏权利人为其作品、录音录像制品等采取的保护著作权或者与著作权有关的权利的技术措施的。"

2. B，解析：《刑法》第 287 条之二规定："明知他人利用信息网络实施犯罪，为其犯罪提供互联网接入、服务器托管、网络存储、通讯传输等技术支持，或者提供广告推广、支付结算等帮助，情节严重的，处三年以下有期徒刑或者拘役，并处或者单处罚金。"
3. C，解析：《刑法》第 286 条之一规定："网络服务提供者不履行法律、行政法规规定的信息网络安全管理义务，经监管部门责令采取改正措施而拒不改正，致使用户信息泄露，造成严重后果的，处三年以下有期徒刑、拘役或者管制，并处或者单处罚金。"

（三）多项选择题

1. ABCD，解析：《刑法》第 286 条之一规定："网络服务提供者不履行法律、行政法规规定的信息网络安全管理义务，经监管部门责令采取改正措施而拒不改正，有下列情形之一的，处三年以下有期徒刑、拘役或者管制，并处或者单处罚金：（一）致使违法信息大量传播的；（二）致使用户信息泄露，造成严重后果的；（三）致使刑事案件证据灭失，情节严重的；（四）有其他严重情节的。"
2. ABCD，解析：《刑法》第 2 条规定："以营利为目的，未经著作权人许可，复制发行、通过信息网络向公众传播其文字作品、音乐、美术、视听作品、计算机软件及法律、行政法规规定的其他作品的，违法所得数额较大或者有其他严重情节的，处三年以下有期徒刑，并处或者单处罚金；违法所得数额巨大或者有其他特别严重情节的，处三年以上十年以下有期徒刑，并处罚金。"

（四）填空题

1. 信息网络；拘役。（《刑法》第 287 条之二）
2. 职业便利；3 年至 5 年。（《刑法》第 37 条之一）
3. 财务会计报告；5 年以上 10 年以下。（《刑法》第 161 条第 1 款）

（五）简答题

1. 答：《刑法》第 219 条规定："有下列侵犯商业秘密行为之一，情节严重的，处三年以下有期徒刑，并处或者单处罚金；情节特别严重的，处三年以上十年以下有期徒刑，并处罚金：（一）以盗窃、贿赂、欺诈、胁迫、电子侵入或者其他不正当手段获取权利人的商业秘密的；（二）披露、使用或者允许他人使用以前项手段获取的权利人的商业秘密的；（三）违反保密义务或者违反权利人有关保守商业秘密的要求，披露、使用或者允许他人使用其所掌握的商业秘密的。"

2. 答：《刑法》第 287 条之一规定：“利用信息网络实施下列行为之一，情节严重的，处三年以下有期徒刑或者拘役，并处或者单处罚金：（一）设立用于实施诈骗、传授犯罪方法、制作或者销售违禁物品、管制物品等违法犯罪活动的网站、通讯群组的；（二）发布有关制作或者销售毒品、枪支、淫秽物品等违禁物品、管制物品或者其他违法犯罪信息的；（三）为实施诈骗等违法犯罪活动发布信息的。单位犯前款罪的，对单位判处罚金，并对其直接负责的主管人员和其他直接责任人员，依照第一款的规定处罚。”

十一、全国人民代表大会常务委员会关于加强网络信息保护的决定

（一）判断题

1. 任何组织和个人不得窃取或者以其他非法方式获取公民个人电子信息，不得出售或者非法向他人提供公民个人电子信息。（　　）
2. 网络服务提供者和其他企业事业单位在业务活动中收集、使用公民个人电子信息，应当遵循合法、正当、必要的原则，明示收集、使用信息的目的、方式和范围，并经被收集者同意，不得违反法律、法规的规定和双方的约定收集、使用信息。网络服务提供者和其他企业事业单位收集、使用公民个人电子信息，应当公开其收集、使用规则。（　　）
3. 网络服务提供者和其他企业事业单位及其工作人员对在业务活动中收集的公民个人电子信息必须严格保密，不得泄露、篡改、毁损，不得出售或者非法向他人提供。（　　）

（二）单项选择题

1. 关于《全国人民代表大会常务委员会关于加强网络信息保护的决定》，下列说法中错误的是：（　　）
   A. 网络服务提供者为用户办理网站接入服务，办理固定电话、移动电话等入网手续，或者为用户提供信息发布服务，应当在与用户签订协议或者确认提供服务时，要求用户提供真实身份信息
   B. 网络服务提供者应当加强对其用户发布的信息的管理，发现法律、法规禁止发布或者传输的信息的，应当立即停止传输该信息，采取消除等处置措施，保存有关记录，并向有关主管部门报告
   C. 网络服务提供者和其他企业事业单位及其工作人员对在业务活动中收集的公民个人电子信息必须严格保密，可以泄露、篡改、毁损，不得出售或者非法向他人提供

D. 网络服务提供者和其他企业事业单位在业务活动中收集、使用公民个人电子信息，应当遵循合法、正当、必要的原则，明示收集、使用信息的目的、方式和范围，并经被收集者同意，不得违反法律、法规的规定和双方的约定收集、使用信息

2. 关于《全国人民代表大会常务委员会关于加强网络信息保护的决定》，下列说法错误的是：（　　）

A. 任何组织和个人不得窃取或者以其他非法方式获取公民个人电子信息，不得出售或者非法向他人提供公民个人电子信息

B. 网络服务提供者和其他企业事业单位及其工作人员对在业务活动中收集的公民个人电子信息必须严格保密，不得泄露、篡改、毁损，不得出售或者非法向他人提供

C. 网络服务提供者为用户办理网站接入服务，办理固定电话、移动电话等入网手续，或者为用户提供信息发布服务，应当在与用户签订协议或者确认提供服务时，要求用户提供真实身份信息

D. 网络服务提供者和其他企业事业单位收集、使用公民个人电子信息，可以公开其收集、使用规则

3. 关于《全国人民代表大会常务委员会关于加强网络信息保护的决定》，下列说法错误的是：（　　）

A. 网络服务提供者应当加强对其用户发布的信息的管理，发现法律、法规禁止发布或者传输的信息的，应当立即停止传输该信息，采取消除等处置措施，保存有关记录，并向有关主管部门报告

B. 网络服务提供者为用户办理网站接入服务，办理固定电话、移动电话等入网手续，或者为用户提供信息发布服务，应当在与用户签订协议或者确认提供服务时，要求用户提供真实身份信息

C. 任何组织和个人未经电子信息接收者同意或者请求，或者电子信息接收者明确表示拒绝的，可以向其固定电话、移动电话或者个人电子邮箱发送商业性电子信息

D. 公民发现泄露个人身份、散布个人隐私等侵害其合法权益的网络信息，或者受到商业性电子信息侵扰的，有权要求网络服务提供者删除有关信息或者采取其他必要措施予以制止

（三）多项选择题

1. 网络服务提供者和其他企业事业单位及其工作人员对在业务活动中收集的公民个人电子信息必须严格保密，不得（　　），不得出售或者非法向他人提供。

   A. 泄露　　B. 篡改

   C. 毁损　　D. 保密

2. 网络服务提供者和其他企业事业单位在业务活动中收集、使用公民个人电子信息，应当遵循（　　）的原则，明示收集、使用信息的目的、方式和范围，并经被收集者同意，不得违反法律、法规的规定和双方的约定收集、使用信息。

   A. 必须　　B. 合法

   C. 正当　　D. 必要

3. 网络服务提供者和其他企业事业单位应当采取技术措施和其他必要措施，确保信息安全，防止在业务活动中收集的公民个人电子信息（　　）。

   A. 灭失　　B. 泄露

   C. 毁损　　D. 丢失

（四）填空题

1. 网络服务提供者为用户办理____，办理固定电话、移动电话等入网手续，或者为用户提供____，应当在与用户签订协议或者确认提供服务时，要求用户提供真实身份信息。

2. 任何组织和个人对窃取或者以其他非法方式获取、出售或者非法向他人提供公民个人电子信息的违法犯罪行为以及其他网络信息违法犯罪行为，有权向有关主管部门____；接到举报、控告的部门应当依法及时处理。被侵权人可以依法____。

3. 有关主管部门应当在各自职权范围内依法履行职责，采取技术措施和其他必要措施，防范、制止和查处窃取或者以其他非法方式获取、出售或者非法向他人提供公民个人电子信息的违法犯罪行为以及其他____。有关主管部门依法履行职责时，网络服务提供者应当____，提供技术支持。

国家机关及其工作人员对在履行职责中知悉的公民个人电子信息应当予以保密，不得泄露、篡改、毁损，不得出售或者非法向他人提供。

（五）简答题

简述违反《全国人民代表大会常务委员会关于加强网络信息保护的决定》的后果。

参考答案

（一）判断题

1. √，解析：《全国人民代表大会常务委员会关于加强网络信息保护的决定》第1条。
2. √，解析：《全国人民代表大会常务委员会关于加强网络信息保护的决定》第2条。
3. √，解析：《全国人民代表大会常务委员会关于加强网络信息保护的决定》第3条。

（二）单项选择题

1. C，解析：《全国人民代表大会常务委员会关于加强网络信息保护的决定》第3条规定："网络服务提供者和其他企业事业单位及其工作人员对在业务活动中收集的公民个人电子信息必须严格保密，不得泄露、篡改、毁损，不得出售或者非法向他人提供。"
2. D，解析：《全国人民代表大会常务委员会关于加强网络信息保护的决定》第1条规定："国家保护能够识别公民个人身份和涉及公民个人隐私的电子信息。任何组织和个人不得窃取或者以其他非法方式获取公民个人电子信息，不得出售或者非法向他人提供公民个人电子信息。"第3条规定："网络服务提供者和其他企业事业单位及其工作人员对在业务活动中收集的公民个人电子信息必须严格保密，不得泄露、篡改、毁损，不得出售或者非法向他人提供。"第6条规定："网络服务提供者为用户办理网站接入服务，办理固定电话、移动电话等入网手续，或者为用户提供信息发布服务，应当在与用户签订协议或者确认提供服务时，要求用户提供真实身份信息。"第2条规定："网络服务提供者和其他企业事业单位在业务活动中收集、使用公民个人电子信息，应当遵循合法、正当、必要的原则，明示收集、使用信息的目的、方式和范围，并经被收集者同意，不得违反法律、法规的规定和双方的约定收集、使用信息。网络服务提供者和其他企业事业单位收集、使用公民个人电子信息，应当公开其收集、使用规则。”

3. C，解析：《全国人民代表大会常务委员会关于加强网络信息保护的决定》第5条规定：“网络服务提供者应当加强对其用户发布的信息的管理，发现法律、法规禁止发布或者传输的信息的，应当立即停止传输该信息，采取消除等处置措施，保存有关记录，并向有关主管部门报告。”第6条规定：“网络服务提供者为用户办理网站接入服务，办理固定电话、移动电话等入网手续，或者为用户提供信息发布服务，应当在与用户签订协议或者确认提供服务时，要求用户提供真实身份信息。”第7条规定：“任何组织和个人未经电子信息接收者同意或者请求，或者电子信息接收者明确表示拒绝的，不得向其固定电话、移动电话或者个人电子邮箱发送商业性电子信息。”第8条规定：“公民发现泄露个人身份、散布个人隐私等侵害其合法权益的网络信息，或者受到商业性电子信息侵扰的，有权要求网络服务提供者删除有关信息或者采取其他必要措施予以制止。”

（三）多项选择题

1. ABC，解析：《全国人民代表大会常务委员会关于加强网络信息保护的决定》第3条规定：“网络服务提供者和其他企业事业单位及其工作人员对在业务活动中收集的公民个人电子信息必须严格保密，不得泄露、篡改、毁损，不得出售或者非法向他人提供。”
2. BCD，解析：《全国人民代表大会常务委员会关于加强网络信息保护的决定》第2条规定：“网络服务提供者和其他企业事业单位在业务活动中收集、使用公民个人电子信息，应当遵循合法、正当、必要的原则，明示收集、使用信息的目的、方式和范围，并经被收集者同意，不得违反法律、法规的规定和双方的约定收集、使用信息。”
3. BCD，解析：《全国人民代表大会常务委员会关于加强网络信息保护的决定》第4条规定：“网络服务提供者和其他企业事业单位应当采取技术措施和其他必要措施，确保信息安全，防止在业务活动中收集的公民个人电子信息泄露、毁损、丢失。在发生或者可能发生信息泄露、毁损、丢失的情况时，应当立即采取补救措施。”

（四）填空题

1. 网站接入服务；信息发布服务。（《全国人民代表大会常务委员会关于加强网络信息保护的决定》第6条）
2. 举报、控告；提起诉讼。（《全国人民代表大会常务委员会关于加强网络信息保护的决定》第9条）
3. 网络信息违法犯罪行为；予以配合。（《全国人民代表大会常务委员会关于加强网络信息保护的决定》第10条）

（五）简答题

答：《全国人民代表大会常务委员会关于加强网络信息保护的决定》第11条规定："对有违反本决定行为的，依法给予警告、罚款、没收违法所得、吊销许可证或者取消备案、关闭网站、禁止有关责任人员从事网络服务业务等处罚，记入社会信用档案并予以公布；构成违反治安管理行为的，依法给予治安管理处罚。构成犯罪的，依法追究刑事责任。侵害他人民事权益的，依法承担民事责任。"

十二、全国人民代表大会常务委员会关于维护互联网安全的决定

（一）判断题

1. 利用互联网实施违法行为，违反社会治安管理，尚不构成犯罪的，由公安机关依照《民法典》予以处罚；违反其他法律、行政法规，尚不构成犯罪的，由有关行政管理部门依法给予行政处罚；对直接负责的主管人员和其他直接责任人员，依法给予行政处分或者纪律处分。（　　）
2. 各级人民政府及有关部门要采取积极措施，在促进互联网的应用和网络技术的普及过程中，重视和支持对网络安全技术的研究和开发，增强网络的安全防护能力。有关主管部门要加强对互联网的运行安全和信息安全的宣传教育，依法实施有效的监督管理，防范和制止利用互联网进行的各种违法活动，为互联网的健康发展创造良好的社会环境。（　　）
3. 从事互联网业务的单位要依法开展活动，发现互联网上出现违法犯罪行为和有害信息时，要采取措施，停止传输有害信息，并及时向有关机关报告。任何单位和个人在利用互联网时，都要遵纪守法，抵制各种违法犯罪行为和有害信息。（　　）

（二）单项选择题

1. 为了兴利除弊，促进我国互联网的健康发展，维护国家安全和社会公共利益，保护（　　）的合法权益，特作《全国人民代表大会常务委员会关于维护互联网安全的决定》。

   A. 个人　　B. 其他组织

   C. 法人　　D. 以上都对
2. 为了维护社会主义市场经济秩序和社会管理秩序，构成犯罪的，依照刑法有关规定追究刑事责任，下列哪种行为不在其范围之中？（　　）

A. 利用互联网营销

B. 利用互联网销售伪劣产品或者对商品、服务作虚假宣传

C. 利用互联网损坏他人商业信誉和商品声誉

D. 利用互联网侵犯他人知识产权

3. 根据《全国人民代表大会常务委员会关于维护互联网安全的决定》，下列哪一说法是错误的？（　　）

A. 各级人民政府及有关部门要采取积极措施，在促进互联网的应用和网络技术的普及过程中，重视和支持对网络安全技术的研究和开发，增强网络的安全防护能力

B. 有关主管部门要加强对互联网的运行安全和信息安全的宣传教育，依法实施有效的监督管理，防范和制止利用互联网进行的各种违法活动，为互联网的健康发展创造良好的社会环境

C. 从事互联网业务的单位要依法开展活动，发现互联网上出现违法犯罪行为和有害信息时，要采取措施，停止传输有害信息，并及时向有关机关报告

D. 仅单位需要遵纪守法，抵制各种违法犯罪行为和有害信息

（三）多项选择题

1. 为了保障互联网的运行安全，对有下列哪些行为之一，构成犯罪的，依照刑法有关规定追究刑事责任？（　　）

A. 侵入国家事务、国防建设、尖端科学技术领域的计算机信息系统

B. 故意制作、传播计算机病毒等破坏性程序，攻击计算机系统及通信网络，致使计算机系统及通信网络遭受损害

C. 违反国家规定，擅自中断计算机网络或者通信服务，造成计算机网络或者通信系统不能正常运行

D. 利用互联网造谣、诽谤或者发表、传播其他有害信息，煽动颠覆国家政权、推翻社会主义制度，或者煽动分裂国家、破坏国家统一

2. 任何单位和个人在利用互联网时，都要遵纪守法，抵制各种违法犯罪行为和有害信息。（　　）要各司其职，密切配合，依法严厉打击利用互联网实施的各种犯罪活动。要动员全社会的力量，依靠全社会的共同努力，

保障互联网的运行安全与信息安全，促进社会主义精神文明和物质文明建设。

A. 人民法院　　B. 人民检察院

C. 公安机关　　D. 国家安全机关

（四）填空题

1. 各级人民政府及有关部门要采取____，在促进互联网的应用和网络技术的普及过程中，重视和支持对网络安全技术的研究和开发，增强网络的安全防护能力。有关主管部门要加强对互联网的运行安全和信息安全的____，依法实施有效的监督管理，防范和制止利用互联网进行的各种违法活动，为互联网的健康发展创造良好的社会环境。
2. 利用互联网实施违法行为，违反社会治安管理，尚不构成犯罪的，由公安机关依照____予以处罚；违反其他法律、行政法规，尚不构成犯罪的，由有关行政管理部门依法给予行政处罚；对直接负责的主管人员和其他直接责任人员，依法给予行政处分或者纪律处分。利用互联网侵犯他人合法权益，构成民事侵权的，依法承担民事责任。

（五）简答题

根据《全国人民代表大会常务委员会关于维护互联网安全的决定》，各级人民政府及有关部门应该如何维护互联网安全？

参考答案

（一）判断题

1. ×，解析：《全国人民代表大会常务委员会关于维护互联网安全的决定》第6条规定："利用互联网实施违法行为，违反社会治安管理，尚不构成犯罪的，由公安机关依照《治安管理处罚法》予以处罚；违反其他法律、行政法规，尚不构成犯罪的，由有关行政管理部门依法给予行政处罚；对直接负责的主管人员和其他直接责任人员，依法给予行政处分或者纪律处分。"

2. √，解析：《全国人民代表大会常务委员会关于维护互联网安全的决定》第7条。

3. √，解析：《全国人民代表大会常务委员会关于维护互联网安全的决定》第7条。

（二）单项选择题

1. D，解析：《全国人民代表大会常务委员会关于维护互联网安全的决定》规定："我国的互联网，在国家大力倡导和积极推动下，在经济建设和各项事业中得到日益广泛的应用，使人们的生产、工作、学习和生活方式已经开始并将继续发生深刻的变化，对于加快我国国民经济、科学技术的发展和社会服务信息化进程具有重要作用。同时，如何保障互联网的运行安全和信息安全问题已经引起全社会的普遍关注。为了兴利除弊，促进我国互联网的健康发展，维护国家安全和社会公共利益，保护个人、法人和其他组织的合法权益，特作如下决定。"

2. A，解析：《全国人民代表大会常务委员会关于维护互联网安全的决定》第3条规定："为了维护社会主义市场经济秩序和社会管理秩序，对有下列行为之一，构成犯罪的，依照刑法有关规定追究刑事责任：（一）利用互联网销售伪劣产品或者对商品、服务作虚假宣传；（二）利用互联网损坏他人商业信誉和商品声誉；（三）利用互联网侵犯他人知识产权；（四）利用互联网编造并传播影响证券、期货交易或者其他扰乱金融秩序的虚假信息；（五）在互联网上建立淫秽网站、网页，提供淫秽站点链接服务，或者传播淫秽书刊、影片、音像、图片。"

3. D，解析：《全国人民代表大会常务委员会关于维护互联网安全的决定》第7条规定，各级人民政府及有关部门要采取积极措施，在促进互联网的应用和网络技术的普及过程中，重视和支持对网络安全技术的研究和开发，增强网络的安全防护能力。有关主管部门要加强对互联网的运行安全和信息安全的宣传教育，依法实施有效的监督管理，防范和制止利用互联网进行的各种违法活动，为互联网的健康发展创造良好的社会环境。从事互联网业务的单位要依法开展活动，发现互联网上出现违法犯罪行为和有害信息时，要采取措施，停止传输有害信息，并及时向有关机关报告。任何单位和个人在利用互联网时，都要遵纪守法，抵制各种违法犯罪行为和有害信息。人民法院、人民检察院、公安机关、国家安全机关要各司其职，密切配合，依法严厉打击利用互联网实施的各种犯罪活动。要动员全社会的力量，依靠全社会的共同努力，保障互联网的运行安全与信息安全，促进社会主义精神文明和物质文明建设。

（三）多项选择题

1. ABC，解析：《全国人民代表大会常务委员会关于维护互联网安全的决定》第1条规定："为了保障互联网的运行安全，对有下列行为之一，构成犯罪的，依照刑法有关规定追究刑事责任：（一）侵入国家事务、国防建设、尖端科学技术领域的计算机信息系统；（二）故意制作、传播计算机病毒等破坏性程序，攻击计算机系统及通信网络，致使计算机系统及通信网络遭受损害；（三）违反国家规定，擅自中断计算机网络或者通信服务，造成计算机网络或者通信系统不能正常运行。"
2. ABCD，解析：《全国人民代表大会常务委员会关于维护互联网安全的决定》第7条规定："各级人民政府及有关部门要采取积极措施，在促进互联网的应用和网络技术的普及过程中，重视和支持对网络安全技术的研究和开发，增强网络的安全防护能力。有关主管部门要加强对互联网的运行安全和信息安全的宣传教育，依法实施有效的监督管理，防范和制止利用互联网进行的各种违法活动，为互联网的健康发展创造良好的社会环境。从事互联网业务的单位要依法开展活动，发现互联网上出现违法犯罪行为和有害信息时，要采取措施，停止传输有害信息，并及时向有关机关报告。任何单位和个人在利用互联网时，都要遵纪守法，抵制各种违法犯罪行为和有害信息。人民法院、人民检察院、公安机关、国家安全机关要各司其职，密切配合，依法严厉打击利用互联网实施的各种犯罪活动。要动员全社会的力量，依靠全社会的共同努力，保障互联网的运行安全与信息安全，促进社会主义精神文明和物质文明建设。"

（四）填空题

1. 积极措施；宣传教育。（《全国人民代表大会常务委员会关于维护互联网安全的决定》第7条）
2. 《治安管理处罚法》。（《全国人民代表大会常务委员会关于维护互联网安全的决定》第6条）

（五）简答题

答：《全国人民代表大会常务委员会关于维护互联网安全的决定》第7条规定，各级人民政府及有关部门要采取积极措施，在促进互联网的应用和网络技术的普及过程中，重视和支持对网络安全技术的研究和开发，增强网络的安全防护能力。有关主管部门要加强对互联网的运行安全和信息安全的宣传教育，依法实施有效的监督管理，防范和制止利用互联网进行的各种违法活动，为互联网的健康发展创造良好的社会环境。从事互联网业务的单位要依法开展活动，发现互联网上出现违法犯罪行为和有害信息时，要采取措施，停止传输有害信息，并及时向有关机关报告。任何单位和个人在利用互联网时，都要遵纪守法，抵制各种违法犯罪行为和有害信息。人民法院、人民检察院、公安机关、国家安全机关要各司其职，密切配合，依法严厉打击利用互联网实施的各种犯罪活动。要动员全社会的力量，依靠全社会的共同努力，保障互联网的运行安全与信息安全，促进社会主义精神文明和物质文明建设。

十三、信息网络传播权保护条例

（一）判断题

1. 权利人享有的信息网络传播权受著作权法和本条例保护。除法律、行政法规另有规定的外，任何组织或者个人将他人的作品、表演、录音录像制品通过信息网络向公众提供，应当取得权利人许可，并支付报酬。（　　）
2. 为了保护信息网络传播权，权利人可以采取技术措施。任何组织或者个人不得故意避开或者破坏技术措施，不得故意制造、进口或者向公众提供主要用于避开或者破坏技术措施的装置或者部件，不得故意为他人避开或者破坏技术措施提供技术服务。但是，法律、行政法规规定可以避开的除外。（　　）
3. 为通过信息网络实施十年制义务教育或者国家教育规划，可以不经著作权人许可，使用其已经发表作品的片断或者短小的文字作品、音乐作品或者单幅的美术作品、摄影作品制作课件，由制作课件或者依法取得课件的远程教育机构通过信息网络向注册学生提供，但应当向著作权人支付报酬。（　　）
4. 服务对象接到网络服务提供者转送的通知书后，认为其提供的作品、表演、录音录像制品未侵犯他人权利的，可以向网络服务提供者提交书面说明，要求恢复被删除的作品、表演、录音录像制品，或者恢复与被断开的作品、表演、录音录像制品的链接。（　　）

（二）单项选择题

1. 任何（　　）不得故意避开或者破坏技术措施，不得故意制造、进口或者向公众提供主要用于避开或者破坏技术措施的装置或者部件，不得故意为他人避开或者破坏技术措施提供技术服务。但是，法律、行政法规规定可以避开的除外。

A. 机构　　B. 成年人

C. 组织或者个人　　D. 法人

2. 网络服务提供者接到服务对象的(　　)后，应当立即恢复被删除的作品、表演、录音录像制品，或者可以恢复与被断开的作品、表演、录音录像制品的链接，同时将服务对象的书面说明转送权利人。权利人不得再通知网络服务提供者删除该作品、表演、录音录像制品，或者断开与该作品、表演、录音录像制品的链接。

A. 书面通知　　B. 书面说明

C. 书面回答　　D. 口头通知

3. 对提供信息存储空间或者提供搜索、链接服务的网络服务提供者，权利人认为其服务所涉及的作品、表演、录音录像制品，侵犯自己的信息网络传播权或者被删除、改变了自己的权利管理电子信息的，(　　)向该网络服务提供者提交书面通知，要求网络服务提供者删除该作品、表演、录音录像制品，或者断开与该作品、表演、录音录像制品的链接。

A. 应当　　B. 视情况

C. 可以　　D. 无需

4. 为扶助贫困，通过信息网络向农村地区的公众免费提供中国公民、法人或者其他组织已经发表的种植养殖、防病治病、防灾减灾等与扶助贫困有关的作品和适应基本文化需求的作品，网络服务提供者应当在提供前公告拟提供的作品及其作者、拟支付报酬的标准。自公告之日起(　　)，著作权人不同意提供的，网络服务提供者不得提供其作品。

A. 20 日内　　B. 25 日内

C. 30 日内　　D. 35 日内

(三) 多项选择题

1. (　　)、美术馆等可以不经著作权人许可，通过信息网络向本馆馆舍内服务对象提供本馆收藏的合法出版的数字作品和依法为陈列或者保存版本的需要以数字化形式复制的作品，不向其支付报酬，但不得直接或者间接获得经济利益。当事人另有约定的除外。

A. 图书馆　　B. 档案馆

C. 纪念馆　　D. 博物馆

2. 属于下列哪些情形的，可以避开技术措施，但不得向他人提供避开技术措施的技术、装置或者部件，不得侵犯权利人依法享有的其他权利？（　　）

A. 为学校课堂教学或者科学研究，通过信息网络向少数教学、科研人员提供已经发表的作品、表演、录音录像制品，而该作品、表演、录音录像制品只能通过信息网络获取

B. 不以营利为目的，通过信息网络以盲人能够感知的独特方式向盲人提供已经发表的文字作品，而该作品只能通过信息网络获取

C. 国家机关依照行政、司法程序执行公务

D. 在信息网络上对计算机及其系统或者网络的安全性能进行测试

3. 不经著作权人许可、通过信息网络向公众提供其作品的，应当遵守下列哪些规定？（　　）

A. 指明作品的名称和作者的姓名（名称）

B. 任何情况下都不得提供作者事先声明不许提供的作品

C. 依照本条例规定支付报酬

D. 不得侵犯著作权人依法享有的其他权利

4. 网络服务提供者无正当理由拒绝提供或者拖延提供涉嫌侵权的服务对象的（　　）等资料的，由著作权行政管理部门予以警告；情节严重的，没收主要用于提供网络服务的计算机等设备。

A. 姓名（名称）　　B. 联系方式

C. 位置信息　　D. 网络地址

（四）填空题

1. 网络服务提供者接到权利人的通知书后，应当____涉嫌侵权的作品、表演、录音录像制品，或者断开与涉嫌侵权的作品、表演、录音录像制品的链接，并同时将通知书转送提供作品、表演、录音录像制品的服务对象；服务对象网络地址不明、无法转送的，应当将通知书的内容同时在信息网络上____。

2. 网络服务提供者接到服务对象的____后，应当立即恢复被删除的作品、表演、录音录像制品，或者可以恢复与被断开的作品、表演、录音录像制品的链接，同时将服务对象的书面说明转送权利人。
3. 权利人享有的信息网络传播权受著作权法和本条例保护。除法律、行政法规另有规定的外，____将他人的作品、表演、录音录像制品通过信息网络向公众提供，应当取得权利人许可，并支付报酬。
4. 任何组织或者个人不得故意避开或者____，不得故意制造、进口或者向公众提供主要用于避开或者破坏技术措施的装置或者部件，不得故意为他人避开或者破坏技术措施提供技术服务。但是，法律、行政法规规定可以避开的除外。

（五）简答题

网络服务提供者为服务对象提供信息存储空间，供服务对象通过信息网络向公众提供作品、表演、录音录像制品，并具备哪些条件的，不承担赔偿责任？

参考答案

（一）判断题

1. √，解析：《信息网络传播权保护条例》第2条。
2. √，解析：《信息网络传播权保护条例》第4条。
3. ×，解析：《信息网络传播权保护条例》第8条规定："为通过信息网络实施九年制义务教育或者国家教育规划，可以不经著作权人许可，使用其已经发表作品的片断或者短小的文字作品、音乐作品或者单幅的美术作品、摄影作品制作课件，由制作课件或者依法取得课件的远程教育机构通过信息网络向注册学生提供，但应当向著作权人支付报酬。"
4. √，解析：《信息网络传播权保护条例》第16条。

（二）单项选择题

1. C，解析：《信息网络传播权保护条例》第4条第2款规定："任何组织或者个人不得故意避开或者破坏技术措施，不得故意制造、进口或者向公众提供主要用于避开或者破坏技术措施的装置或者部件，不得故意为他人避开或者破坏技术措施提供技术服务。但是，法律、行政法规规定可以避开的除外。"

2. B，解析：《信息网络传播权保护条例》第 17 条规定，网络服务提供者接到服务对象的书面说明后，应当立即恢复被删除的作品、表演、录音录像制品，或者可以恢复与被断开的作品、表演、录音录像制品的链接，同时将服务对象的书面说明转送权利人。权利人不得再通知网络服务提供者删除该作品、表演、录音录像制品，或者断开与该作品、表演、录音录像制品的链接。
3. C，解析：《信息网络传播权保护条例》第 14 条第 1 款规定，对提供信息存储空间或者提供搜索、链接服务的网络服务提供者，权利人认为其服务所涉及的作品、表演、录音录像制品，侵犯自己的信息网络传播权或者被删除、改变了自己的权利管理电子信息的，可以向该网络服务提供者提交书面通知，要求网络服务提供者删除该作品、表演、录音录像制品，或者断开与该作品、表演、录音录像制品的链接。
4. C，解析：《信息网络传播权保护条例》第 9 条第 1 款规定，为扶助贫困，通过信息网络向农村地区的公众免费提供中国公民、法人或者其他组织已经发表的种植养殖、防病治病、防灾减灾等与扶助贫困有关的作品和适应基本文化需求的作品，网络服务提供者应当在提供前公告拟提供的作品及其作者、拟支付报酬的标准。自公告之日起 30 日内，著作权人不同意提供的，网络服务提供者不得提供其作品；自公告之日起满 30 日，著作权人没有异议的，网络服务提供者可以提供其作品，并按照公告的标准向著作权人支付报酬。网络服务提供者提供著作权人的作品后，著作权人不同意提供的，网络服务提供者应当立即删除著作权人的作品，并按照公告的标准向著作权人支付提供作品期间的报酬。

（三）多项选择题

1. ABCD，解析：《信息网络传播权保护条例》第 7 条第 1 款规定："图书馆、档案馆、纪念馆、博物馆、美术馆等可以不经著作权人许可，通过信息网络向本馆馆舍内服务对象提供本馆收藏的合法出版的数字作品和依法为陈列或者保存版本的需要以数字化形式复制的作品，不向其支付报酬，但不得直接或者间接获得经济利益。当事人另有约定的除外。"
2. ABCD，解析：《信息网络传播权保护条例》第 12 条规定："属于下列情形的，可以避开技术措施，但不得向他人提供避开技术措施的技术、装置或者部件，不得侵犯权利人依法享有的其他权利：（一）为学校课堂教学或者科学研究，通过信息网络向少数教学、科研人员提供已经发表的作品、表演、录音录像制品，而该作品、表演、录音录像制品只能通过信息网络获取；

（二）不以营利为目的，通过信息网络以盲人能够感知的独特方式向盲人提供已经发表的文字作品，而该作品只能通过信息网络获取；（三）国家机关依照行政、司法程序执行公务；（四）在信息网络上对计算机及其系统或者网络的安全性能进行测试。”

3. ACD，解析：《信息网络传播权保护条例》第10条规定：“依照本条例规定不经著作权人许可、通过信息网络向公众提供其作品的，还应当遵守下列规定：（一）除本条例第六条第一项至第六项、第七条规定的情形外，不得提供作者事先声明不许提供的作品；（二）指明作品的名称和作者的姓名（名称）；（三）依照本条例规定支付报酬；（四）采取技术措施，防止本条例第七条、第八条、第九条规定的服务对象以外的其他人获得著作权人的作品，并防止本条例第七条规定的服务对象的复制行为对著作权人利益造成实质性损害；（五）不得侵犯著作权人依法享有的其他权利。”

4. ABD，解析：《信息网络传播权保护条例》第25条规定，网络服务提供者无正当理由拒绝提供或者拖延提供涉嫌侵权的服务对象的姓名（名称）、联系方式、网络地址等资料的，由著作权行政管理部门予以警告；情节严重的，没收主要用于提供网络服务的计算机等设备。

（四）填空题

1. 立即删除；公告。（《信息网络传播权保护条例》第15条）
2. 书面说明。（《信息网络传播权保护条例》第17条）
3. 任何组织或者个人。（《信息网络传播权保护条例》第2条）
4. 破坏技术措施。（《信息网络传播权保护条例》第4条第2款）

（五）简答题

答：《信息网络传播权保护条例》第22条规定：“网络服务提供者为服务对象提供信息存储空间，供服务对象通过信息网络向公众提供作品、表演、录音录像制品，并具备下列条件的，不承担赔偿责任：（一）明确标示该信息存储空间是为服务对象所提供，并公开网络服务提供者的名称、联系人、网络地址；（二）未改变服务对象所提供的作品、表演、录音录像制品；（三）不知道也没有合理的理由应当知道服务对象提供的作品、表演、录音录像制品侵权；（四）未从服务对象提供作品、表演、录音录像制品中直接获得经济利益；（五）在接到权利人的通知书后，根据本条例规定删除权利人认为侵权的作品、表演、录音录像制品。”

十四、互联网上网服务营业场所管理条例

（一）判断题

1. 互联网上网服务营业场所经营单位应当遵守有关法律、法规的规定，加强行业自律，自觉接受政府有关部门依法实施的监督管理，为上网消费者提供良好的服务。（　　）
2. 文化行政部门、公安机关、工商行政管理部门和其他有关部门及其工作人员可以从事或者变相从事互联网上网服务经营活动，也可以参与或者变相参与互联网上网服务营业场所经营单位的经营活动。（　　）
3. 互联网上网服务营业场所经营单位变更名称、住所、法定代表人或者主要负责人、注册资本、网络地址或者终止经营活动的，应当依法到工商行政管理部门办理变更登记或者注销登记，并到文化行政部门、公安机关办理有关手续或者备案。（　　）
4. 中学、小学校园周围400米范围内和居民住宅楼（院）内不得设立互联网上网服务营业场所。（　　）

（二）单项选择题

1. 互联网上网服务营业场所经营单位应当在营业场所的显著位置悬挂（　　）和营业执照。

   A. 《宪法》　　B. 《网络文化经营许可证》
   C. 《民法典》　　D. 《刑法》
2. 互联网上网服务营业场所经营单位应当通过依法取得经营许可证的互联网接入服务提供者接入互联网，不得采取其他方式接入互联网。互联网上网服务营业场所经营单位提供上网消费者使用的计算机必须通过（　　）的方式接入互联网，不得直接接入互联网。

   A. 局域网　　B. 无线网
   C. 广域网　　D. 因特网

3. 互联网上网服务营业场所经营单位变更营业场所地址或者对营业场所进行改建、扩建，变更计算机数量或者其他重要事项的，应当经(　　)同意。

A. 上级审批机关　　B. 原审批机关

C. 上级审核机关　　D. 原审核机关

4. 文化行政部门应当建立互联网上网服务营业场所经营单位的经营活动信用监管制度，建立健全(　　)，并及时公布行政处罚信息。

A. 信用审查机制　　B. 信用监测机制

C. 信用约束机制　　D. 信用激励机制

(三) 多项选择题

1. 国家鼓励(　　)对互联网上网服务营业场所经营单位的经营活动进行监督，并对有突出贡献的给予奖励。

A. 单位　　B. 公民

C. 法人　　D. 其他组织

2. 关于《互联网上网服务营业场所管理条例》，下列说法正确的是：(　　)

A. 互联网上网服务营业场所经营单位应当在营业场所入口处的显著位置悬挂未成年人禁入标志

B. 互联网上网服务营业场所每日营业时间限于8时至24时

C. 互联网上网服务营业场所经营单位应当对上网消费者的身份证等有效证件进行核对、登记，并记录有关上网信息。登记内容和记录备份保存时间不得少于50日，并在文化行政部门、公安机关依法查询时予以提供。登记内容和记录备份在保存期内不得修改或者删除

D. 互联网上网服务营业场所经营单位和上网消费者不得利用网络游戏或者其他方式进行赌博或者变相赌博活动

3. 互联网上网服务营业场所经营单位从事互联网上网服务经营活动，应当有与其经营活动相适应并取得从业资格的(　　)，有与其经营活动相适应的资金。

A. 安全管理人员　　B. 服务管理人员

C. 经营管理人员　　D. 专业技术人员

（四）填空题

1. 互联网上网服务营业场所经营单位不得经营____。
2. 互联网上网服务营业场所经营单位和上网消费者不得利用网络游戏或者其他方式进行赌博或者____。
3. 互联网上网服务营业场所经营单位不得接纳____进入营业场所。互联网上网服务营业场所经营单位应当在营业场所入口处的显著位置悬挂____。
4. 互联网上网服务营业场所经营单位应当对上网消费者的身份证等有效证件进行核对、登记，并记录有关上网信息。登记内容和记录备份保存时间不得少于____，并在文化行政部门、公安机关依法查询时予以提供。____在保存期内不得修改或者删除。

（五）简答题

1. 互联网上网服务营业场所经营单位申请从事互联网上网服务经营活动，应当向县级以上地方人民政府文化行政部门提出申请，并提交哪些文件？
2. 互联网上网服务营业场所经营单位应当依法履行信息网络安全、治安和消防安全职责，并遵守哪些规定？

参考答案

（一）判断题

1. √，解析：《互联网上网服务营业场所管理条例》第3条第1款。
2. ×，解析：《互联网上网服务营业场所管理条例》第5条规定："文化行政部门、公安机关、工商行政管理部门和其他有关部门及其工作人员不得从事或者变相从事互联网上网服务经营活动，也不得参与或者变相参与互联网上网服务营业场所经营单位的经营活动。"
3. ×，解析：《互联网上网服务营业场所管理条例》第13条第1款规定："互联网上网服务营业场所经营单位变更营业场所地址或者对营业场所进行改建、扩建，变更计算机数量或者其他重要事项的，应当经原审核机关同意。"
4. ×，解析：《互联网上网服务营业场所管理条例》第9条规定："中学、小学校园周围200米范围内和居民住宅楼（院）内不得设立互联网上网服务营业场所。"

（二）单项选择题

1. B，解析：《互联网上网服务营业场所管理条例》第20条规定："互联网上网服务营业场所经营单位应当在营业场所的显著位置悬挂《网络文化经营许可证》和营业执照。"
2. A，解析：《互联网上网服务营业场所管理条例》第16条规定，互联网上网服务营业场所经营单位应当通过依法取得经营许可证的互联网接入服务提供者接入互联网，不得采取其他方式接入互联网。互联网上网服务营业场所经营单位提供上网消费者使用的计算机必须通过局域网的方式接入互联网，不得直接接入互联网。
3. D，解析：《互联网上网服务营业场所管理条例》第13条第1款规定，互联网上网服务营业场所经营单位变更营业场所地址或者对营业场所进行改建、扩建，变更计算机数量或者其他重要事项的，应当经原审核机关同意。
4. C，解析：《互联网上网服务营业场所管理条例》第28条规定，文化行政部门应当建立互联网上网服务营业场所经营单位的经营活动信用监管制度，建立健全信用约束机制，并及时公布行政处罚信息。

（三）多项选择题

1. BCD，解析：《互联网上网服务营业场所管理条例》第6条规定："国家鼓励公民、法人和其他组织对互联网上网服务营业场所经营单位的经营活动进行监督，并对有突出贡献的给予奖励。"
2. ABD，解析：《互联网上网服务营业场所管理条例》第21条第2款规定，互联网上网服务营业场所经营单位应当在营业场所入口处的显著位置悬挂未成年人禁入标志。第22条规定，互联网上网服务营业场所每日营业时间限于8时至24时。第23条规定，互联网上网服务营业场所经营单位应当对上网消费者的身份证等有效证件进行核对、登记，并记录有关上网信息。登记内容和记录备份保存时间不得少于60日，并在文化行政部门、公安机关依法查询时予以提供。登记内容和记录备份在保存期内不得修改或者删除。第18条规定，互联网上网服务营业场所经营单位和上网消费者不得利用网络游戏或者其他方式进行赌博或者变相赌博活动。
3. ACD，解析：《互联网上网服务营业场所管理条例》第8条规定，互联网上网服务营业场所经营单位从事互联网上网服务经营活动，应当有与其经营活动相适应并取得从业资格的安全管理人员、经营管理人员、专业技术人员，有与其经营活动相适应的资金。

（四）填空题

1. 非网络游戏。（《互联网上网服务营业场所管理条例》第 17 条）
2. 变相赌博活动。（《互联网上网服务营业场所管理条例》第 18 条）
3. 未成年人；未成年人禁入标志。（《互联网上网服务营业场所管理条例》第 21 条）
4. 60 日；登记内容和记录备份。（《互联网上网服务营业场所管理条例》第 23 条）

（五）简答题

1. 答：《互联网上网服务营业场所管理条例》第 10 条规定："互联网上网服务营业场所经营单位申请从事互联网上网服务经营活动，应当向县级以上地方人民政府文化行政部门提出申请，并提交下列文件：（一）企业营业执照和章程；（二）法定代表人或者主要负责人的身份证明材料；（三）资金信用证明；（四）营业场所产权证明或者租赁意向书；（五）依法需要提交的其他文件。"
2. 答：《互联网上网服务营业场所管理条例》第 24 条规定："互联网上网服务营业场所经营单位应当依法履行信息网络安全、治安和消防安全职责，并遵守下列规定：（一）禁止明火照明和吸烟并悬挂禁止吸烟标志；（二）禁止带入和存放易燃、易爆物品；（三）不得安装固定的封闭门窗栅栏；（四）营业期间禁止封堵或者锁闭门窗、安全疏散通道和安全出口；（五）不得擅自停止实施安全技术措施。"

十五、互联网信息服务管理办法

(一) 判断题

1. 互联网信息服务提供者发现其网站传输的信息明显属于本办法第 15 条所列内容之一的，应当立即停止传输，保存有关记录，并向国家有关机关报告。( )
2. 违反《互联网信息服务管理办法》的规定，未在其网站主页上标明其经营许可证编号或者备案编号的，由省、自治区、直辖市电信管理机构责令改正，处 2000 元以上 5 万元以下的罚款。( )
3. 制作、复制、发布、传播本办法第 15 条所列内容之一的信息，构成犯罪的，依法追究刑事责任；尚不构成犯罪的，由公安机关、国家安全机关依照《种子法》、《计算机信息网络国际联网安全保护管理办法》等有关法律、行政法规的规定予以处罚；对经营性互联网信息服务提供者，并由发证机关责令停业整顿直至吊销经营许可证，通知企业登记机关；对非经营性互联网信息服务提供者，并由备案机关责令暂时关闭网站直至关闭网站。( )
4. 违反本办法的规定，未取得经营许可证，擅自从事经营性互联网信息服务，或者超出许可的项目提供服务的，由省、自治区、直辖市电信管理机构责令限期改正，有违法所得的，没收违法所得，处违法所得 3 倍以上 5 倍以下的罚款；没有违法所得或者违法所得不足 5 万元的，处 5 万元以上 100 万元以下的罚款；情节严重的，责令关闭网站。( )

(二) 单项选择题

1. 互联网信息服务提供者变更服务项目、网站网址等事项的，应当提前( )日向原审核、发证或者备案机关办理变更手续。

A. 10　　B. 20

C. 30　　D. 40

2. 经营性互联网信息服务提供者申请在境内境外上市或者同外商合资、合作，应当事先经国务院(　　)审查同意；其中，外商投资的比例应当符合有关法律、行政法规的规定。

A. 民政部门　　B. 互联网部门

C. 计算机科技部门　　D. 信息产业主管部门

3. 从事互联网信息服务，拟开办电子公告服务的，应当在申请(　　)互联网信息服务许可或者办理非经营性互联网信息服务备案时，按照国家有关规定提出专项申请或者专项备案。

A. 非经营性　　B. 经营性

C. 公益性　　D. 非公益性

(三) 多项选择题

1. 从事非经营性互联网信息服务，应当向省、自治区、直辖市电信管理机构或者国务院信息产业主管部门办理备案手续。办理备案时，应当提交下列哪些材料？(　　)

A. 经营许可证

B. 主办单位和网站负责人的基本情况

C. 网站网址和服务项目

D. 服务项目属于本办法第 5 条规定范围的，已取得有关主管部门的同意文件

2. 电信管理机构和其他有关主管部门及其工作人员，(　　)，疏于对互联网信息服务的监督管理，造成严重后果，构成犯罪的，依法追究刑事责任；尚不构成犯罪的，对直接负责的主管人员和其他直接责任人员依法给予降级、撤职直至开除的行政处分。

A. 玩忽职守　　B. 滥用职权

C. 贪污受贿　　D. 徇私舞弊

3. 从事(　　)、药品和医疗器械等互联网信息服务，依照法律、行政法规以及国家有关规定须经有关主管部门审核同意的，在申请经营许可或者履行备案手续前，应当依法经有关主管部门审核同意。

A. 新闻　　B. 出版

C. 教育　　D. 医疗保健

（四）填空题

1. 从事经营性互联网信息服务，应当向____电信管理机构或者国务院信息产业主管部门申请办理互联网信息服务增值电信业务____。

2. 电信管理机构和其他有关主管部门及其____，玩忽职守、滥用职权、徇私舞弊，疏于对互联网信息服务的监督管理，造成严重后果，构成犯罪的，依法追究____；尚不构成犯罪的，对直接负责的主管人员和其他直接责任人员依法给予降级、撤职直至开除的行政处分。

3. 互联网信息服务提供者在其业务活动中，____其他法律、法规的，由新闻、出版、教育、卫生、药品监督管理和工商行政管理等有关主管部门依照有关____的规定处罚。

4. 违反《互联网信息服务管理办法》第 16 条规定的义务的，由省、自治区、直辖市电信管理机构____；情节严重的，对经营性互联网信息服务提供者，并由发证机关吊销经营许可证，对非经营性互联网信息服务提供者，并由____责令关闭网站。

（五）简答题

1. 互联网信息服务提供者不得制作、复制、发布、传播含有哪些内容的信息？

2. 违反《互联网信息服务管理办法》的规定，未取得经营许可证，擅自从事经营性互联网信息服务，或者超出许可的项目提供服务的会受到怎样的处罚？

参考答案

（一）判断题

1. √，解析：《互联网信息服务管理办法》第 16 条。

2. ×，解析：《互联网信息服务管理办法》第 22 条规定：“违反本办法的规定，未在其网站主页上标明其经营许可证编号或者备案编号的，由省、自治区、直辖市电信管理机构责令改正，处 5000 元以上 5 万元以下的罚款。”

3. ×，解析：《互联网信息服务管理办法》第 20 条规定："制作、复制、发布、传播本办法第十五条所列内容之一的信息，构成犯罪的，依法追究刑事责任；尚不构成犯罪的，由公安机关、国家安全机关依照《治安管理处罚法》、《计算机信息网络国际联网安全保护管理办法》等有关法律、行政法规的规定予以处罚；对经营性互联网信息服务提供者，并由发证机关责令停业整顿直至吊销经营许可证，通知企业登记机关；对非经营性互联网信息服务提供者，并由备案机关责令暂时关闭网站直至关闭网站。"
4. ×，解析：《互联网信息服务管理办法》第 19 条第 1 款规定："违反本办法的规定，未取得经营许可证，擅自从事经营性互联网信息服务，或者超出许可的项目提供服务的，由省、自治区、直辖市电信管理机构责令限期改正，有违法所得的，没收违法所得，处违法所得 3 倍以上 5 倍以下的罚款；没有违法所得或者违法所得不足 5 万元的，处 10 万元以上 100 万元以下的罚款；情节严重的，责令关闭网站。"

（二）单项选择题

1. C，解析：《互联网信息服务管理办法》第 11 条第 3 款规定："互联网信息服务提供者变更服务项目、网站网址等事项的，应当提前30 日向原审核、发证或者备案机关办理变更手续。"
2. D，解析：《互联网信息服务管理办法》第 17 条规定，经营性互联网信息服务提供者申请在境内境外上市或者同外商合资、合作，应当事先经国务院信息产业主管部门审查同意；其中，外商投资的比例应当符合有关法律、行政法规的规定。
3. B，解析：《互联网信息服务管理办法》第 9 条规定，从事互联网信息服务，拟开办电子公告服务的，应当在申请经营性互联网信息服务许可或者办理非经营性互联网信息服务备案时，按照国家有关规定提出专项申请或者专项备案。

（三）多项选择题

1. BCD，解析：《互联网信息服务管理办法》第 8 条规定："从事非经营性互联网信息服务，应当向省、自治区、直辖市电信管理机构或者国务院信息产业主管部门办理备案手续。办理备案时，应当提交下列材料：（一）主办单位和网站负责人的基本情况；（二）网站网址和服务项目；（三）服务项目属于本办法第五条规定范围的，已取得有关主管部门的同意文件。省、自治区、直辖市电信管理机构对备案材料齐全的，应当予以备案并编号。"
2. ABD，解析：《互联网信息服务管理办法》第 25 条规定，电信管理机构和其他有关主管部门及其工作人员，玩忽职守、滥用职权、徇私舞弊，疏于对互联网信息服务的监督管理，造成严重后果，构成犯罪的，依法追究刑事责任；尚不构成犯罪的，对直接负责的主管人员和其他直接责任人员依法给予降级、撤职直至开除的行政处分。

3. ABCD，解析：《互联网信息服务管理办法》第5条规定，从事新闻、出版、教育、医疗保健、药品和医疗器械等互联网信息服务，依照法律、行政法规以及国家有关规定须经有关主管部门审核同意的，在申请经营许可或者履行备案手续前，应当依法经有关主管部门审核同意。

（四）填空题

1. 省、自治区、直辖市；经营许可证。（《互联网信息服务管理办法》第7条第1款）
2. 工作人员；刑事责任。（《互联网信息服务管理办法》第25条）
3. 违反；法律、法规。（《互联网信息服务管理办法》第24条）
4. 责令改正；备案机关。（《互联网信息服务管理办法》第23条）

（五）简答题

1. 答：《互联网信息服务管理办法》第15条规定："互联网信息服务提供者不得制作、复制、发布、传播含有下列内容的信息：（一）反对宪法所确定的基本原则的；（二）危害国家安全，泄露国家秘密，颠覆国家政权，破坏国家统一的；（三）损害国家荣誉和利益的；（四）煽动民族仇恨、民族歧视，破坏民族团结的；（五）破坏国家宗教政策，宣扬邪教和封建迷信的；（六）散布谣言，扰乱社会秩序，破坏社会稳定的；（七）散布淫秽、色情、赌博、暴力、凶杀、恐怖或者教唆犯罪的；（八）侮辱或者诽谤他人，侵害他人合法权益的；（九）含有法律、行政法规禁止的其他内容的。"
2. 答：《互联网信息服务管理办法》第19条第1款规定："违反本办法的规定，未取得经营许可证，擅自从事经营性互联网信息服务，或者超出许可的项目提供服务的，由省、自治区、直辖市电信管理机构责令限期改正，有违法所得的，没收违法所得，处违法所得3倍以上5倍以下的罚款；没有违法所得或者违法所得不足5万元的，处10万元以上100万元以下的罚款；情节严重的，责令关闭网站。"

十六、计算机信息网络国际联网安全保护管理办法

（一）判断题

1. 公安部计算机管理监察机构负责计算机信息网络国际联网的安全保护管理工作。公安机关计算机管理监察机构应当保护计算机信息网络国际联网的公共安全，维护从事国际联网业务的单位和个人的合法权益和公众利益。（　　）
2. 互联单位、接入单位、使用计算机信息网络国际联网的法人和其他组织（包括跨省、自治区、直辖市联网的单位和所属的分支机构），应当自网络正式联通之日起40日内，到所在地的省、自治区、直辖市人民政府公安机关指定的受理机关办理备案手续。（　　）
3. 从事国际联网业务的单位和个人应当接受公安机关的安全监督、检查和指导，如实向公安机关提供有关安全保护的信息、资料及数据文件，协助公安机关查处通过国际联网的计算机信息网络的违法犯罪行为。（　　）

（二）单项选择题

1. 任何（　　）不得利用国际联网危害国家安全、泄露国家秘密，不得侵犯国家的、社会的、集体的利益和公民的合法权益，不得从事违法犯罪活动。

   A. 组织　　B. 非法人组织

   C. 单位和个人　　D. 法人

2. 互联单位、接入单位、使用计算机信息网络国际联网的法人和其他组织（包括跨省、自治区、直辖市联网的单位和所属的分支机构），应当自网络正式联通之日起（　　）日内，到所在地的省、自治区、直辖市人民政府公安机关指定的受理机关办理备案手续。

   A. 30　　B. 40

   C. 50　　D. 60

3. 违反法律、行政法规，有本办法第5条、第6条所列行为之一的，由公安机关给予警告，有违法所得的，没收违法所得，对个人可以并处5000元以下的罚款，对单位可以并处(　　)万元以下的罚款；情节严重的，并可以给予6个月以内停止联网、停机整顿的处罚，必要时可以建议原发证、审批机构吊销经营许可证或者取消联网资格；构成违反治安管理行为的，依照治安管理处罚法的规定处罚；构成犯罪的，依法追究刑事责任。

A. 1　　B. 1.5

C. 2　　D. 2.5

(三) 多项选择题

1. 关于《计算机信息网络国际联网安全保护管理办法》，下列说法中正确的有：(　　)

A. 使用公用账号的注册者应当加强对公用账号的管理，建立账号使用登记制度。用户账号不得转借、转让

B. 涉及国家事务、经济建设、国防建设、尖端科学技术等重要领域的单位办理备案手续时，应当出具其行政主管部门的审批证明

C. 用户在接入单位办理入网手续时，应当填写用户备案表。备案表由公安部监制

D. 用户的通信自由和通信秘密受法律保护。任何单位和个人不得违反法律规定，利用国际联网侵犯用户的通信自由和通信秘密

2. 涉及(　　)等重要领域的单位办理备案手续时，应当出具其行政主管部门的审批证明。前款所列单位的计算机信息网络与国际联网，应当采取相应的安全保护措施。

A. 国家事务　　B. 经济建设

C. 国防建设　　D. 尖端科学技术

3. 公安机关计算机管理监察机构应当掌握(　　)和用户的备案情况，建立备案档案，进行备案统计，并按照国家有关规定逐级上报。

A. 互联单位　　B. 接出单位

C. 互通单位　　D. 接入单位

(四) 填空题

1. 未建立安全保护管理制度的，由公安机关责令限期改正，给予警告，有违法所得的，没收违法所得；在规定的限期内未改正的，对单位的主管负责人员和其他直接责任人员可以并处____的罚款，对单位可以并处1.5万元以下的罚款；情节严重的，并可以给予____的停止联网、停机整顿的处罚，必要时可以建议原发证、审批机构吊销经营许可证或者取消联网资格。
2. 公安机关计算机管理监察机构应当____、接入单位及有关用户建立健全安全保护管理制度。监督、检查网络安全保护管理以及技术措施的落实情况。公安机关计算机管理监察机构在组织____时，有关单位应当派人参加。公安机关计算机管理监察机构对安全检查发现的问题，应当提出改进意见，作出详细记录，存档备查。

(五) 简答题

1. 任何单位和个人不得利用国际联网制作、复制、查阅和传播哪些信息?
2. 互联单位、接入单位及使用计算机信息网络国际联网的法人和其他组织应当履行哪些安全保护职责?

参考答案

(一) 判断题

1. √，解析:《计算机信息网络国际联网安全保护管理办法》第3条。
2. ×，解析:《计算机信息网络国际联网安全保护管理办法》第12条规定:“互联单位、接入单位、使用计算机信息网络国际联网的法人和其他组织（包括跨省、自治区、直辖市联网的单位和所属的分支机构），应当自网络正式联通之日起30日内，到所在地的省、自治区、直辖市人民政府公安机关指定的受理机关办理备案手续。”
3. √，解析:《计算机信息网络国际联网安全保护管理办法》第8条。

(二) 单项选择题

1. C，解析:《计算机信息网络国际联网安全保护管理办法》第4条规定，任何单位和个人不得利用国际联网危害国家安全、泄露国家秘密，不得侵犯国家的、社会的、集体的利益和公民的合法权益，不得从事违法犯罪活动。

2. **A，解析：《计算机信息网络国际联网安全保护管理办法》第12条规定："互联单位、接入单位、使用计算机信息网络国际联网的法人和其他组织（包括跨省、自治区、直辖市联网的单位和所属的分支机构），应当自网络正式联通之日起30日内，到所在地的省、自治区、直辖市人民政府公安机关指定的受理机关办理备案手续。"**

3. **B，解析：《计算机信息网络国际联网安全保护管理办法》第20条规定："违反法律、行政法规，有本办法第五条、第六条所列行为之一的，由公安机关**给予警告，有违法所得的，没收违法所得，对个人可以并处5000元以下的罚款，对单位可以并处1.5万元以下的罚款；情节严重的，并可以给予6个月以内停止联网、停机整顿的处罚，必要时可以建议原发证、审批机构吊销经营许可证或者取消联网资格；构成违反治安管理行为的，依照治安管理处罚法的规定处罚；构成犯罪的，依法追究刑事责任。"

（三）多项选择题

1. ABCD，解析：《计算机信息网络国际联网安全保护管理办法》第7条规定，用户的通信自由和通信秘密受法律保护。任何单位和个人不得违反法律规定，利用国际联网侵犯用户的通信自由和通信秘密。第11条规定，用户在接入单位办理入网手续时，应当填写用户备案表。备案表由公安部监制。第13条规定，使用公用账号的注册者应当加强对公用账号的管理，建立账号使用登记制度。用户账号不得转借、转让。第14条第1款规定，涉及国家事务、经济建设、国防建设、尖端科学技术等重要领域的单位办理备案手续时，应当出具其行政主管部门的审批证明。

2. ABCD，解析：《计算机信息网络国际联网安全保护管理办法》第14条规定，涉及国家事务、经济建设、国防建设、尖端科学技术等重要领域的单位办理备案手续时，应当出具其行政主管部门的审批证明。前款所列单位的计算机信息网络与国际联网，应当采取相应的安全保护措施。

3. AD，解析：《计算机信息网络国际联网安全保护管理办法》第16条规定，公安机关计算机管理监察机构应当掌握互联单位、接入单位和用户的备案情况，建立备案档案，进行备案统计，并按照国家有关规定逐级上报。

（四）填空题

1. 5000元以下；6个月以内。（《计算机信息网络国际联网安全保护管理办法》

第 21 条）

2. 督促互联单位；安全检查。（《计算机信息网络国际联网安全保护管理办法》第 17 条）

（五）简答题

1. 答：《计算机信息网络国际联网安全保护管理办法》第 5 条规定："任何单位和个人不得利用国际联网制作、复制、查阅和传播下列信息：（一）煽动抗拒、破坏宪法和法律、行政法规实施的；（二）煽动颠覆国家政权，推翻社会主义制度的；（三）煽动分裂国家、破坏国家统一的；（四）煽动民族仇恨、民族歧视，破坏民族团结的；（五）捏造或者歪曲事实，散布谣言，扰乱社会秩序的；（六）宣扬封建迷信、淫秽、色情、赌博、暴力、凶杀、恐怖，教唆犯罪的；（七）公然侮辱他人或者捏造事实诽谤他人的；（八）损害国家机关信誉的；（九）其他违反宪法和法律、行政法规的。"

2. 答：《计算机信息网络国际联网安全保护管理办法》第 10 条规定："互联单位、接入单位及使用计算机信息网络国际联网的法人和其他组织应当履行下列安全保护职责：（一）负责本网络的安全保护管理工作，建立健全安全保护管理制度；（二）落实安全保护技术措施，保障本网络的运行安全和信息安全；（三）负责对本网络用户的安全教育和培训；（四）对委托发布信息的单位和个人进行登记，并对所提供的信息内容按照本办法第五条进行审核；（五）建立计算机信息网络电子公告系统的用户登记和信息管理制度；（六）发现有本办法第四条、第五条、第六条、第七条所列情形之一的，应当保留有关原始记录，并在 24 小时内向当地公安机关报告；（七）按照国家有关规定，删除本网络中含有本办法第五条内容的地址、目录或者关闭服务器。"

十七、网络安全审查办法

（一）判断题

1. 网络安全审查坚持防范网络安全风险与促进先进技术应用相结合、过程公正透明与知识产权保护相结合、事前审查与持续监管相结合、企业承诺与社会监督相结合，从产品和服务安全性、可能带来的国家安全风险等方面进行审查。（　）
2. 对于申报网络安全审查的采购活动，运营者应通过采购文件、协议等要求产品和服务提供者配合网络安全审查，包括承诺不利用提供产品和服务的便利条件非法获取用户数据、非法控制和操纵用户设备，无正当理由不中断产品供应或必要的技术支持服务等。（　）
3. 参与网络安全审查的相关机构和人员应严格保护企业商业秘密和知识产权，对运营者、产品和服务提供者提交的未公开材料，以及审查工作中获悉的其他未公开信息承担保密义务；未经信息提供方同意，不得向无关方披露或用于审查以外的目的。（　）

（二）单项选择题

1. 网络安全审查办公室认为需要开展网络安全审查的，应当自向运营者发出书面通知之日起（　　）个工作日内完成初步审查，包括形成审查结论建议和将审查结论建议发送网络安全审查工作机制成员单位、相关关键信息基础设施保护工作部门征求意见；情况复杂的，可以延长15个工作日。

A. 10　　B. 20
C. 30　　D. 15

2. 网络安全审查工作机制成员单位和相关关键信息基础设施保护工作部门应当自收到审查结论建议之日起（　　）个工作日内书面回复意见。

A. 10　　B. 15
C. 20　　D. 25

3. 关于《网络安全审查办法》，下列哪一说法是错误的？（　　）

A. 特别审查程序一般应当在30个工作日内完成，情况复杂的可以适当延长

B. 网络安全审查办公室要求提供补充材料的，运营者、产品和服务提供者应当予以配合。提交补充材料的时间不计入审查时间

C. 网络安全审查工作机制成员单位认为影响或可能影响国家安全的网络产品和服务，由网络安全审查办公室按程序报中央网络安全和信息化委员会批准后，依照本办法的规定进行审查

D. 未经信息提供方同意，不得向无关方披露或用于审查以外的目的

（三）多项选择题

1. 运营者申报网络安全审查，应当提交下列哪些材料？（　　）

A. 申报书

B. 关于影响或可能影响国家安全的分析报告

C. 采购文件、协议、拟签订的合同等

D. 网络安全审查工作需要的其他材料

2. 关于《网络安全审查办法》，下列说法中正确的是：（　　）

A. 对于申报网络安全审查的采购活动，运营者应通过采购文件、协议等要求产品和服务提供者配合网络安全审查，包括承诺不利用提供产品和服务的便利条件非法获取用户数据、非法控制和操纵用户设备，无正当理由不中断产品供应或必要的技术支持服务等

B. 网络安全审查办公室认为需要开展网络安全审查的，应当自向运营者发出书面通知之日起20个工作日内完成初步审查，包括形成审查结论建议和将审查结论建议发送网络安全审查工作机制成员单位、相关关键信息基础设施保护工作部门征求意见；情况复杂的，可以延长10个工作日

C. 网络安全审查坚持防范网络安全风险与促进先进技术应用相结合、过程公正透明与知识产权保护相结合、事前审查与持续监管相结合、企业承诺与社会监督相结合，从产品和服务安全性、可能带来的国家安全风险等方面进行审查

D. 运营者采购网络产品和服务的，应当预判该产品和服务投入使用后可能带来的国家安全风险。影响或者可能影响国家安全的，应当向网络安全审查办公室申报网络安全审查

3. 网络安全审查重点评估采购网络产品和服务可能带来的国家安全风险，主要考虑下列哪些因素？（　）

A. 产品和服务使用后带来的关键信息基础设施被非法控制、遭受干扰或破坏，以及重要数据被窃取、泄露、毁损的风险

B. 产品和服务供应中断对关键信息基础设施业务连续性的危害

C. 产品和服务的安全性、开放性、透明性、来源的多样性，供应渠道的可靠性以及因为政治、外交、贸易等因素导致供应中断的风险

D. 产品和服务提供者遵守中国法律、行政法规、部门规章情况

（四）填空题

1. ____采购网络产品和服务的，应当预判该产品和服务投入使用后可能带来的国家安全风险。影响或者可能影响国家安全的，应当向网络安全审查办公室申报____。

2. 对于申报网络安全审查的采购活动，运营者应通过____、协议等要求产品和服务提供者配合网络安全审查，包括承诺不利用提供产品和服务的便利条件____、非法控制和操纵用户设备，无正当理由不中断产品供应或必要的技术支持服务等。

3. 参与网络安全审查的相关机构和人员应____企业商业秘密和知识产权，对运营者、产品和服务提供者提交的未公开材料，以及审查工作中获悉的其他未公开信息承担____；未经信息提供方同意，不得向无关方披露或用于审查以外的目的。

（五）简答题

网络安全审查重点评估采购网络产品和服务可能带来的国家安全风险，主要考虑哪些因素？

参考答案

（一）判断题

1. √，解析：《网络安全审查办法》第3条。
2. √，解析：《网络安全审查办法》第6条。
3. √，解析：《网络安全审查办法》第16条。

（二）单项选择题

1. C，解析：《网络安全审查办法》第10条规定："网络安全审查办公室认为需要开展网络安全审查的，应当自向运营者发出书面通知之日起30个工作日内完成初步审查，包括形成审查结论建议和将审查结论建议发送网络安全审查工作机制成员单位、相关关键信息基础设施保护工作部门征求意见；情况复杂的，可以延长15个工作日。"
2. B，解析：《网络安全审查办法》第11条第1款规定："网络安全审查工作机制成员单位和相关关键信息基础设施保护工作部门应当自收到审查结论建议之日起15个工作日内书面回复意见。"
3. A，解析：《网络安全审查办法》第13条规定，特别审查程序一般应当在45个工作日内完成，情况复杂的可以适当延长。第14条规定，网络安全审查办公室要求提供补充材料的，运营者、产品和服务提供者应当予以配合。提交补充材料的时间不计入审查时间。第15条规定，网络安全审查工作机制成员单位认为影响或可能影响国家安全的网络产品和服务，由网络安全审查办公室按程序报中央网络安全和信息化委员会批准后，依照本办法的规定进行审查。第16条规定，参与网络安全审查的相关机构和人员应严格保护企业商业秘密和知识产权，对运营者、产品和服务提供者提交的未公开材料，以及审查工作中获悉的其他未公开信息承担保密义务；未经信息提供方同意，不得向无关方披露或用于审查以外的目的。

（三）多项选择题

1. ABCD，解析：《网络安全审查办法》第7条规定："运营者申报网络安全审查，应当提交下列材料：（一）申报书；（二）关于影响或可能影响国家安全的分析报告；（三）采购文件、协议、拟签订的合同等；（四）网络安全审查工作需要的其他材料。"
2. ACD，解析：《网络安全审查办法》第10条规定："网络安全审查办公室认为需要开展网络安全审查的，应当自向运营者发出书面通知之日起30个工作日内完成初步审查，包括形成审查结论建议和将审查结论建议发送网络安全审查工作机制成员单位、相关关键信息基础设施保护工作部门征求意见；情况复杂的，可以延长15个工作日。”

3. ABCD，解析：《网络安全审查办法》第9条规定：“网络安全审查重点评估采购网络产品和服务可能带来的国家安全风险，主要考虑下列因素：（一）产品和服务使用后带来的关键信息基础设施被非法控制、遭受干扰或破坏，以及重要数据被窃取、泄露、毁损的风险；（二）产品和服务供应中断对关键信息基础设施业务连续性的危害；（三）产品和服务的安全性、开放性、透明性、来源的多样性，供应渠道的可靠性以及因为政治、外交、贸易等因素导致供应中断的风险；（四）产品和服务提供者遵守中国法律、行政法规、部门规章情况；（五）其他可能危害关键信息基础设施安全和国家安全的因素。”

（四）填空题

1. 运营者；网络安全审查。（《网络安全审查办法》第5条第1款）
2. 采购文件；非法获取用户数据。（《网络安全审查办法》第6条）
3. 严格保护；保密义务。（《网络安全审查办法》第16条）

（五）简答题

答：《网络安全审查办法》第9条规定：“网络安全审查重点评估采购网络产品和服务可能带来的国家安全风险，主要考虑下列因素：（一）产品和服务使用后带来的关键信息基础设施被非法控制、遭受干扰或破坏，以及重要数据被窃取、泄露、毁损的风险；（二）产品和服务供应中断对关键信息基础设施业务连续性的危害；（三）产品和服务的安全性、开放性、透明性、来源的多样性，供应渠道的可靠性以及因为政治、外交、贸易等因素导致供应中断的风险；（四）产品和服务提供者遵守中国法律、行政法规、部门规章情况；（五）其他可能危害关键信息基础设施安全和国家安全的因素。”

十八、网络信息内容生态治理规定

（一）判断题

1. 网络信息内容生产者应当遵守法律法规，遵循公序良俗，不得损害国家利益、公共利益和他人合法权益。(　　)
2. 网络信息内容服务平台应当履行信息内容管理主体责任，加强本平台网络信息内容生态治理，培育积极健康、向上向善的网络文化。(　　)
3. 网络信息内容服务平台应当建立网络信息内容生态治理机制，制定本平台网络信息内容生态治理细则，健全用户注册、账号管理、信息发布审核、跟帖评论审核、版面页面生态管理、实时巡查、应急处置和网络谣言、黑色产业链信息处置等制度。(　　)
4. 鼓励网络信息内容服务平台开发适合未成年人使用的模式，提供适合未成年人使用的网络产品和服务，便利未成年人获取有益身心健康的信息。(　　)
5. 网络信息内容服务平台应当编制网络信息内容生态治理工作年度报告，年度报告应当包括网络信息内容生态治理工作情况、网络信息内容生态治理负责人履职情况、社会评价情况等内容。(　　)

（二）单项选择题

1. 为了营造良好网络生态，保障公民、法人和其他组织的合法权益，维护国家安全和公共利益，根据(　　)《网络安全法》《互联网信息服务管理办法》等法律、行政法规，制定本规定。

   A. 《国家安全法》　　B. 《宪法》

   C. 《刑法》　　D. 《民法典》

2. 各级网信部门建立政府、企业、社会、网民等主体共同参与的监督评价机制，定期对(　　)网络信息内容服务平台生态治理情况进行评估。

   A. 本行政区域内

   B. 下级行政区域内

C. 本级行政区域内以及下级行政区域内

D. 上级行政区域内

3. 网络信息内容服务平台(　　)编制网络信息内容生态治理工作年度报告，年度报告应当包括网络信息内容生态治理工作情况、网络信息内容生态治理负责人履职情况、社会评价情况等内容。

A. 必须　　B. 定期

C. 应当　　D. 可以

4. 网络信息内容服务平台应当设立(　　)，配备与业务范围和服务规模相适应的专业人员，加强培训考核，提升从业人员素质。

A. 网络信息管理人　　B. 网络信息服务管理人

C. 网络信息内容生态治理负责人　　D. 网络信息生态管理人

(三) 多项选择题

1. 网络信息内容生产者应当采取措施，防范和抵制制作、复制、发布含有下列哪些内容的不良信息?(　　)

A. 使用夸张标题，内容与标题严重不符的

B. 带有性暗示、性挑逗等易使人产生性联想的

C. 可能引发未成年人模仿不安全行为和违反社会公德行为、诱导未成年人不良嗜好等的

D. 展现血腥、惊悚、残忍等致人身心不适的

2. 网络信息内容生态治理，是指(　　)等主体，以培育和践行社会主义核心价值观为根本，以网络信息内容为主要治理对象，以建立健全网络综合治理体系、营造清朗的网络空间、建设良好的网络生态为目标，开展的弘扬正能量、处置违法和不良信息等相关活动。

A. 政府　　B. 企业

C. 社会　　D. 网民

3. 网络群组、论坛社区版块建立者和管理者应当履行群组、版块管理责任，依据(　　)等，规范群组、版块内信息发布等行为。

A. 法律法规　　B. 用户协议

C. 平台公约　　D. 行政规章

4. 各级网信部门会同有关主管部门，建立健全(　　)、信息公开等工作机制，协同开展网络信息内容生态治理工作。

A. 信息共享　　B. 会商通报

C. 联合执法　　D. 案件督办

(四) 填空题

1. 网络信息内容服务平台应当建立____，制定本平台网络信息内容生态治理细则，健全用户注册、账号管理、信息发布审核、跟帖评论审核、版面页面生态管理、____、应急处置和网络谣言、黑色产业链信息处置等制度。
2. 网络信息内容服务平台应当设立网络信息内容生态治理负责人，配备与业务范围和服务规模相适应的____，加强____，提升从业人员素质。
3. 网络信息内容服务平台应当加强对本平台设置的____和在本平台展示的广告内容的审核巡查，对发布违法广告的，应当依法予以处理。
4. 网络信息内容服务平台应当编制网络信息内容生态治理工作年度报告，年度报告应当包括网络信息内容生态治理工作情况、网络信息内容生态治理负责人履职情况、____等内容。

(五) 简答题

1. 《网络信息内容生态治理规定》鼓励网络信息内容生产者制作、复制、发布含有哪些内容的信息?
2. 网络信息内容生产者不得制作、复制、发布含有哪些内容的违法信息?

参考答案

(一) 判断题

1. √，解析:《网络信息内容生态治理规定》第 4 条。
2. √，解析:《网络信息内容生态治理规定》第 8 条。
3. √，解析:《网络信息内容生态治理规定》第 9 条第 1 款。
4. √，解析:《网络信息内容生态治理规定》第 13 条。
5. √，解析:《网络信息内容生态治理规定》第 17 条。

（二）单项选择题

1．A，解析：《网络信息内容生态治理规定》第1条规定："为了营造良好网络生态，保障公民、法人和其他组织的合法权益，维护国家安全和公共利益，《国家安全法》《网络安全法》《互联网信息服务管理办法》等法律、行政法规，制定本规定。"

2，A，解析：《网络信息内容生态治理规定》第33条规定，各级网信部门建立政府、企业、社会、网民等主体共同参与的监督评价机制，定期对本行政区域内网络信息内容服务平台生态治理情况进行评估。

3．C，解析：《网络信息内容生态治理规定》第17条规定，网络信息内容服务平台应当编制网络信息内容生态治理工作年度报告，年度报告应当包括网络信息内容生态治理工作情况、网络信息内容生态治理负责人履职情况、社会评价情况等内容。

4．C，解析：《网络信息内容生态治理规定》第9条规定，网络信息内容服务平台应当建立网络信息内容生态治理机制，制定本平台网络信息内容生态治理细则，健全用户注册、账号管理、信息发布审核、跟帖评论审核、版面页面生态管理、实时巡查、应急处置和网络谣言、黑色产业链信息处置等制度。网络信息内容服务平台应当设立网络信息内容生态治理负责人，配备与业务范围和服务规模相适应的专业人员，加强培训考核，提升从业人员素质。

（三）多项选择题

1．ABCD，解析：《网络信息内容生态治理规定》第7条规定："网络信息内容生产者应当采取措施，防范和抵制制作、复制、发布含有下列内容的不良信息：（一）使用夸张标题，内容与标题严重不符的；（二）炒作绯闻、丑闻、劣迹等的；（三）不当评述自然灾害、重大事故等灾难的；（四）带有性暗示、性挑逗等易使人产生性联想的；（五）展现血腥、惊悚、残忍等致人身心不适的；（六）煽动人群歧视、地域歧视等的；（七）宣扬低俗、庸俗、媚俗内容的；（八）可能引发未成年人模仿不安全行为和违反社会公德行为、诱导未成年人不良嗜好等的；（九）其他对网络生态造成不良影响的内容。"

2．ABCD，解析：《网络信息内容生态治理规定》第2条第2款规定："本规定所称网络信息内容生态治理，是指政府、企业、社会、网民等主体，以培育和践行社会主义核心价值观为根本，以网络信息内容为主要治理对象，以建立健全网络综合治理体系、营造清朗的网络空间、建设良好的网络生态为目标，开展的弘扬正能量、处置违法和不良信息等相关活动。"

3. ABC，解析：《网络信息内容生态治理规定》第 19 条规定，网络群组、论坛社区版块建立者和管理者应当履行群组、版块管理责任，依据法律法规、用户协议和平台公约等，规范群组、版块内信息发布等行为。
4. ABCD，解析：《网络信息内容生态治理规定》第 30 条规定，各级网信部门会同有关主管部门，建立健全信息共享、会商通报、联合执法、案件督办、信息公开等工作机制，协同开展网络信息内容生态治理工作。

（四）填空题

1. 网络信息内容生态治理机制；实时巡查。（《网络信息内容生态治理规定》第 9 条第 1 款）
2. 专业人员；培训考核。（《网络信息内容生态治理规定》第 9 条第 2 款）
3. 广告位。（《网络信息内容生态治理规定》第 14 条）
4. 社会评价情况。（《网络信息内容生态治理规定》第 17 条）

（五）简答题

1. 答：《网络信息内容生态治理规定》第 5 条规定："鼓励网络信息内容生产者制作、复制、发布含有下列内容的信息：（一）宣传习近平新时代中国特色社会主义思想，全面准确生动解读中国特色社会主义道路、理论、制度、文化的；（二）宣传党的理论路线方针政策和中央重大决策部署的；（三）展示经济社会发展亮点，反映人民群众伟大奋斗和火热生活的；（四）弘扬社会主义核心价值观，宣传优秀道德文化和时代精神，充分展现中华民族昂扬向上精神风貌的；（五）有效回应社会关切，解疑释惑，析事明理，有助于引导群众形成共识的；（六）有助于提高中华文化国际影响力，向世界展现真实立体全面的中国的；（七）其他讲品味讲格调讲责任、讴歌真善美、促进团结稳定等的内容。"
2. 答：《网络信息内容生态治理规定》第 6 条规定："网络信息内容生产者不得制作、复制、发布含有下列内容的违法信息：（一）反对宪法所确定的基本原则的；（二）危害国家安全，泄露国家秘密，颠覆国家政权，破坏国家统一的；（三）损害国家荣誉和利益的；（四）歪曲、丑化、亵渎、否定英雄烈士事迹和精神，以侮辱、诽谤或者其他方式侵害英雄烈士的姓名、肖像、名誉、荣誉的；（五）宣扬恐怖主义、极端主义或者煽动实施恐怖活动、极端主义活动的；（六）煽动民族仇恨、民族歧视，破坏民族团结的；（七）破坏国家宗教政策，宣扬邪教和封建迷信的；（八）散布谣言，扰乱经济秩序和社会秩序的；（九）散布淫秽、色情、赌博、暴力、凶杀、恐怖或者教唆犯罪的；（十）侮辱或者诽谤他人，侵害他人名誉、隐私和其他合法权益的；（十一）法律、行政法规禁止的其他内容。"

十九、儿童个人信息网络保护规定

（一）判断题

1. 任何组织和个人不得制作、发布、传播侵害儿童个人信息安全的信息。（　　）
2. 鼓励互联网行业组织指导推动网络运营者制定儿童个人信息保护的行业规范、行为准则等，加强行业自律，履行社会责任。（　　）
3. 网络运营者对其工作人员应当以最小授权为原则，严格设定信息访问权限，控制儿童个人信息知悉范围。工作人员访问儿童个人信息的，应当经过儿童个人信息保护负责人或者其授权的管理人员审批，记录访问情况，并采取技术措施，避免违法复制、下载儿童个人信息。（　　）
4. 网络运营者使用儿童个人信息，不得违反法律、行政法规的规定和双方约定的目的、范围。因业务需要，确需超出约定的目的、范围使用的，应当再次征得儿童监护人的同意。（　　）
5. 网络运营者委托第三方处理儿童个人信息的，应当对受委托方及委托行为等进行安全评估，签署委托协议，明确双方责任、处理事项、处理期限、处理性质和目的等，委托行为不得超出授权范围。（　　）
6. 网络运营者可以披露儿童个人信息，但法律、行政法规规定应当披露或者根据与儿童监护人的约定不能披露的除外。（　　）

（二）单项选择题

1. 任何(　　)不得制作、发布、传播侵害儿童个人信息安全的信息。

A. 机构　　B. 非法人组织

C. 法人　　D. 组织和个人

2. 关于《儿童个人信息网络保护规定》，下列说法中错误的是：（　　）

A. 网络运营者不得收集与其提供的服务无关的儿童个人信息，不得违反法律、行政法规的规定和双方的约定收集儿童个人信息

B. 网络运营者存储儿童个人信息，可以超过实现其收集、使用目的所必需的期限

C. 网络运营者应当采取加密等措施存储儿童个人信息，确保信息安全

D. 网络运营者使用儿童个人信息，不得违反法律、行政法规的规定和双方约定的目的、范围。因业务需要，确需超出约定的目的、范围使用的，应当再次征得儿童监护人的同意

3. 网络运营者对其工作人员应当以(　　)为原则，严格设定信息访问权限，控制儿童个人信息知悉范围。工作人员访问儿童个人信息的，应当经过儿童个人信息保护负责人或者其授权的管理人员审批，记录访问情况，并采取技术措施，避免违法复制、下载儿童个人信息。

A. 最小授权　　B. 最大授权

C. 合理　　D. 平等

4. 网络运营者使用儿童个人信息，不得违反法律、行政法规的规定和双方约定的目的、范围。因业务需要，确需超出约定的目的、范围使用的，应当再次征得(　　)的同意。

A. 儿童本人　　B. 儿童监护人

C. 儿童的母亲　　D. 儿童的父亲

(三) 多项选择题

1. 网络运营者收集、存储、使用、转移、披露儿童个人信息的，应当遵循(　　)、依法利用的原则。

A. 正当必要　　B. 知情同意

C. 目的明确　　D. 安全保障

2. 网络运营者(　　)儿童个人信息的，应当以显著、清晰的方式告知儿童监护人，并应当征得儿童监护人的同意。

A. 收集　　B. 使用

C. 转移　　D. 披露

3. 关于《儿童个人信息网络保护规定》，下列说法中正确的是：(　　)

A. 网络运营者向第三方转移儿童个人信息的，应当自行或者委托第三方机构进行安全评估

B. 网络运营者可以披露儿童个人信息，但法律、行政法规规定应当披露或者根据与儿童监护人的约定不能披露的除外

C. 网络运营者发现儿童个人信息发生或者可能发生泄露、毁损、丢失的，应当立即启动应急预案，采取补救措施；造成或者可能造成严重后果的，应当立即向有关主管部门报告，并将事件相关情况以邮件、信函、电话、推送通知等方式告知受影响的儿童及其监护人，难以逐一告知的，应当采取合理、有效的方式发布相关警示信息

D. 网络运营者应当对网信部门和其他有关部门依法开展的监督检查予以配合

4. 网络运营者委托第三方处理儿童个人信息的，应当对受委托方及委托行为等进行安全评估，签署委托协议，明确（　　）等，委托行为不得超出授权范围。

A 双方责任　　B 处理事项

C. 处理期限　　D 处理性质和目的

（四）填空题

1. 网络运营者应当设置专门的儿童个人信息____和____，并指定专人负责儿童个人信息保护。
2. 网络运营者不得收集与其提供的服务无关的____，不得违反法律、行政法规的规定和双方的约定收集儿童个人信息。
3. 网络运营者____儿童个人信息，不得超过实现其收集、使用目的所必需的期限。
4. 网络运营者应当采取____等措施存储儿童个人信息，确保信息安全。
5. 网络运营者使用儿童个人信息，不得违反法律、行政法规的规定和双方约定的____。因业务需要，确需超出约定的目的、范围使用的，应当再次征得____的同意。
6. 网络运营者对其工作人员应当以____为原则，严格设定信息访问权限，控制儿童个人信息____。工作人员访问儿童个人信息的，应当经过儿童个人信息保护负责人或者其授权的管理人员审批，记录访问情况，并采取技术措施，避免违法复制、下载儿童个人信息。

（五）简答题

1. 网络运营者征得同意时，应当同时提供拒绝选项，并明确告知哪些事项？
2. 网络运营者委托第三方处理儿童个人信息的，受委托方应当履行哪些义务？

参考答案

（一）判断题

1. √，解析：《儿童个人信息网络保护规定》第 4 条。
2. √，解析：《儿童个人信息网络保护规定》第 6 条。
3. √，解析：《儿童个人信息网络保护规定》第 15 条。
4. √，解析：《儿童个人信息网络保护规定》第 14 条。
5. √，解析：《儿童个人信息网络保护规定》第 16 条第 1 款。
6. ×，解析：《儿童个人信息网络保护规定》第 18 条规定："网络运营者不得披露儿童个人信息，但法律、行政法规规定应当披露或者根据与儿童监护人的约定可以披露的除外。"

（二）单项选择题

1. D，解析：《儿童个人信息网络保护规定》第 4 条规定："任何组织和个人不得制作、发布、传播侵害儿童个人信息安全的信息。"
2. B，解析：《儿童个人信息网络保护规定》第 12 条规定："网络运营者存储儿童个人信息，不得超过实现其收集、使用目的所必需的期限。"
3. A，解析：《儿童个人信息网络保护规定》第 15 条规定："网络运营者对其工作人员应当以最小授权为原则，严格设定信息访问权限，控制儿童个人信息知悉范围。工作人员访问儿童个人信息的，应当经过儿童个人信息保护负责人或者其授权的管理人员审批，记录访问情况，并采取技术措施，避免违法复制、下载儿童个人信息。"
4. B，解析：《儿童个人信息网络保护规定》第 14 条规定："网络运营者使用儿童个人信息，不得违反法律、行政法规的规定和双方约定的目的、范围。因业务需要，确需超出约定的目的、范围使用的，应当再次征得儿童监护人的同意。"

（三）多项选择题

1. ABCD，解析：《儿童个人信息网络保护规定》第 7 条规定："网络运营者收集、存储、使用、转移、披露儿童个人信息的，应当遵循正当必要、知情同意、目的明确、安全保障、依法利用的原则。"

2. ABCD，解析：《儿童个人信息网络保护规定》第 9 条规定："网络运营者收集、使用、转移、披露儿童个人信息的，应当以显著、清晰的方式告知儿童监护人，并应当征得儿童监护人的同意。"

3. ACD，解析：《儿童个人信息网络保护规定》第 18 条规定："网络运营者不得披露儿童个人信息，但法律、行政法规规定应当披露或者根据与儿童监护人的约定可以披露的除外。"

4. ABCD，解析：《儿童个人信息网络保护规定》第 16 条第 1 款规定："网络运营者委托第三方处理儿童个人信息的，应当对受委托方及委托行为等进行安全评估，签署委托协议，明确双方责任、处理事项、处理期限、处理性质和目的等，委托行为不得超出授权范围。"

（四）填空题

1. 保护规则；用户协议。（《儿童个人信息网络保护规定》第 8 条）
2. 儿童个人信息。（《儿童个人信息网络保护规定》第 11 条）
3. 存储。（《儿童个人信息网络保护规定》第 12 条）
4. 加密。（《儿童个人信息网络保护规定》第 13 条）
5. 目的、范围；儿童监护人。（《儿童个人信息网络保护规定》第 14 条）
6. 最小授权；知悉范围。（《儿童个人信息网络保护规定》第 15 条）

（五）简答题

1. 答：《儿童个人信息网络保护规定》第 10 条规定："网络运营者征得同意时，应当同时提供拒绝选项，并明确告知下列事项：（一）收集、存储、使用、转移、披露儿童个人信息的目的、方式和范围；（二）儿童个人信息存储的地点、期限和到期后的处理方式；（三）儿童个人信息的安全保障措施；（四）拒绝的后果；（五）投诉、举报的渠道和方式；（六）更正、删除儿童个人信息的途径和方法；（七）其他应当告知的事项。"

2. 答：《儿童个人信息网络保护规定》第 16 条规定："网络运营者委托第三方处理儿童个人信息的，应当对受委托方及委托行为等进行安全评估，签署委托协议，明确双方责任、处理事项、处理期限、处理性质和目的等，委托行为不得超出授权范围。前款规定的受委托方，应当履行下列义务：（一）按照法律、行政法规的规定和网络运营者的要求处理儿童个人信息；（二）协助网络运营者回应儿童监护人提出的申请；（三）采取措施保障信息安全，并在发生儿童个人信息泄露安全事件时，及时向网络运营者反馈；（四）委托关系解除时及时删除儿童个人信息；（五）不得转委托；（六）其他依法应当履行的儿童个人信息保护义务。”

二十、区块链信息服务管理规定

（一）判断题

1. **区块链信息服务提供者，是指向社会公众提供区块链信息服务的主体或者节点，以及为区块链信息服务的主体提供技术支持的机构或者组织；**本规定所称区块链信息服务使用者，是指使用区块链信息服务的组织或者个人。（　　）
2. 鼓励区块链行业组织加强行业自律，建立健全行业自律制度和行业准则，指导区块链信息服务提供者建立健全服务规范，推动行业信用评价体系建设，督促区块链信息服务提供者依法提供服务、接受社会监督，提高区块链信息服务从业人员的职业素养，促进行业健康有序发展。（　　）
3. 区块链信息服务提供者应当制定并公开管理规则和平台公约，与区块链信息服务使用者签订服务协议，明确双方权利义务，要求其承诺遵守法律规定和平台公约。（　　）
4. 区块链信息服务提供者应当具备与其服务相适应的技术条件，对于法律、行政法规禁止的信息内容，应当具备对其发布、记录、存储、传播的即时和应急处置能力，技术方案应当符合国家相关标准规范。（　　）

（二）单项选择题

1. 区块链信息服务提供者应当按照（　　）的规定，对区块链信息服务使用者进行基于组织机构代码、身份证件号码或者移动电话号码等方式的真实身份信息认证。用户不进行真实身份信息认证的，区块链信息服务提供者不得为其提供相关服务。

   A.《宪法》　　B.《刑法》

   C.《网络安全法》　　D.《渔业法》

2. 区块链信息服务提供者开发上线（　　）的，应当按照有关规定报国家和省、自治区、直辖市互联网信息办公室进行安全评估。

A. 新产品　　B. 新应用

C. 新功能　　D. 新商品

3. 区块链信息服务提供者和使用者不得利用区块链信息服务从事危害国家安全、扰乱社会秩序、侵犯他人合法权益等法律、行政法规禁止的活动，不得利用区块链信息服务(　　)法律、行政法规禁止的信息内容。

A. 制作　　B. 复制

C. 发布　　D. 传播

（三）多项选择题

1. 关于《区块链信息服务管理规定》，下列说法中正确的是：(　　)

A. 区块链信息服务提供者应当在提供服务之日起7个工作日内通过国家互联网信息办公室区块链信息服务备案管理系统填报服务提供者的名称、服务类别、服务形式、应用领域、服务器地址等信息，履行备案手续

B. 区块链信息服务提供者应当记录区块链信息服务使用者发布内容和日志等信息，记录备份应当保存不少于5个月，并在相关执法部门依法查询时予以提供

C. 区块链信息服务提供者变更服务项目、平台网址等事项的，应当在变更之日起5个工作日内办理变更手续

D. 区块链信息服务提供者终止服务的，应当在终止服务30个工作日前办理注销手续，并作出妥善安排

2. 区块链信息服务提供者开发上线(　　)的，应当按照有关规定报国家和省、自治区、直辖市互联网信息办公室进行安全评估。

A. 新产品　　B. 新应用

C. 新功能　　D. 新商品

3. 区块链信息服务提供者和使用者不得利用区块链信息服务从事危害国家安全、扰乱社会秩序、侵犯他人合法权益等法律、行政法规禁止的活动，不得利用区块链信息服务(　　)法律、行政法规禁止的信息内容。

A. 制作　　B. 复制

C. 发布　　D. 传播

(四) 填空题

1. 区块链信息服务提供者提供的区块链信息服务存在____的，应当进行整改，符合法律、行政法规等相关规定和国家相关标准规范后方可继续提供____。
2. 区块链信息服务提供者应当对违反法律、行政法规规定和服务协议的区块链信息服务使用者，依法依约采取____功能、关闭账号等处置措施，对违法信息内容及时采取相应的处理措施，防止____，保存有关记录，并向有关主管部门报告。
3. 区块链信息服务提供者应当按照____的规定，对区块链信息服务使用者进行基于组织机构代码、身份证件号码或者移动电话号码等方式的____。
4. 区块链信息服务提供者和使用者不得利用区块链信息服务从事危害国家安全、____、侵犯他人合法权益等法律、行政法规禁止的活动，不得利用____制作、复制、发布、传播法律、行政法规禁止的信息内容。

(五) 简答题

1. 简述《区块链信息服务管理规定》的立法目的。
2. 区块链信息服务提供者制作、复制、发布、传播法律、行政法规禁止的信息内容的，应当如何处罚？

参考答案

(一) 判断题

1. √，解析：《区块链信息服务管理规定》第2条第3款。
2. √，解析：《区块链信息服务管理规定》第4条。
3. √，解析：《区块链信息服务管理规定》第7条。
4. √，解析：《区块链信息服务管理规定》第6条。

(二) 单项选择题

1. C，解析：《区块链信息服务管理规定》第8条规定，区块链信息服务提供者应当按照《网络安全法》的规定，对区块链信息服务使用者进行基于组织机构代码、身份证件号码或者移动电话号码等方式的真实身份信息认证。用户不进行真实身份信息认证的，区块链信息服务提供者不得为其提供相关服务。

2. D，解析：《区块链信息服务管理规定》第 11 条第 1 款规定："区块链信息服务提供者应当在提供服务之日起十个工作日内通过国家互联网信息办公室区块链信息服务备案管理系统填报服务提供者的名称、服务类别、服务形式、应用领域、服务器地址等信息，履行备案手续。"

3. B，解析：《区块链信息服务管理规定》第 17 条规定："区块链信息服务提供者应当记录区块链信息服务使用者发布内容和日志等信息，记录备份应当保存不少于六个月，并在相关执法部门依法查询时予以提供。"

（三）多项选择题

1. CD，解析：《区块链信息服务管理规定》第 11 条第 1 款规定："区块链信息服务提供者应当在提供服务之日起十个工作日内通过国家互联网信息办公室区块链信息服务备案管理系统填报服务提供者的名称、服务类别、服务形式、应用领域、服务器地址等信息，履行备案手续。"第 17 条规定："区块链信息服务提供者应当记录区块链信息服务使用者发布内容和日志等信息，记录备份应当保存不少于六个月，并在相关执法部门依法查询时予以提供。"

2. ABC，解析：《区块链信息服务管理规定》第 9 条规定，区块链信息服务提供者开发上线新产品、新应用、新功能的，应当按照有关规定报国家和省、自治区、直辖市互联网信息办公室进行安全评估。

3. ABCD，解析：《区块链信息服务管理规定》第 10 条规定，区块链信息服务提供者和使用者不得利用区块链信息服务从事危害国家安全、扰乱社会秩序、侵犯他人合法权益等法律、行政法规禁止的活动，不得利用区块链信息服务制作、复制、发布、传播法律、行政法规禁止的信息内容。

（四）填空题

1. 信息安全隐患；信息服务。（《区块链信息服务管理规定》第 15 条）
2. 警示、限制；信息扩散。（《区块链信息服务管理规定》第 16 条）
3. 《网络安全法》；真实身份信息认证。（《区块链信息服务管理规定》第 8 条）
4. 扰乱社会秩序；区块链信息服务。（《区块链信息服务管理规定》第 10 条）

（五）简答题

1. 答：《区块链信息服务管理规定》第 1 条规定："为了规范区块链信息服务活动，维护国家安全和社会公共利益，保护公民、法人和其他组织的合法权益，促进区块链技术及相关服务的健康发展，《网络安全法》、《互联网信息服务管理办法》和《国务院关于授权国家互联网信息办公室负责互联网信息内容管理工作的通知》，制定本规定。”

2. 答：《区块链信息服务管理规定》第21条第1款：“区块链信息服务提供者违反本规定第十条的规定，制作、复制、发布、传播法律、行政法规禁止的信息内容的，由国家和省、自治区、直辖市互联网信息办公室依据职责给予警告，责令限期改正，改正前应当暂停相关业务；拒不改正或者情节严重的，并处二万元以上三万元以下罚款；构成犯罪的，依法追究刑事责任。”

二十一、互联网域名管理办法

（一）判断题

1. 中国互联网域名体系由工业和信息化部予以公告。根据域名发展的实际情况，工业和信息化部可以对中国互联网域名体系进行调整。（　　）
2. “. CN”和“. 中国”是中国的国家顶级域名。中文域名是中国互联网域名体系的重要组成部分。国家鼓励和支持中文域名系统的技术研究和推广应用。（　　）
3. 域名持有者的联系方式等信息发生变更的，应当在变更后 20 日内向域名注册服务机构办理域名注册信息变更手续。域名持有者将域名转让给他人的，受让人应当遵守域名注册的相关要求。（　　）
4. 域名持有者有权选择、变更域名注册服务机构。变更域名注册服务机构的，原域名注册服务机构应当配合域名持有者转移其域名注册相关信息。无正当理由的，域名注册服务机构不得阻止域名持有者变更域名注册服务机构。电信管理机构依法要求停止解析的域名，不得变更域名注册服务机构。（　　）

（二）单项选择题

1. 任何组织和个人不得（　　）互联网域名系统的安全和稳定运行。

A. 阻碍　　B. 干扰

C. 妨碍　　D. 破坏

2. 申请材料齐全、符合法定形式的，电信管理机构应当向申请单位出具受理申请通知书；申请材料不齐全或者不符合法定形式的，电信管理机构应当场或者在（　　）个工作日内一次性书面告知申请单位需要补正的全部内容；不予受理的，应当出具不予受理通知书并说明理由。

A. 4　　B. 5

C. 6　　D. 7

3. 许可有效期届满需要继续从事域名服务的，应当提前(　　)日向原发证机关申请延续；不再继续从事域名服务的，应当提前 90 日向原发证机关报告并做好善后工作。

A. 60　　B. 70

C. 80　　D. 90

(三) 多项选择题

1. 关于《互联网域名管理办法》，下列说法中正确的是：(　　)

A. 域名根服务器运行机构、域名注册管理机构和域名注册服务机构的许可有效期为 5 年

B. 电信管理机构应当自受理之日起 20 个工作日内完成审查，作出予以许可或者不予许可的决定。20 个工作日内不能作出决定的，经电信管理机构负责人批准，可以延长 10 个工作日，并将延长期限的理由告知申请单位。需要组织专家论证的，论证时间不计入审查期限

C. 域名根服务器运行机构、域名注册管理机构和域名注册服务机构的名称、住所、法定代表人等信息发生变更的，应当自变更之日起 10 日内向原发证机关办理变更手续

D. 原发证机关收到申请后，应当向社会公示 30 日。公示期结束 60 日内，原发证机关应当完成审查并做出决定

2. 提供域名解析服务，应当遵守有关(　　)，具备相应的技术、服务和网络与信息安全保障能力，落实网络与信息安全保障措施，依法记录并留存域名解析日志、维护日志和变更记录，保障解析服务质量和解析系统安全。涉及经营电信业务的，应当依法取得电信业务经营许可。

A. 行政法规　　B. 法律

C. 法规　　D. 标准

3. 任何组织或者个人注册、使用的域名中，不得含有下列哪些内容？(　　)

A. 反对宪法所确定的基本原则的

B. 煽动民族仇恨、民族歧视，破坏民族团结的

C. 散布谣言，扰乱社会秩序，破坏社会稳定的

D. 侮辱或者诽谤他人，侵害他人合法权益的

（四）填空题

1. 提供____，应当遵守国家相关法律法规，符合相关技术规范和标准。
2. 在境内设立域名根服务器及域名根服务器运行机构、域名注册管理机构和域名注册服务机构的，应当依据本办法取得工业和信息化部或者省、自治区、直辖市____的相应许可。
3. 域名根服务器运行机构、域名注册管理机构、域名注册服务机构应当在其网站首页和____显著位置标明其许可相关信息。域名注册管理机构还应当标明与其合作的域名注册服务机构名单。域名注册代理机构应当在其____和经营场所显著位置标明其代理的域名注册服务机构名称。
4. 域名注册申请者提供的域名注册信息不准确、不完整的，域名注册服务机构应当要求其____。申请者不补正或者提供____的域名注册信息的，域名注册服务机构不得为其提供域名注册服务。

（五）简答题

1. 简述工业和信息化部对全国的域名服务实施监督管理的主要职责。
2. 申请设立域名注册管理机构的，应当具备哪些条件？

参考答案

（一）判断题

1. √，解析：《互联网域名管理办法》第5条。
2. √，解析：《互联网域名管理办法》第6条。
3. ×，解析：《互联网域名管理办法》第33条规定："域名持有者的联系方式等信息发生变更的，应当在变更后30日内向域名注册服务机构办理域名注册信息变更手续。域名持有者将域名转让给他人的，受让人应当遵守域名注册的相关要求。"
4. √，解析：《互联网域名管理办法》第34条。

（二）单项选择题

1. C，解析：《互联网域名管理办法》第8条规定："任何组织和个人不得妨碍互联网域名系统的安全和稳定运行。"

2. B，解析：《互联网域名管理办法》第 14 条规定："申请材料齐全、符合法定形式的，电信管理机构应当向申请单位出具受理申请通知书；申请材料不齐全或者不符合法定形式的，电信管理机构应当场或者在 5 个工作日内一次性书面告知申请单位需要补正的全部内容；不予受理的，应当出具不予受理通知书并说明理由。"
3. D，解析：《互联网域名管理办法》第 19 条规定："许可有效期届满需要继续从事域名服务的，应当提前 90 日向原发证机关申请延续；不再继续从事域名服务的，应当提前 90 日向原发证机关报告并做好善后工作。"

（三）多项选择题

1. ABD，解析：《互联网域名管理办法》第 17 条规定："域名根服务器运行机构、域名注册管理机构和域名注册服务机构的名称、住所、法定代表人等信息发生变更的，应当自变更之日起 20 日内向原发证机关办理变更手续。"
2. BCD，解析：《互联网域名管理办法》第 36 条规定："提供域名解析服务，应当遵守有关法律、法规、标准，具备相应的技术、服务和网络与信息安全保障能力，落实网络与信息安全保障措施，依法记录并留存域名解析日志、维护日志和变更记录，保障解析服务质量和解析系统安全。涉及经营电信业务的，应当依法取得电信业务经营许可。"
3. ABCD，解析：《互联网域名管理办法》第 28 条规定："任何组织或者个人注册、使用的域名中，不得含有下列内容：（一）反对宪法所确定的基本原则的；（二）危害国家安全，泄露国家秘密，颠覆国家政权，破坏国家统一的；（三）损害国家荣誉和利益的；（四）煽动民族仇恨、民族歧视，破坏民族团结的；（五）破坏国家宗教政策，宣扬邪教和封建迷信的；（六）散布谣言，扰乱社会秩序，破坏社会稳定的；（七）散布淫秽、色情、赌博、暴力、凶杀、恐怖或者教唆犯罪的；（八）侮辱或者诽谤他人，侵害他人合法权益的；（九）含有法律、行政法规禁止的其他内容的。"

（四）填空题

1. 域名服务。（《互联网域名管理办法》第 7 条）
2. 通信管理局。（《互联网域名管理办法》第 9 条）
3. 经营场所；网站首页。（《互联网域名管理办法》第 22 条）
4. 予以补正；不真实。（《互联网域名管理办法》第 30 条第 3 条）

（五）简答题

1. 答：《互联网域名管理办法》第 3 条规定："工业和信息化部对全国的域名服

务实施监督管理，主要职责是：（一）制定互联网域名管理规章及政策；（二）制定中国互联网域名体系、域名资源发展规划；（三）管理境内的域名根服务器运行机构和域名注册管理机构；（四）负责域名体系的网络与信息安全管理；（五）依法保护用户个人信息和合法权益；（六）负责与域名有关的国际协调；（七）管理境内的域名解析服务；（八）管理其他与域名服务相关的活动。”

2. 答：《互联网域名管理办法》第 11 条规定：“申请设立域名注册管理机构的，应当具备下列条件：（一）域名管理系统设置在境内，并且持有的顶级域名符合相关法律法规及域名系统安全稳定运行要求；（二）是依法设立的法人，该法人及其主要出资者、主要经营管理人员具有良好的信用记录；（三）具有完善的业务发展计划和技术方案以及与从事顶级域名运行管理相适应的场地、资金、专业人员以及符合电信管理机构要求的信息管理系统；（四）具有健全的网络与信息安全保障措施，包括管理人员、网络与信息安全管理制度、应急处置预案和相关技术、管理措施等；（五）具有进行真实身份信息核验和用户个人信息保护的能力、提供长期服务的能力及健全的服务退出机制；（六）具有健全的域名注册服务管理制度和对域名注册服务机构的监督机制；（七）法律、行政法规规定的其他条件。”

二十二、互联网新闻信息服务管理规定

（一）判断题

1. 新闻信息，包括有关政治、经济、军事、外交等社会公共事务的报道、评论，以及有关社会突发事件的报道、评论。（　）
2. 提供互联网新闻信息服务，可以遵守宪法、法律和行政法规，坚持为人民服务、为社会主义服务的方向，坚持正确舆论导向，发挥舆论监督作用，促进形成积极健康、向上向善的网络文化，维护国家利益和公共利益。（　）
3. 国务院办公厅负责全国互联网新闻信息服务的监督管理执法工作。地方互联网信息办公室依据职责负责本行政区域内互联网新闻信息服务的监督管理执法工作。（　）

（二）单项选择题

1. 申请互联网新闻信息服务许可，应当具备的条件不包括：（　）
   A. 在中华人民共和国境内依法设立的法人
   B. 主要负责人、总编辑是中国公民
   C. 有一般的互联网新闻信息服务管理制度
   D. 有与服务相适应的专职新闻编辑人员、内容审核人员和技术保障人员
2. 申请互联网新闻信息服务许可，申请主体为中央新闻单位（含其控股的单位）或中央新闻宣传部门主管的单位的，由国家互联网信息办公室（　）。
   A. 受理　　B. 裁定
   C. 决定　　D. 批准
3. 《互联网新闻信息服务许可证》有效期为 3 年。有效期届满，需继续从事互联网新闻信息服务活动的，应当于有效期届满（　）申请续办。
   A. 30 日前　　B. 25 日前
   C. 20 日前　　D. 15 日前

4. 申请互联网新闻信息服务许可，应当提交的材料不包括(　　)。
   A. 主要负责人、总编辑为中国公民的证明
   B. 专职新闻编辑人员、内容审核人员和技术保障人员的资质情况
   C. 互联网公共信息巡查资料
   D. 互联网新闻信息服务管理制度

（三）多项选择题

1. 有关互联网新闻信息服务提供者为用户提供互联网新闻信息传播平台服务的规定，下列说法正确的是：(　　)
   A. 应当按照《网络安全法》的规定，要求用户提供真实身份信息
   B. 用户不提供真实身份信息的，互联网新闻信息服务提供者可以酌情为其提供相关服务
   C. 互联网新闻信息服务提供者对用户身份信息和日志信息负有保密的义务，不得泄露、篡改、毁损，不得出售或非法向他人提供
   D. 互联网新闻信息服务提供者及其从业人员不得通过采编、发布、转载、删除新闻信息，干预新闻信息呈现或搜索结果等手段谋取不正当利益
2. 互联网新闻信息服务提供者转载新闻信息，应当转载(　　)等国家规定范围内的单位发布的新闻信息，注明新闻信息来源、原作者、原标题、编辑真实姓名等，不得歪曲、篡改标题原意和新闻信息内容，并保证新闻信息来源可追溯。
   A. 中央新闻单位　　B. 省新闻单位
   C. 自治区新闻单位　　D. 直辖市直属新闻单位
3. 互联网新闻信息服务提供者变更(　　)等影响许可条件的重大事项，应当向原许可机关办理变更手续。
   A. 主要负责人　　B. 主要场所
   C. 总编辑　　D. 主管单位

（四）填空题

1. 互联网新闻信息服务提供者的____和____应当分开，非公有资本不得介入互联网新闻信息采编业务。

2. 省、自治区、直辖市互联网信息办公室应当定期向____报告许可受理和决定情况。
3. 互联网新闻信息服务相关从业人员应当依法取得相应资质，接受专业培训、考核。互联网新闻信息服务相关从业人员从事新闻采编活动，应当具备____，持有国家新闻出版广电总局统一颁发的____。
4. 互联网新闻信息服务提供者应当在明显位置明示____。互联网新闻信息服务提供者应当自觉接受____，建立社会投诉举报渠道，设置便捷的投诉举报入口，及时处理公众投诉举报。

（五）简答题

简述申请互联网新闻信息服务许可应当提交的材料。

参考答案

（一）判断题

1. √，解析：《互联网新闻信息服务管理规定》第2条第2款。
2. ×，解析：《互联网新闻信息服务管理规定》第3条规定，提供互联网新闻信息服务，应当遵守宪法、法律和行政法规，坚持为人民服务、为社会主义服务的方向，坚持正确舆论导向，发挥舆论监督作用，促进形成积极健康、向上向善的网络文化，维护国家利益和公共利益。
3. ×，解析：《互联网新闻信息服务管理规定》第4条规定，国家互联网信息办公室负责全国互联网新闻信息服务的监督管理执法工作。地方互联网信息办公室依据职责负责本行政区域内互联网新闻信息服务的监督管理执法工作。

（二）单项选择题

1. C，解析：《互联网新闻信息服务管理规定》第6条规定："申请互联网新闻信息服务许可，应当具备下列条件：（一）在中华人民共和国境内依法设立的法人；（二）主要负责人、总编辑是中国公民；（三）有与服务相适应的专职新闻编辑人员、内容审核人员和技术保障人员；（四）有健全的互联网新闻信息服务管理制度；（五）有健全的信息安全管理制度和安全可控的技术保障措施；（六）有与服务相适应的场所、设施和资金。申请互联网新闻信息采编发布服务许可的，应当是新闻单位（含其控股的单位）或新闻宣传部门主管的单位。符合条件的互联网新闻信息服务提供者实行特殊管理股制度，具体实施办法由国家互联网信息办公室另行制定。提供互联网新闻信息服务，还应当依法向电信主管部门办理互联网信息服务许可或备案手续。”

2. B，解析：《互联网新闻信息服务管理规定》第 9 条第 1 款规定，申请互联网新闻信息服务许可，申请主体为中央新闻单位（含其控股的单位）或中央新闻宣传部门主管的单位的，由国家互联网信息办公室受理和决定；申请主体为地方新闻单位（含其控股的单位）或地方新闻宣传部门主管的单位的，由省、自治区、直辖市互联网信息办公室受理和决定；申请主体为其他单位的，经所在地省、自治区、直辖市互联网信息办公室受理和初审后，由国家互联网信息办公室决定。
3. A，解析：《互联网新闻信息服务管理规定》第 9 条第 2 款规定，国家或省、自治区、直辖市互联网信息办公室决定批准的，核发《互联网新闻信息服务许可证》。《互联网新闻信息服务许可证》有效期为 3 年。有效期届满，需继续从事互联网新闻信息服务活动的，应当于有效期届满 30 日前申请续办。
4. C，解析：《互联网新闻信息服务管理规定》第 10 条规定：“申请互联网新闻信息服务许可，应当提交下列材料：（一）主要负责人、总编辑为中国公民的证明；（二）专职新闻编辑人员、内容审核人员和技术保障人员的资质情况；（三）互联网新闻信息服务管理制度；（四）信息安全管理制度和技术保障措施；（五）互联网新闻信息服务安全评估报告；（六）法人资格、场所、资金和股权结构等证明；（七）法律法规规定的其他材料。”

（三）多项选择题

1. ACD，解析：《互联网新闻信息服务管理规定》第 13 条规定，互联网新闻信息服务提供者为用户提供互联网新闻信息传播平台服务，应当按照《网络安全法》的规定，要求用户提供真实身份信息。用户不提供真实身份信息的，互联网新闻信息服务提供者不得为其提供相关服务。互联网新闻信息服务提供者对用户身份信息和日志信息负有保密的义务，不得泄露、篡改、毁损，不得出售或非法向他人提供。互联网新闻信息服务提供者及其从业人员不得通过采编、发布、转载、删除新闻信息，干预新闻信息呈现或搜索结果等手段谋取不正当利益。
2. ABCD，解析：《互联网新闻信息服务管理规定》第 15 条第 1 款规定，互联网新闻信息服务提供者转载新闻信息，应当转载中央新闻单位或省、自治区、直辖市直属新闻单位等国家规定范围内的单位发布的新闻信息，注明新闻信息来源、原作者、原标题、编辑真实姓名等，不得歪曲、篡改标题原意和新闻信息内容，并保证新闻信息来源可追溯。

3. ACD，解析：《互联网新闻信息服务管理规定》第17条第1款规定，互联网新闻信息服务提供者变更主要负责人、总编辑、主管单位、股权结构等影响许可条件的重大事项，应当向原许可机关办理变更手续。

（四）填空题

1. 采编业务；经营业务。（《互联网新闻信息服务管理规定》第8条）
2. 国家互联网信息办公室。（《互联网新闻信息服务管理规定》第9条第3款）
3. 新闻采编人员职业资格；新闻记者证。（《互联网新闻信息服务管理规定》第11条第2款）
4. 互联网新闻信息服务许可证编号；社会监督。（《互联网新闻信息服务管理规定》第18条）

（五）简答题

答：《互联网新闻信息服务管理规定》第10条规定："申请互联网新闻信息服务许可，应当提交下列材料：（一）主要负责人、总编辑为中国公民的证明；（二）专职新闻编辑人员、内容审核人员和技术保障人员的资质情况；（三）互联网新闻信息服务管理制度；（四）信息安全管理制度和技术保障措施；（五）互联网新闻信息服务安全评估报告；（六）法人资格、场所、资金和股权结构等证明；（七）法律法规规定的其他材料。"

二十三、互联网信息内容管理行政执法程序规定

（一）判断题

1. 互联网信息内容管理部门依法实施行政执法，对违反有关互联网信息内容管理法律法规规章的行为实施行政处罚，适用本规定。本规定所称互联网信息内容管理部门，是指国家互联网信息办公室和地方互联网信息办公室。（　　）
2. 互联网信息内容管理部门实施行政执法，可以遵循公开、公平、公正的原则，做到事实清楚、证据确凿、程序合法、法律法规规章适用准确适当、执法文书使用规范。（　　）
3. 互联网信息内容管理部门建立行政执法督查制度。全国互联网信息内容管理部门对下级互联网信息内容管理部门实施的行政执法进行督查。（　　）
4. 互联网信息内容管理部门在办案过程中需要其他地区互联网信息内容管理部门协助调查、取证的，应当出具委托调查函。受委托的互联网信息内容管理部门应当积极予以协助，一般应当在接到委托调查函之日起 10 个工作日内完成相关工作；需要延期完成或者无法协助的，应当及时函告委托的互联网信息内容管理部门。（　　）

（二）单项选择题

1. 对当事人的同一违法行为，（　　）互联网信息内容管理部门均有管辖权的，由先行立案的互联网信息内容管理部门管辖。必要时，可以移送主要违法行为发生地的互联网信息内容管理部门管辖。

   A. 2 个以上　　B. 3 个以上

   C. 4 个以上　　D. 5 个以上
2. 上级互联网信息内容管理部门接到管辖争议或者报请指定管辖请示后，应当在（　　）作出指定管辖的决定，并书面通知下级互联网信息内容管理部门。

A. 5个工作日内　　B. 10个工作日内

C. 15个工作日内　　D. 20个工作日内

3. 互联网信息内容管理部门发现案件属于其他行政机关管辖的，应当依法移送有关机关。互联网信息内容管理部门发现违法行为涉嫌犯罪的，应当及时移送（　　）。

A. 公安机关　　B. 法院

C. 司法机关　　D. 检察机关

4. 互联网信息内容管理部门进行案件调查取证时，执法人员不得（　　），并应当出示执法证。必要时，也可以聘请专业人员进行协助。

A. 少于2人　　B. 少于3人

C. 多于2人　　D. 多于3人

（三）多项选择题

1. （　　）互联网信息内容管理部门可以依据法律法规规章，结合本地区实际，制定本行政区域内级别管辖的具体。

A. 省　　B. 自治区

C. 直辖市　　D. 自治州

2. 互联网信息内容管理部门应当对（　　）事项及时调查处理，并填写《案件来源登记表》。

A. 在监督检查中发现案件线索的

B. 自然人、法人或者其他组织投诉、申诉、举报的

C. 上级机关交办或者下级机关报请查处的

D. 有关部门移送或者经由其他方式、途径发现的

3. 按照相关规定，行政处罚立案应当符合下列哪些条件？（　　）

A. 有涉嫌违法的事实

B. 依法应当予以行政处罚

C. 属于互联网信息内容监督管理行政处罚的范围

D. 属于本互联网信息内容管理部门管辖

4. 办案人员有下列哪些情形之一的，应当自行回避；当事人也有权申请办案人员回避？（　　）

A. 是本案的当事人或者当事人的近亲属

B. 与本案当事人是普通同学关系

C. 与本案有直接利害关系

D. 与本案当事人有其他关系，可能影响案件公正处理

（四）填空题

1. 互联网信息内容管理部门在办案过程中，应当及时询问____。执法人员进行询问的，应当制作____，载明时间、地点、有关事实、经过等内容。
2. 为了收集、保全电子数据，互联网信息内容管理部门可以采取____、____责令有关单位、个人固定和提交等措施。
3. 案件调查终结后，承办人应当撰写《案件处理意见报告》：认为违法事实成立，应当予以____的，撰写《案件处理意见报告》，草拟____。
4. 互联网信息内容管理部门作出____、____等行政处罚决定之前，应当告知当事人有要求举行听证的权利。当事人要求听证的，应当在被告知后____提出，互联网信息内容管理部门应当组织听证。当事人逾期未要求听证的，视为放弃权利。

（五）简答题

简述《行政处罚决定书》应当载明的事项。

参考答案

（一）判断题

1. √，解析：《互联网信息内容管理行政执法程序规定》第2条。
2. ×，解析：《互联网信息内容管理行政执法程序规定》第3条规定，互联网信息内容管理部门实施行政执法，应当遵循公开、公平、公正的原则，做到事实清楚、证据确凿、程序合法、法律法规规章适用准确适当、执法文书使用规范。
3. ×，解析：《互联网信息内容管理行政执法程序规定》第4条规定，互联网信息内容管理部门建立行政执法督查制度。上级互联网信息内容管理部门对下级互联网信息内容管理部门实施的行政执法进行督查。

4. ×，解析：《互联网信息内容管理行政执法程序规定》第19条规定，互联网信息内容管理部门在办案过程中需要其他地区互联网信息内容管理部门协助调查、取证的，应当出具委托调查函。受委托的互联网信息内容管理部门应当积极予以协助，一般应当在接到委托调查函之日起15个工作日内完成相关工作；需要延期完成或者无法协助的，应当及时函告委托的互联网信息内容管理部门。

（二）单项选择题

1. A，解析：《互联网信息内容管理行政执法程序规定》第8条第1款规定，对当事人的同一违法行为，两个以上互联网信息内容管理部门均有管辖权的，由先行立案的互联网信息内容管理部门管辖。必要时，可以移送主要违法行为发生地的互联网信息内容管理部门管辖。
2. B，解析：《互联网信息内容管理行政执法程序规定》第11条规定，上级互联网信息内容管理部门接到管辖争议或者报请指定管辖请示后，应当在10个工作日内作出指定管辖的决定，并书面通知下级互联网信息内容管理部门。
3. C，解析：《互联网信息内容管理行政执法程序规定》第12条规定，互联网信息内容管理部门发现案件属于其他行政机关管辖的，应当依法移送有关机关。互联网信息内容管理部门发现违法行为涉嫌犯罪的，应当及时移送司法机关。司法机关决定立案的，互联网信息内容管理部门应当自接到司法机关立案通知书之日起3日内将与案件有关的材料移交司法机关，并办结交接手续。
4. A，解析：《互联网信息内容管理行政执法程序规定》第18条第1款规定，互联网信息内容管理部门进行案件调查取证时，执法人员不得少于2人，并应当出示执法证。必要时，也可以聘请专业人员进行协助。

（三）多项选择题

1. ABC，解析：《互联网信息内容管理行政执法程序规定》第7条第4款规定，省、自治区、直辖市互联网信息内容管理部门可以依据法律法规规章，结合本地区实际，制定本行政区域内级别管辖的具体。
2. ABCD，解析：《互联网信息内容管理行政执法程序规定》第14条规定：“互联网信息内容管理部门应当对下列事项及时调查处理，并填写《案件来源登记表》：（一）在监督检查中发现案件线索的；（二）自然人、法人或者其他组织投诉、申诉、举报的；（三）上级机关交办或者下级机关报请查处的；（四）有关部门移送或者经由其他方式、途径发现的。”
3. ABCD，解析：《互联网信息内容管理行政执法程序规定》第15条规定：“行政处罚立案应当符合下列条件：（一）有涉嫌违法的事实；（二）依法应当予以行政处罚；（三）属于互联网信息内容监督管理行政处罚的范围；（四）属于本互联网信息内容管理部门管辖。符合立案条件的，应当填写《立案审批表》，同时附上相关材料，在七个工作日内报互联网信息内容管理部门负责人批准立案，并确定两名以上执法人员为案件承办人。特殊情况下，可以延长至十五个工作日内立案。"

4. ACD，解析：《互联网信息内容管理行政执法程序规定》第 17 条规定："办案人员有下列情形之一的，应当自行回避；当事人也有权申请办案人员回避：（一）是本案的当事人或者当事人的近亲属；（二）与本案有直接利害关系；（三）与本案当事人有其他关系，可能影响案件公正处理。办案人员的回避由互联网信息内容管理部门负责人决定。当事人对决定不服的，可以申请复议一次。回避决定作出前，被申请回避人员不停止对案件的调查处理。"

（四）填空题

1. 证人；《询问笔录》。（《互联网信息内容管理行政执法程序规定》第 23 条）
2. 现场取证；远程取证。（《互联网信息内容管理行政执法程序规定》第 29 条第 1 款）
3. 行政处罚；行政处罚建议书。（《互联网信息内容管理行政执法程序规定》第 31 条）
4. 吊销互联网新闻信息服务许可证；较大数额罚款；3 日内。（《互联网信息内容管理行政执法程序规定》第 33 条）

（五）简答题

答：《互联网信息内容管理行政执法程序规定》第 39 条规定："互联网信息内容管理部门作出行政处罚决定，应当制作统一编号的《行政处罚决定书》。《行政处罚决定书》应当载明下列事项：（一）当事人的姓名或者名称、地址等基本情况；（二）违反法律、法规或者规章的事实和证据；（三）行政处罚的种类和依据；（四）行政处罚的履行方式和期限；（五）不服行政处罚决定，申请行政复议或者提起行政诉讼的途径和期限；（六）作出行政处罚决定的互联网信息内容管理部门名称和作出决定的日期。行政处罚决定中涉及没收有关物品的，还应当附没收物品凭证。《行政处罚决定书》应当盖有作出行政处罚决定的互联网信息内容管理部门的印章。"

二十四、网络出版服务管理规定

（一）判断题

1. 从事网络出版服务，应当遵守宪法和有关法律、法规，坚持为人民服务、为社会主义服务的方向，坚持社会主义先进文化的前进方向，弘扬社会主义核心价值观，传播和积累一切有益于提高民族素质、推动经济发展、促进社会进步的思想道德、科学技术和文化知识，满足人民群众日益增长的精神文化需要。（　　）
2. 出版行政主管部门根据已经取得的违法嫌疑证据或者举报，对涉嫌违法从事网络出版服务的行为进行查处时，应当检查与涉嫌违法行为有关的物品和经营场所；对有证据证明是与违法行为有关的物品，应当查封或者扣押。（　　）
3. 国家鼓励组建网络出版服务行业协会，按照章程，在出版行政主管部门的指导下制定行业自律规范，倡导网络文明，传播健康有益内容，抵制不良有害内容。（　　）

（二）单项选择题

1. 申请从事网络出版服务，应当向所在地省、自治区、直辖市出版行政主管部门提出申请，经审核同意后，报国家新闻出版广电总局审批。国家新闻出版广电总局应当自受理申请之日起（　　），作出批准或者不予批准的决定。不批准的，应当说明理由。

   A. 45 日内　　B. 50 日内

   C. 55 日内　　D. 60 日内
2. 网络出版服务单位变更《网络出版服务许可证》许可登记事项、资本结构，合并或者分立，设立分支机构的，应依据本规定第 11 条办理审批手续，并应持批准文件到所在地省、自治区、直辖市（　　）办理相关手续。

A. 电信主管部门　　B. 互联网信息管理部门
C. 人民政府　　D. 互联网监督部门

3. 网络出版服务单位应记录所出版作品的内容及其时间、网址或者域名，记录应当保存(　　)，并在国家有关部门依法查询时，予以提供。
A. 30 日　　B. 50 日
C. 60 日　　D. 90 日

(三) 多项选择题

1. 网络出版物，是指通过信息网络向公众提供的，具有编辑、制作、加工等出版特征的数字化作品，范围主要包括：(　　)
A. 文学、艺术、科学等领域内具有知识性、思想性的文字、图片、地图、游戏、动漫、音视频读物等原创数字化作品
B. 与已出版的图书、报纸、期刊、音像制品、电子出版物等内容相一致的数字化作品
C. 将上述作品通过选择、编排、汇集等方式形成的网络文献数据库等数字化作品
D. 国家新闻出版广电总局认定的其他类型的数字化作品

2. 图书、音像、电子、报纸、期刊出版单位从事网络出版服务，应当具备下列哪些条件？(　　)
A. 有确定的从事网络出版业务的网站域名、智能终端应用程序等出版平台
B. 有从事网络出版服务所需的必要的技术设备，相关服务器和存储设备必须存放在中华人民共和国境内
C. 有符合国家规定的法定代表人和主要负责人，法定代表人必须是在境内长久居住的具有完全行为能力的中国公民，法定代表人和主要负责人至少 2 人应当具有中级以上出版专业技术人员职业资格
D. 有确定的网络出版服务范围

3. 从事网络出版服务的申报材料，应该包括下列哪些内容？(　　)
A. 《网络出版服务许可证申请表》
B. 单位章程及资本来源性质证明

C. 工作场所使用证明

D. 网站域名注册证明、相关服务器存放在中华人民共和国境内的承诺

（四）填空题

1. 网络出版服务单位实行____，具体办法由国家新闻出版广电总局另行制定。
2. 网络出版服务单位出版涉及____、____等方面重大选题的内容，应当按照国家新闻出版广电总局有关重大选题备案管理的规定办理备案手续。未经备案的重大选题内容，不得出版。
3. 网络出版服务单位应记录所出版作品的____、____，记录应当保存____，并在国家有关部门依法查询时，予以提供。

（五）简答题

简述各地出版行政主管部门为加强对本行政区域内的网络出版服务单位及其出版活动的日常监督管理应当履行的职责。

参考答案

（一）判断题

1. √，解析：《网络出版服务管理规定》第3条。
2. ×，解析：《网络出版服务管理规定》第5条规定，出版行政主管部门根据已经取得的违法嫌疑证据或者举报，对涉嫌违法从事网络出版服务的行为进行查处时，可以检查与涉嫌违法行为有关的物品和经营场所；对有证据证明是与违法行为有关的物品，可以查封或者扣押。
3. √，解析：《网络出版服务管理规定》第6条。

（二）单项选择题

1. D，解析：《网络出版服务管理规定》第11条规定，申请从事网络出版服务，应当向所在地省、自治区、直辖市出版行政主管部门提出申请，经审核同意后，报国家新闻出版广电总局审批。国家新闻出版广电总局应当自受理申请之日起60日内，作出批准或者不予批准的决定。不批准的，应当说明理由。
2. A，解析：《网络出版服务管理规定》第16条规定，网络出版服务单位变更

《网络出版服务许可证》许可登记事项、资本结构，合并或者分立，设立分支机构的，应依据本规定第 11 条办理审批手续，并应持批准文件到所在地省、自治区、直辖市电信主管部门办理相关手续。

3. C，解析：《网络出版服务管理规定》第 34 条规定，网络出版服务单位应记录所出版作品的内容及其时间、网址或者域名，记录应当保存 60 日，并在国家有关部门依法查询时，予以提供。

（三）多项选择题

1. ABCD，解析：《网络出版服务管理规定》第 2 条规定："在中华人民共和国境内从事网络出版服务，适用本规定。本规定所称网络出版服务，是指通过信息网络向公众提供网络出版物。本规定所称网络出版物，是指通过信息网络向公众提供的，具有编辑、制作、加工等出版特征的数字化作品，范围主要包括：（一）文学、艺术、科学等领域内具有知识性、思想性的文字、图片、地图、游戏、动漫、音视频读物等原创数字化作品；（二）与已出版的图书、报纸、期刊、音像制品、电子出版物等内容相一致的数字化作品；（三）将上述作品通过选择、编排、汇集等方式形成的网络文献数据库等数字化作品；（四）国家新闻出版广电总局认定的其他类型的数字化作品。网络出版服务的具体业务分类另行制定。"

2. ABD，解析：《网络出版服务管理规定》第 8 条规定："图书、音像、电子、报纸、期刊出版单位从事网络出版服务，应当具备下列条件：（一）有确定的从事网络出版业务的网站域名、智能终端应用程序等出版平台；（二）有确定的网络出版服务范围；（三）有从事网络出版服务所需的必要的技术设备，相关服务器和存储设备必须存放在中华人民共和国境内。"

3. ABCD，解析：《网络出版服务管理规定》第 12 条第 1 款规定："从事网络出版服务的申报材料，应该包括下列内容：（一）《网络出版服务许可证申请表》；（二）单位章程及资本来源性质证明；（三）网络出版服务可行性分析报告，包括资金使用、产品规划、技术条件、设备配备、机构设置、人员配备、市场分析、风险评估、版权保护措施等；（四）法定代表人和主要负责人的简历、住址、身份证明文件；（五）编辑出版等相关专业技术人员的国家认可的职业资格证明和主要从业经历及培训证明；（六）工作场所使用证明；（七）网站域名注册证明、相关服务器存放在中华人民共和国境内的承诺。"

（四）填空题

1. 特殊管理股制度。（《网络出版服务管理规定》第22条）

2. 国家安全；社会安定。（《网络出版服务管理规定》第26条）

3. 内容及其时间；网址或者域名；60日。（《网络出版服务管理规定》第34条）

（五）简答题

答：《网络出版服务管理规定》第36条规定："网络出版服务的监督管理实行属地管理原则。各地出版行政主管部门应当加强对本行政区域内的网络出版服务单位及其出版活动的日常监督管理，履行下列职责：（一）对网络出版服务单位进行行业监管，对网络出版服务单位违反本规定的情况进行查处并报告上级出版行政主管部门；（二）对网络出版服务进行监管，对违反本规定的行为进行查处并报告上级出版行政主管部门；（三）对网络出版物内容和质量进行监管，定期组织内容审读和质量检查，并将结果向上级出版行政主管部门报告；（四）对网络出版从业人员进行管理，定期组织岗位、业务培训和考核；（五）配合上级出版行政主管部门、协调相关部门、指导下级出版行政主管部门开展工作。"

二十五、外国机构在中国境内提供金融信息服务管理规定

（一）判断题

1. 外国机构在中国境内提供金融信息服务，适用本规定。本规定所称外国机构，是指外国金融信息服务提供者。本规定所称金融信息服务，是指向从事金融分析、金融交易、金融决策或者其他金融活动的用户提供可能影响金融市场的信息和或者金融数据的服务。该服务不同于通讯社服务。(　　)
2. 中国依法保障外国机构在中国境内提供金融信息服务的合法权益，为其依法提供金融信息服务提供便利。外国机构在中国境内提供金融信息服务，可以遵守中国法律、法规和规章。(　　)
3. 国务院新闻办公室为外国机构在中国境内提供金融信息服务的监督管理机关。外国机构在中国境内提供金融信息服务，必须经国务院新闻办公室批准。未经国务院新闻办公室批准的外国机构，不得在中国境内提供金融信息服务。(　　)

（二）单项选择题

1. 国务院新闻办公室应当自受理申请之日起（　　）作出批准或者不批准决定。予以批准的，发给批准文件；不予批准的，书面通知申请人并说明理由。

   A. 10 个工作日内　　B. 15 个工作日内

   C. 20 个工作日内　　D. 25 个工作日内

2. 外国机构应当在首次收到本规定第七条所述批准文件后 30 日内，就获得批准文件前与国内用户签订的任何合同，向(　　)备案。

   A. 国务院新闻办公室　　B. 国务院办公厅

   C. 国务院信息服务部　　D. 国务院外交部

3. 外国机构在中国境内提供金融信息服务，拟变更机构名称、产品种类或者传播手段的，应当至少提前(　　)向国务院新闻办公室办理变更手续。

A. 20日　　B. 25日

C. 30日　　D. 35日

（三）多项选择题

1. 外国机构申请在中国境内提供金融信息服务，应当具备下列哪些条件？(　　)

A. 在所在国家（地区）有相应的合法资质

B. 在金融信息服务领域有良好信誉

C. 有确定的金融信息服务业务

D. 有稳定的经营场所

2. 外国机构在中国境内投资设立金融信息服务企业，应当依照中国有关法律向国务院商务主管部门提出申请，并提交下列哪些材料？(　　)

A. 国务院新闻办公室的批准文件

B. 该机构主要负责人签署的在中国境内投资设立金融信息服务企业的书面申请

C. 由各方投资者法定代表人或者其授权的代表签署的金融信息服务企业的合同、章程

D. 拟投资设立金融信息服务企业的董事会成员名单及证明文件

3. 外国机构在中国境内向用户提供的金融信息，不得含有下列哪些内容？(　　)

A. 违反中华人民共和国宪法基本原则的

B. 破坏中国国家统一、主权和领土完整的

C. 危害中国国家安全和损害国家利益的

D. 违反中国的民族、宗教政策，破坏民族团结，宣扬邪教的

（四）填空题

1. 外国机构在中国境内提供金融信息服务违反本规定的，由____和____责令改正，给予警告，并处罚款。违反其他法律法规的，由相关____依法处理。

2. 国务院商务主管部门应当自受理申请之日起____作出批准或者不批准决定。予以批准的，发给《外商投资企业批准证书》；不予批准的，____申请人并说明理由。
3. 获得批准投资设立金融信息服务企业的外国机构应当自收到《外商投资企业批准证书》之日起30日内，依法向____申请设立登记。

（五）简答题

简述外国机构在中国境内向用户提供的金融信息不得含有的内容。

参考答案

（一）判断题

1. √，解析：《外国机构在中国境内提供金融信息服务管理规定》第2条。
2. ×，解析：《外国机构在中国境内提供金融信息服务管理规定》第3条规定，中国依法保障外国机构在中国境内提供金融信息服务的合法权益，为其依法提供金融信息服务提供便利。外国机构在中国境内提供金融信息服务，应当遵守中国法律、法规和规章。
3. √，解析：《外国机构在中国境内提供金融信息服务管理规定》第4条规定，国务院新闻办公室为外国机构在中国境内提供金融信息服务的监督管理机关。外国机构在中国境内提供金融信息服务，必须经国务院新闻办公室批准。未经国务院新闻办公室批准的外国机构，不得在中国境内提供金融信息服务。

（二）单项选择题

1. C，解析：《外国机构在中国境内提供金融信息服务管理规定》第7条规定，国务院新闻办公室应当自受理申请之日起20个工作日内作出批准或者不批准决定。予以批准的，发给批准文件；不予批准的，书面通知申请人并说明理由。
2. A，解析：《外国机构在中国境内提供金融信息服务管理规定》第8条规定，外国机构在中国境内提供金融信息服务，应当与用户签订书面合同。外国机构应当在首次收到本规定第七条所述批准文件后30日内，就获得批准文件前与国内用户签订的任何合同，向国务院新闻办公室备案。获得批准的外国机构与国内用户签订、终止任何合同，应当在该合同签订、终止后30日内，向国务院新闻办公室备案。备案内容包括：合同所涉信息产品、提供方式、用户相关身份信息、合同期限等。已备案内容发生变更的，外国机构应当在变更后30日内向国务院新闻办公室变更备案。

3. C，解析：《外国机构在中国境内提供金融信息服务管理规定》第9条规定，外国机构在中国境内提供金融信息服务，拟变更机构名称、产品种类或者传播手段的，应当至少提前30日向国务院新闻办公室办理变更手续。

（三）多项选择题

1. ABC，解析：《外国机构在中国境内提供金融信息服务管理规定》第5条规定："外国机构申请在中国境内提供金融信息服务，应当具备下列条件：（一）在所在国家（地区）有相应的合法资质；（二）在金融信息服务领域有良好信誉；（三）有确定的金融信息服务业务；（四）有良好的传播手段和技术服务；（五）中国法律、法规规定的其他条件。"

2. ABCD，解析：《外国机构在中国境内提供金融信息服务管理规定》第13条规定："外国机构在中国境内投资设立金融信息服务企业，应当依照中国有关法律向国务院商务主管部门提出申请，并提交下列材料：（一）国务院新闻办公室的批准文件；（二）该机构主要负责人签署的在中国境内投资设立金融信息服务企业的书面申请；（三）由各方投资者法定代表人或者其授权的代表签署的金融信息服务企业的合同、章程；（四）拟投资设立金融信息服务企业的董事会成员名单及证明文件；（五）工商行政管理部门出具的企业名称预先核准通知书；（六）中国法律、法规规定的其他文件。"

3. ABCD，解析：《外国机构在中国境内提供金融信息服务管理规定》第17条规定："外国机构在中国境内向用户提供的金融信息，不得含有下列内容：（一）违反中华人民共和国宪法基本原则的；（二）破坏中国国家统一、主权和领土完整的；（三）危害中国国家安全和损害国家利益的；（四）违反中国的民族、宗教政策，破坏民族团结，宣扬邪教的；（五）散布虚假金融信息，扰乱经济秩序，破坏经济、金融、资本市场和社会稳定的；（六）宣扬淫秽、色情、暴力、恐怖或者教唆犯罪的；（七）侮辱或者诽谤他人，侵害他人合法权益的；（八）中国法律、法规和规章禁止的其他内容。"

（四）填空题

1. 国务院新闻办公室；有关部门；行政、司法机关。（《外国机构在中国境内提供金融信息服务管理规定》第21条）

2. 30个工作日内；书面通知。（《外国机构在中国境内提供金融信息服务管理规定》第14条）

3. 工商行政管理部门。(《外国机构在中国境内提供金融信息服务管理规定》第15条)

(五)简答题

答:《外国机构在中国境内提供金融信息服务管理规定》第17条规定:"外国机构在中国境内向用户提供的金融信息,不得含有下列内容:(一)违反中华人民共和国宪法基本原则的;(二)破坏中国国家统一、主权和领土完整的;(三)危害中国国家安全和损害国家利益的;(四)违反中国的民族、宗教政策,破坏民族团结,宣扬邪教的;(五)散布虚假金融信息,扰乱经济秩序,破坏经济、金融、资本市场和社会稳定的;(六)宣扬淫秽、色情、暴力、恐怖或者教唆犯罪的;(七)侮辱或者诽谤他人,侵害他人合法权益的;(八)中国法律、法规和规章禁止的其他内容。"

二十六、电信和互联网用户个人信息保护规定

（一）判断题

1. 工业和信息化部和各省、自治区、直辖市通信管理局（下列统称电信管理机构）依法对电信和互联网用户个人信息保护工作实施监督管理。（ ）
2. 用户个人信息，是指电信业务经营者和互联网信息服务提供者在提供服务的过程中收集的用户姓名、出生日期、身份证件号码、住址、电话号码、账号和密码等能够单独或者与其他信息结合识别用户的信息以及用户使用服务的时间、地点等信息。（ ）
3. 电信业务经营者、互联网信息服务提供者在提供服务的过程中收集、使用用户个人信息，可以遵循合法、正当、必要的原则。（ ）
4. 电信业务经营者、互联网信息服务提供者可以有选择性的对其在提供服务过程中收集、使用的用户个人信息的安全负责。（ ）

（二）单项选择题

1. 电信业务经营者、互联网信息服务提供者应当建立用户投诉处理机制，公布有效的联系方式，接受与用户个人信息保护有关的投诉，并自接到投诉之日起( )答复投诉人。

   A. 5 日内　　B. 10 日内

   C. 15 日内　　D. 20 日内
2. 电信业务经营者、互联网信息服务提供者应当对用户个人信息保护情况每年至少进行( )自查，记录自查情况，及时消除自查中发现的安全隐患。

   A. 1 次　　B. 2 次

   C. 3 次　　D. 4 次
3. 电信业务经营者、互联网信息服务提供者违反规定的，由电信管理机构依据职权责令限期改正，予以警告，可以并处( )的罚款。

A. 5000元以上　　B. 5000元以下

C. 1万元以上　　D. 1万元以下

4. 按照《电信和互联网用户个人信息保护规定》的相关规定，下列说法错误的是：(　　)

A. 未经用户同意，电信业务经营者、互联网信息服务提供者不得收集、使用用户个人信息

B. 电信业务经营者、互联网信息服务提供者收集、使用用户个人信息的，应当明确告知用户收集、使用信息的目的、方式和范围，查询、更正信息的渠道以及拒绝提供信息的后果等事项

C. 电信业务经营者、互联网信息服务提供者不得收集其提供服务所必需以外的用户个人信息或者将信息用于提供服务之外的目的，不得以欺骗、误导或者强迫等方式或者违反法律、行政法规以及双方的约定收集、使用信息

D. 电信业务经营者、互联网信息服务提供者在用户终止使用电信服务或者互联网信息服务后，可以停止对用户个人信息的收集和使用，并为用户提供注销号码或者账号的服务

（三）多项选择题

1. 电信业务经营者、互联网信息服务提供者应当采取(　　)措施防止用户个人信息泄露、毁损、篡改或者丢失。

A. 确定各部门、岗位和分支机构的用户个人信息安全管理责任

B. 建立用户个人信息收集、使用及其相关活动的工作流程和安全管理制度

C. 对工作人员及代理人实行权限管理，对批量导出、复制、销毁信息实行审查，并采取防泄密措施

D. 妥善保管记录用户个人信息的纸介质、光介质、电磁介质等载体，并采取相应的安全储存措施

2. 电信管理机构应当对报告或者发现的可能违反规定的行为的影响进行评估；影响特别重大的，相关(　　)通信管理局应当向工业和信息化部报告。

A. 省　　B. 自治区

C. 直辖市　　D. 自治州

3. 电信管理机构及其工作人员对在履行职责中知悉的用户个人信息应当予以保密，不得(　　)。

A. 泄露　　　　**B. 篡改**

C. 毁损　　　　**D. 出售或非法向他人提供**

4. 按照《电信和互联网用户个人信息保护规定》的相关规定，下列说法正确的是：(　　)

A. 电信业务经营者、互联网信息服务提供者应当对其工作人员进行用户个人信息保护相关知识、技能和安全责任培训

B. 电信业务经营者、互联网信息服务提供者应当对用户个人信息保护情况每年至少进行一次自查，记录自查情况，及时消除自查中发现的安全隐患

C. 电信管理机构及其工作人员对在履行职责中知悉的用户个人信息应当予以保密，不得泄露、篡改或者毁损，不得出售或者非法向他人提供

D. 电信管理机构实施电信业务经营许可及经营许可证年检时，应当对用户个人信息保护情况进行审查

（四）填空题

1. 电信管理机构应当将____、____违反本规定的行为记入其社会信用档案并予以公布。
2. 电信管理机构工作人员在对用户个人信息保护工作实施监督管理的过程中____、____、____的，依法给予处理；构成犯罪的，依法追究刑事责任。
3. 电信业务经营者、互联网信息服务提供者应当建立____，公布有效的联系方式，接受与用户个人信息保护有关的投诉，并自接到投诉之日起____答复投诉人。
4. 电信业务经营者、互联网信息服务提供者保管的用户个人信息发生或者可能发生泄露、毁损、丢失的，应当立即采取____；造成或者可能造成严重后果的，应当立即向准予其许可或者备案的____报告，配合相关部门进行的调查处理。

（五）简答题

简述电信业务经营者、互联网信息服务提供者应当采取的防止用户个人信息泄露、毁损、篡改或者丢失的措施。

参考答案

（一）判断题

1. √，解析：《电信和互联网用户个人信息保护规定》第 3 条。
2. √，解析：《电信和互联网用户个人信息保护规定》第 4 条。
3. ×，解析：《电信和互联网用户个人信息保护规定》第 5 条规定，电信业务经营者、互联网信息服务提供者在提供服务的过程中收集、使用用户个人信息，应当遵循合法、正当、必要的原则。
4. ×，解析：《电信和互联网用户个人信息保护规定》第 6 条规定，电信业务经营者、互联网信息服务提供者对其在提供服务过程中收集、使用的用户个人信息的安全负责。

（二）单项选择题

1. C，解析：《电信和互联网用户个人信息保护规定》第 12 条规定，电信业务经营者、互联网信息服务提供者应当建立用户投诉处理机制，公布有效的联系方式，接受与用户个人信息保护有关的投诉，并自接到投诉之日起 15 日内答复投诉人。
2. A，解析：《电信和互联网用户个人信息保护规定》第 16 条规定，电信业务经营者、互联网信息服务提供者应当对用户个人信息保护情况每年至少进行一次自查，记录自查情况，及时消除自查中发现的安全隐患。
3. D，解析：《电信和互联网用户个人信息保护规定》第 22 条规定，电信业务经营者、互联网信息服务提供者违反本规定第 8 条、第 12 条规定的，由电信管理机构依据职权责令限期改正，予以警告，可以并处 1 万元以下的罚款。
4. D，解析：《电信和互联网用户个人信息保护规定》第 9 条规定，未经用户同意，电信业务经营者、互联网信息服务提供者不得收集、使用用户个人信息。电信业务经营者、互联网信息服务提供者收集、使用用户个人信息的，应当明确告知用户收集、使用信息的目的、方式和范围，查询、更正信息的渠道以及拒绝提供信息的后果等事项。电信业务经营者、互联网信息服务提供者不得收集其提供服务所必需以外的用户个人信息或者将信息用于提供服务之外的目的，不得以欺骗、误导或者强迫等方式或者违反法律、行政法规以及双方的约定收集、使用信息。电信业务经营者、互联网信息服务提供者在用户终止使用电信服务或者互联网信息服务后，应当停止对用户个人信息的收集和使用，并为用户提供注销号码或者账号的服务。法律、行政法规对本条第1款至第4款规定的情形另有规定的，从其规定。

（三）多项选择题

1. ABCD，解析：《电信和互联网用户个人信息保护规定》第13条规定："电信业务经营者、互联网信息服务提供者应当采取下列措施防止用户个人信息泄露、毁损、篡改或者丢失：（一）确定各部门、岗位和分支机构的用户个人信息安全管理责任；（二）建立用户个人信息收集、使用及其相关活动的工作流程和安全管理制度；（三）对工作人员及代理人实行权限管理，对批量导出、复制、销毁信息实行审查，并采取防泄密措施；（四）妥善保管记录用户个人信息的纸介质、光介质、电磁介质等载体，并采取相应的安全储存措施；（五）对储存用户个人信息的信息系统实行接入审查，并采取防入侵、防病毒等措施；（六）记录对用户个人信息进行操作的人员、时间、地点、事项等信息；（七）按照电信管理机构的规定开展通信网络安全防护工作；（八）电信管理机构规定的其他必要措施。"
2. ABC，解析：《电信和互联网用户个人信息保护规定》第14条第2款规定，电信管理机构应当对报告或者发现的可能违反本规定的行为的影响进行评估；影响特别重大的，相关省、自治区、直辖市通信管理局应当向工业和信息化部报告。电信管理机构在依据本规定作出处理决定前，可以要求电信业务经营者和互联网信息服务提供者暂停有关行为，电信业务经营者和互联网信息服务提供者应当执行。
3. ABCD，解析：《电信和互联网用户个人信息保护规定》第18条规定，电信管理机构及其工作人员对在履行职责中知悉的用户个人信息应当予以保密，不得泄露、篡改或者毁损，不得出售或者非法向他人提供。
4. ABCD，解析：《电信和互联网用户个人信息保护规定》第15条规定，电信业务经营者、互联网信息服务提供者应当对其工作人员进行用户个人信息保护相关知识、技能和安全责任培训。第16条规定，电信业务经营者、互联网信息服务提供者应当对用户个人信息保护情况每年至少进行一次自查，记录自查情况，及时消除自查中发现的安全隐患。第 18 条规定，电信管理机构及其工作人员对在履行职责中知悉的用户个人信息应当予以保密，不得泄露、篡改或者毁损，不得出售或者非法向他人提供。第 19 条规定，电信管理机构实施电信业务经营许可及经营许可证年检时，应当对用户个人信息保护情况进行审查。

（四）填空题

1. 电信业务经营者；互联网信息服务提供者。（《电信和互联网用户个人信息保护规定》第 20 条）
2. 玩忽职守；滥用职权；徇私舞弊。（《电信和互联网用户个人信息保护规定》第 24 条）
3. 用户投诉处理机制；15 日内。（《电信和互联网用户个人信息保护规定》第 12 条）
4. 补救措施；电信管理机构。（《电信和互联网用户个人信息保护规定》第 14 条第 1 款）

（五）简答题

答：《电信和互联网用户个人信息保护规定》第 13 条规定："电信业务经营者、互联网信息服务提供者应当采取下列措施防止用户个人信息泄露、毁损、篡改或者丢失：（一）确定各部门、岗位和分支机构的用户个人信息安全管理责任；（二）建立用户个人信息收集、使用及其相关活动的工作流程和安全管理制度；（三）对工作人员及代理人实行权限管理，对批量导出、复制、销毁信息实行审查，并采取防泄密措施；（四）妥善保管记录用户个人信息的纸介质、光介质、电磁介质等载体，并采取相应的安全储存措施；（五）对储存用户个人信息的信息系统实行接入审查，并采取防入侵、防病毒等措施；（六）记录对用户个人信息进行操作的人员、时间、地点、事项等信息；（七）按照电信管理机构的规定开展通信网络安全防护工作；（八）电信管理机构规定的其他必要措施。"

二十七、规范互联网信息服务市场秩序若干规定

（一）判断题

1. 工业和信息化部和各省、自治区、直辖市通信管理局依法对互联网信息服务活动实施监督管理。（　　）
2. 互联网信息服务提供者可以遵循平等、自愿、公平、诚信的原则提供服务。（　　）
3. 对互联网信息服务提供者的服务或者产品进行评测，应当客观公正。（　　）

（二）单项选择题

1. 按照相关规定对互联网信息服务提供者的服务或者产品进行评测，下列说法错误的是：（　　）

   A. 评测方公开或者向用户提供评测结果的，应当同时提供评测实施者、评测方法、数据来源、用户原始评价、评测手段和评测环境等与评测活动相关的信息

   B. 评测结果应当真实准确，与评测活动相关的信息应当完整全面

   C. 被评测的服务或者产品与评测方的服务或者产品相同或者功能类似的，评测结果中不得含有评测方的主观评价

   D. 被评测方对评测结果有异议的，应当自行就评测结果进行再评测，评测方应当予以配合

2. 互联网信息服务提供者应当以显著的方式公布有效联系方式，接受用户及其他互联网信息服务提供者的投诉，并自接到投诉之日起（　　）作出答复。

   A. 10 日内　　B. 15 日内

   C. 20 日内　　D. 25 日内

3. 互联网信息服务提供者违反规定的，由电信管理机构依据职权责令改正，处以警告，可以并处(　　)的罚款，向社会公告

A. 5000 元以上 1 万元以下　　B. 1 万元以上 2 万元以下

C. 1 万元以上 3 万元以下　　D. 2 万元以上 3 万元以下

(三) 多项选择题

1. 互联网信息服务提供者不得实施下列哪些侵犯其他互联网信息服务提供者合法权益的行为?(　　)

A. 恶意干扰用户终端上其他互联网信息服务提供者的服务，或者恶意干扰与互联网信息服务相关的软件等产品的下载、安装、运行和升级

B. 捏造、散布虚假事实损害其他互联网信息服务提供者的合法权益，或者诋毁其他互联网信息服务提供者的服务或者产品

C. 恶意对其他互联网信息服务提供者的服务或者产品实施不兼容

D. 欺骗、误导或者强迫用户使用或者不使用其他互联网信息服务提供者的服务或者产品

2. 互联网信息服务提供者不得实施下列哪些侵犯用户合法权益的行为?(　　)

A. 无正当理由拒绝、拖延或者中止向用户提供互联网信息服务或者产品

B. 无正当理由限定用户使用或者不使用其指定的互联网信息服务或者产品

C. 以欺骗、误导或者强迫等方式向用户提供互联网信息服务或者产品

D. 提供的互联网信息服务或者产品与其向用户所作的宣传或者承诺不符

3. 互联网信息服务提供者不得实施下列哪些行为?(　　)

A. 欺骗、误导或者强迫用户下载、安装、运行、升级、卸载软件

B. 未提供与软件安装方式同等或者更便捷的卸载方式

C. 在未受其他软件影响和人为破坏的情况下，未经用户主动选择同意，软件卸载后有可执行代码或者其他不必要的文件驻留在用户终端

D. 提供明确、完整的软件功能等信息，并事先征得用户同意

(四) 填空题

1. 互联网信息服务提供者应当妥善保管用户个人信息；保管的用户个人信

息泄露或者可能泄露时，应当立即采取____；造成或者可能造成严重后果的，应当立即向准予其互联网信息服务许可或者备案的____报告，并配合相关部门进行的调查处理。

2. 互联网信息服务提供者在用户终端弹出广告或者其他与终端软件功能无关的信息窗口的，应当以____向用户提供____或者____的功能标识。
3. 互联网信息服务提供者应当加强系统安全防护，依法维护用户上载信息的安全，保障用户对上载信息的____、____和____。

（五）简答题

互联网信息服务提供者不得有哪些行为？

参考答案

（一）判断题

1. √，解析：《规范互联网信息服务市场秩序若干规定》第3条。
2. ×，解析：《规范互联网信息服务市场秩序若干规定》第4条规定，互联网信息服务提供者应当遵循平等、自愿、公平、诚信的原则提供服务。
3. √，解析：《规范互联网信息服务市场秩序若干规定》第6条第1款。

（二）单项选择题

1. D，解析：《规范互联网信息服务市场秩序若干规定》第6条规定，对互联网信息服务提供者的服务或者产品进行评测，应当客观公正。评测方公开或者向用户提供评测结果的，应当同时提供评测实施者、评测方法、数据来源、用户原始评价、评测手段和评测环境等与评测活动相关的信息。评测结果应当真实准确，与评测活动相关的信息应当完整全面。被评测的服务或者产品与评测方的服务或者产品相同或者功能类似的，评测结果中不得含有评测方的主观评价。被评测方对评测结果有异议的，可以自行或者委托第三方就评测结果进行再评测，评测方应当予以配合。评测方不得利用评测结果，欺骗、误导、强迫用户对被评测方的服务或者产品作出处置。本规定所称评测，是指提供平台供用户评价，或者以其他方式对互联网信息服务或者产品的性能等进行评价和测试。
2. B，解析：《规范互联网信息服务市场秩序若干规定》第14条规定，互联网信息服务提供者应当以显著的方式公布有效联系方式，接受用户及其他互联网信息服务提供者的投诉，并自接到投诉之日起15日内作出答复。

3. C，解析：《规范互联网信息服务市场秩序若干规定》第16条规定，互联网信息服务提供者违反本规定第5条、第7条或者第13条的规定，由电信管理机构依据职权责令改正，处以警告，可以并处1万元以上3万元以下的罚款，向社会公告；其中，《电信条例》或者《互联网信息服务管理办法》规定法律责任的，依照其规定处理。

（三）多项选择题

1. ABCD，解析：《规范互联网信息服务市场秩序若干规定》第5条规定："互联网信息服务提供者不得实施下列侵犯其他互联网信息服务提供者合法权益的行为：（一）恶意干扰用户终端上其他互联网信息服务提供者的服务，或者恶意干扰与互联网信息服务相关的软件等产品（'与互联网信息服务相关的软件等产品'下列简称'产品'）的下载、安装、运行和升级；（二）捏造、散布虚假事实损害其他互联网信息服务提供者的合法权益，或者诋毁其他互联网信息服务提供者的服务或者产品；（三）恶意对其他互联网信息服务提供者的服务或者产品实施不兼容；（四）欺骗、误导或者强迫用户使用或者不使用其他互联网信息服务提供者的服务或者产品；（五）恶意修改或者欺骗、误导、强迫用户修改其他互联网信息服务提供者的服务或者产品参数；（六）其他违反国家法律规定，侵犯其他互联网信息服务提供者合法权益的行为。"

2. ABCD，解析：《规范互联网信息服务市场秩序若干规定》第7条规定："互联网信息服务提供者不得实施下列侵犯用户合法权益的行为：（一）无正当理由拒绝、拖延或者中止向用户提供互联网信息服务或者产品；（二）无正当理由限定用户使用或者不使用其指定的互联网信息服务或者产品；（三）以欺骗、误导或者强迫等方式向用户提供互联网信息服务或者产品；（四）提供的互联网信息服务或者产品与其向用户所作的宣传或者承诺不符；（五）擅自改变服务协议或者业务规程，降低服务质量或者加重用户责任；（六）与其他互联网信息服务提供者的服务或者产品不兼容时，未主动向用户提示和说明；（七）未经提示并由用户主动选择同意，修改用户浏览器配置或者其他设置；（八）其他违反国家法律规定，侵犯用户合法权益的行为。"

3. ABC，《规范互联网信息服务市场秩序若干规定》第8条规定："互联网信息服务提供者在用户终端上进行软件下载、安装、运行、升级、卸载等操作的，应当提供明确、完整的软件功能等信息，并事先征得用户同意。互联网信息服务提供者不得实施下列行为：（一）欺骗、误导或者强迫用户下载、安装、运行、升级、卸载软件；（二）未提供与软件安装方式同等或者更便捷的卸载方式；（三）在未受其他软件影响和人为破坏的情况下，未经用户主动选择同意，软件卸载后有可执行代码或者其他不必要的文件驻留在用户终端。”

（四）填空题

1. 补救措施；电信管理机构。（《规范互联网信息服务市场秩序若干规定》第12条）
2. 显著的方式；关闭；退出窗口。（《规范互联网信息服务市场秩序若干规定》第10条）
3. 使用；修改；删除。（《规范互联网信息服务市场秩序若干规定》第13条第1款）

（五）简答题

答：《规范互联网信息服务市场秩序若干规定》第13条规定：“互联网信息服务提供者应当加强系统安全防护，依法维护用户上载信息的安全，保障用户对上载信息的使用、修改和删除。互联网信息服务提供者不得有下列行为：（一）无正当理由擅自修改或者删除用户上载信息；（二）未经用户同意，向他人提供用户上载信息，但是法律、行政法规另有规定的除外；（三）擅自或者假借用户名义转移用户上载信息，或者欺骗、误导、强迫用户转移其上载信息；（四）其他危害用户上载信息安全的行为。”

二十八、互联网文化管理暂行规定

（一）判断题

1. 互联网文化活动分为经营性和非经营性两类。经营性互联网文化活动是指以营利为目的，通过向上网用户收费或者以电子商务、广告、赞助等方式获取利益，提供互联网文化产品及其服务的活动。非经营性互联网文化活动是指不以营利为目的向上网用户提供互联网文化产品及其服务的活动。（　　）
2. 从事互联网文化活动应当遵守宪法和有关法律、法规，坚持为人民服务、为社会主义服务的方向，弘扬民族优秀文化，传播有益于提高公众文化素质、推动经济发展、促进社会进步的思想道德、科学技术和文化知识，丰富人民的精神生活。（　　）
3. 省、自治区、自治州人民政府文化行政部门对申请从事经营性互联网文化活动的单位进行审批，对从事非经营性互联网文化活动的单位进行备案。（　　）
4. 申请从事经营性互联网文化活动，应当向所在地省、自治区、直辖市人民政府文化行政部门提出申请，由省、自治区、直辖市人民政府审核批准。（　　）

（二）单项选择题

1. 经营性互联网文化单位变更单位名称、域名、法定代表人或者主要负责人、注册地址、经营地址、股权结构以及许可经营范围的，应当自变更之日起（　　）到所在地省、自治区、直辖市人民政府文化行政部门办理变更或者备案手续。

   A. 10 日内　　B. 15 日内

   C. 20 日内　　D. 25 日内

2. 经营性互联网文化单位终止互联网文化活动的，应当自终止之日起(　　)到所在地省、自治区、直辖市人民政府文化行政部门办理注销手续。

A. 15日内　　B. 20日内

C. 25日内　　D. 30日内

3. 未经批准，擅自从事经营性互联网文化活动的，由县级以上人民政府文化行政部门或者文化市场综合执法机构责令停止经营性互联网文化活动，予以警告，并处(　　)罚款；拒不停止经营活动的，依法列入文化市场黑名单，予以信用惩戒。

A. 10000元以上　　B. 20000元以上

C. 30000元以上　　D. 30000元以下

4. 申请从事经营性互联网文化活动，应当向所在地省、自治区、直辖市(　　)提出申请。

A. 人民政府文化行政部门　　B. 互联网信息部

C. 互联网管理机构　　D. 信息服务部门

(三) 多项选择题

1. 申请从事经营性互联网文化活动，应当符合《互联网信息服务管理办法》的有关规定，并具备下列哪些条件？(　　)

A. 有单位的名称、住所、组织机构和章程

B. 有确定的互联网文化活动范围

C. 有适应互联网文化活动需要的专业人员、设备、工作场所以及相应的经营管理技术措施

D. 有确定的域名

2. 申请从事经营性互联网文化活动，应当提交下列哪些文件？(　　)

A. 申请表

B. 营业执照和章程

C. 固定的经营场所证明

D. 法定代表人或者主要负责人的身份证明文件

3. 非经营性互联网文化单位变更(　　)的，应当自变更之日起60日内到所在地省、自治区、直辖市人民政府文化行政部门办理备案手续。

A. 名称　　　　B. 地址

C. 域名　　　　D. 经营场所

4. 互联网文化单位不得提供载有下列哪些内容的文化产品？（　　）

A. 反对宪法确定的基本原则的

B. 危害国家统一、主权和领土完整的

C. 泄露国家秘密、危害国家安全或者损害国家荣誉和利益的

D. 煽动民族仇恨、民族歧视，破坏民族团结，或者侵害民族风俗、习惯的

（四）填空题

1. 省、自治区、直辖市____对申请从事经营性互联网文化活动的单位进行____，对从事非经营性互联网文化活动的单位进行____。
2. 互联网文化单位应当建立____，明确专门部门，配备专业人员负责互联网文化产品内容和活动的自查与管理，保障互联网文化产品内容和活动的____。
3. ____应当记录备份所提供的文化产品内容及其时间、互联网地址或者域名；记录备份应当保存____，并在国家有关部门依法查询时予以提供。
4. 未经批准，擅自从事经营性互联网文化活动的，由____或者____责令停止经营性互联网文化活动，予以警告，并处30000元以下罚款。

（五）简答题

简述互联网文化单位不得提供的文化产品。

参考答案

（一）判断题

1. √，解析：《互联网文化管理暂行规定》第3条第2款。
2. √，解析：《互联网文化管理暂行规定》第5条。
3. ×，解析：《互联网文化管理暂行规定》第6条第2款规定，省、自治区、直辖市人民政府文化行政部门对申请从事经营性互联网文化活动的单位进行审

批，对从事非经营性互联网文化活动的单位进行备案。

4. ×，解析：《互联网文化管理暂行规定》第 8 条规定，申请从事经营性互联网文化活动，应当向所在地省、自治区、直辖市人民政府文化行政部门提出申请，由省、自治区、直辖市人民政府文化行政部门审核批准。

（二）单项选择题

1. C，解析：《互联网文化管理暂行规定》第 13 条第 1 款规定，经营性互联网文化单位变更单位名称、域名、法定代表人或者主要负责人、注册地址、经营地址、股权结构以及许可经营范围的，应当自变更之日起 20 日内到所在地省、自治区、直辖市人民政府文化行政部门办理变更或者备案手续。

2. D，解析：《互联网文化管理暂行规定》第 14 条第 1 款规定，经营性互联网文化单位终止互联网文化活动的，应当自终止之日起 30 日内到所在地省、自治区、直辖市人民政府文化行政部门办理注销手续。

3. D，解析：《互联网文化管理暂行规定》第 21 条规定，未经批准，擅自从事经营性互联网文化活动的，由县级以上人民政府文化行政部门或者文化市场综合执法机构责令停止经营性互联网文化活动，予以警告，并处 30000 元以下罚款；拒不停止经营活动的，依法列入文化市场黑名单，予以信用惩戒。

4. A，解析：《互联网文化管理暂行规定》第 8 条规定，申请从事经营性互联网文化活动，应当向所在地省、自治区、直辖市人民政府文化行政部门提出申请，由省、自治区、直辖市人民政府文化行政部门审核批准。

（三）多项选择题

1. ABCD，解析：《互联网文化管理暂行规定》第 7 条规定："申请从事经营性互联网文化活动，应当符合《互联网信息服务管理办法》的有关规定，并具备下列条件：（一）有单位的名称、住所、组织机构和章程；（二）有确定的互联网文化活动范围；（三）有适应互联网文化活动需要的专业人员、设备、工作场所以及相应的经营管理技术措施；（四）有确定的域名；（五）符合法律、行政法规和国家有关规定的条件。"

2. ABD，解析：《互联网文化管理暂行规定》第 9 条规定，申请从事经营性互联网文化活动，应当提交下列文件：（1）申请表；（2）营业执照和章程；（3）法定代表人或者主要负责人的身份证明文件；（4）业务范围说明；（5）专业人员、工作场所以及相应经营管理技术措施的说明材料；（6）域名登记证明；（7）依法需要提交的其他文件。对申请从事经营性互联网文化活动的，省、自治区、直辖市人民政府文化行政部门应当自受理申请之日起 20 日内做出批准或者不批准的决定。批准的，核发《网络文化经营许可证》，并向社会公告；不批准的，应当书面通知申请人并说明理由。《网络文化经营许可证》有效期为3年。有效期届满，需继续从事经营的，应当于有效期届满30日前申请续办。

3. ABC，解析：《互联网文化管理暂行规定》第13条第2款规定，非经营性互联网文化单位变更名称、地址、域名、法定代表人或者主要负责人、业务范围的，应当自变更之日起60日内到所在地省、自治区、直辖市人民政府文化行政部门办理备案手续。

4. ABCD，解析：《互联网文化管理暂行规定》第16条规定："互联网文化单位不得提供载有下列内容的文化产品：（一）反对宪法确定的基本原则的；（二）危害国家统一、主权和领土完整的；（三）泄露国家秘密、危害国家安全或者损害国家荣誉和利益的；（四）煽动民族仇恨、民族歧视，破坏民族团结，或者侵害民族风俗、习惯的；（五）宣扬邪教、迷信的；（六）散布谣言，扰乱社会秩序，破坏社会稳定的；（七）宣扬淫秽、赌博、暴力或者教唆犯罪的；（八）侮辱或者诽谤他人，侵害他人合法权益的；（九）危害社会公德或者民族优秀文化传统的；（十）有法律、行政法规和国家规定禁止的其他内容的。"

（四）填空题

1. 人民政府文化行政部门；审批；备案。（《互联网文化管理暂行规定》第6条第2款）
2. 自审制度；合法性。（《互联网文化管理暂行规定》第18条）
3. 互联网文化单位；60日。（《互联网文化管理暂行规定》第20条）
4. 县级以上人民政府文化行政部门；文化市场综合执法机构。（《互联网文化管理暂行规定》第21条）

（五）简答题

答：《互联网文化管理暂行规定》第16条规定："互联网文化单位不得提供载有下列内容的文化产品：（一）反对宪法确定的基本原则的；（二）危害国家统一、主权和领土完整的；（三）泄露国家秘密、危害国家安全或者损害国家荣誉和利益的；（四）煽动民族仇恨、民族歧视，破坏民族团结，或者侵害民族风俗、习惯的；（五）宣扬邪教、迷信的；（六）散布谣言，扰乱社会秩序，破坏社会稳定的；（七）宣扬淫秽、赌博、暴力或者教唆犯罪的；（八）侮辱或者诽谤他人，侵害他人合法权益的；（九）危害社会公德或者民族优秀文化传统的；（十）有法律、行政法规和国家规定禁止的其他内容的。"

二十九、互联网视听节目服务管理规定

（一）判断题

1. **互联网视听节目服务，是指制作、编辑、集成并通过互联网向公众提供视音频节目，以及为他人提供上载传播视听节目服务的活动。（　　）**
2. 地方人民政府广播电影电视主管部门和地方电信管理机构依据各自职责对本行政区域内以及下级行政区域内的互联网视听节目服务单位及接入服务实施相应的监督管理。（　　）
3. 互联网视听节目服务单位及其相关网络运营单位，是重要的网络文化建设力量，承担建设中国特色网络文化和维护网络文化信息安全的责任，应自觉遵守宪法、法律和行政法规，接受互联网视听节目服务行业主管部门和互联网行业主管部门的管理。（　　）
4. 互联网视听节目服务单位组成的全国性社会团体，负责制定行业自律规范，倡导文明上网、文明办网，营造文明健康的网络环境，传播健康有益视听节目，抵制腐朽落后思想文化传播，并在国务院信息产业主管部门指导下开展活动。（　　）

（二）单项选择题

1. 省、自治区、直辖市人民政府广播电影电视主管部门应当提供便捷的服务，自收到申请之日起（　　）提出初审意见，报国务院广播电影电视主管部门审批。

A. 15 日内　　B. 20 日内
C. 25 日内　　D. 30 日内

2. 互联网视听节目服务单位的办公场所、法定代表人以及互联网信息服务单位的网址、网站名依法变更的，应当在变更后 15 日内向（　　）广播电影电视主管部门和电信主管部门备案，变更事项涉及工商登记的，应当依法到工商行政管理部门办理变更登记手续。

A. 省级以上
B. 省级
C. 市级
D. 市级以上

3. 互联网视听节目服务单位应当在取得《许可证》（　　）提供互联网视听节目服务。未按期提供服务的，其《许可证》由原发证机关予以注销。
A. 50 日内
B. 70 日内
C. 90 日内
D. 100 日内

4. 擅自从事互联网视听节目服务的，由县级以上广播电影电视主管部门予以警告、责令改正，可并处（　　）罚款。
A. 2 万元以下
B. 2 万元以上
C. 3 万元以下
D. 3 万元以上

（三）多项选择题

1. 申请从事互联网视听节目服务的，应当同时具备下列哪些条件？（　　）
A. 具备法人资格，为国有独资或国有控股单位，且在申请之日前 3 年内无违法违规记录
B. 有健全的节目安全传播管理制度和安全保护技术措施
C. 有与其业务相适应并符合国家规定的视听节目资源
D. 有与其业务相适应的技术能力、网络资源

2. 申请《许可证》，应当通过（　　）人民政府广播电影电视主管部门向国务院广播电影电视主管部门提出申请，中央直属单位可以直接向国务院广播电影电视主管部门提出申请。
A. 省
B. 自治区
C. 直辖市
D. 自治州

3. 互联网视听节目服务单位提供的、网络运营单位接入的视听节目应当符合法律、行政法规、部门规章的规定。视听节目不得含有下列哪些内容？（　　）
A. 反对宪法确定的基本原则的
B. 危害国家统一、主权和领土完整的
C. 泄露国家秘密、危害国家安全或者损害国家荣誉和利益的
D. 赞扬中华优秀传统文化的

（四）填空题

1. 互联网视听节目服务业务指导目录由____制定。

2. 申请《许可证》，应当通过省、自治区、直辖市____向国务院广播电影电视主管部门提出申请，____可以直接向国务院广播电影电视主管部门提出申请。

3. 省、自治区、直辖市人民政府广播电影电视主管部门应当提供便捷的服务，自收到申请之日起____提出初审意见，报____审批。

（五）简答题

简述申请从事互联网视听节目服务应当同时具备的条件。

参考答案

（一）判断题

1. √，解析：《互联网视听节目服务管理规定》第 2 条第 2 款。

2. ×，解析：《互联网视听节目服务管理规定》第 3 条第 2 款规定，地方人民政府广播电影电视主管部门和地方电信管理机构依据各自职责对本行政区域内的互联网视听节目服务单位及接入服务实施相应的监督管理。

3. √，解析：《互联网视听节目服务管理规定》第 4 条。

4. ×，解析：《互联网视听节目服务管理规定》第 5 条规定，互联网视听节目服务单位组成的全国性社会团体，负责制定行业自律规范，倡导文明上网、文明办网，营造文明健康的网络环境，传播健康有益视听节目，抵制腐朽落后思想文化传播，并在国务院广播电影电视主管部门指导下开展活动。

（二）单项选择题

1. B，解析：《互联网视听节目服务管理规定》第 10 条第 2 款规定，省、自治区、直辖市人民政府广播电影电视主管部门应当提供便捷的服务，自收到申请之日起 20 日内提出初审意见，报国务院广播电影电视主管部门审批；国务院广播电影电视主管部门应当自收到申请或者初审意见之日起 40 日内作出许可或者不予许可的决定，其中专家评审时间为 20 日。予以许可的，向申请人颁发《许可证》，并向社会公告；不予许可的，应当书面通知申请人并说明理由。《许可证》应当载明互联网视听节目服务的播出标识、名称、服务类别等事项。

2. A，解析：《互联网视听节目服务管理规定》第 12 条规定，互联网视听节目服务单位变更股东、股权结构，有重大资产变动或有上市等重大融资行为的，以及业务项目超出《许可证》载明范围的，应按本规定办理审批手续。互联网视听节目服务单位的办公场所、法定代表人以及互联网信息服务单位的网址、网站名依法变更的，应当在变更后 15 日内向省级以上广播电影电视主管部门和电信主管部门备案，变更事项涉及工商登记的，应当依法到工商行政管理部门办理变更登记手续。

3. C，解析：《互联网视听节目服务管理规定》第 13 条规定，互联网视听节目服务单位应当在取得《许可证》90 日内提供互联网视听节目服务。未按期提供服务的，其《许可证》由原发证机关予以注销。如因特殊原因，应经发证机关同意。申请终止服务的，应提前 60 日向原发证机关申报，其《许可证》由原发证机关予以注销。连续停止业务超过 60 日的，由原发证机关按终止业务处理，其《许可证》由原发证机关予以注销。

4. C，解析：《互联网视听节目服务管理规定》第 24 条第 1 款规定，擅自从事互联网视听节目服务的，由县级以上广播电影电视主管部门予以警告、责令改正，可并处 3 万元以下罚款；情节严重的，《广播电视管理条例》第 47 条的规定予以处罚。

（三）多项选择题

1. ABCD，解析：《互联网视听节目服务管理规定》第 8 条规定："申请从事互联网视听节目服务的，应当同时具备下列条件：（一）具备法人资格，为国有独资或国有控股单位，且在申请之日前三年内无违法违规记录；（二）有健全的节目安全传播管理制度和安全保护技术措施；（三）有与其业务相适应并符合国家规定的视听节目资源；（四）有与其业务相适应的技术能力、网络资源；（五）有与其业务相适应的专业人员，且主要出资者和经营者在申请之日前三年内无违法违规记录；（六）技术方案符合国家标准、行业标准和技术规范；（七）符合国务院广播电影电视主管部门确定的互联网视听节目服务总体规划、布局和业务指导目录；（八）符合法律、行政法规和国家有关规定的条件。"

2. ABC，解析：《互联网视听节目服务管理规定》第 10 条第 1 款规定，申请《许可证》，应当通过省、自治区、直辖市人民政府广播电影电视主管部门向国务院广播电影电视主管部门提出申请，中央直属单位可以直接向国务院广播电影电视主管部门提出申请。

3. **ABC，解析：《互联网视听节目服务管理规定》第16条规定：“互联网视听节目服务单位提供的、网络运营单位接入的视听节目应当符合法律、行政法规、部门规章的规定。已播出的视听节目应至少完整保留六十日。视听节目不得含有下列内容：（一）反对宪法确定的基本原则的；（二）危害国家统一、主权和领土完整的；（三）泄露国家秘密、危害国家安全或者损害国家荣誉和利益的；（四）煽动民族仇恨、民族歧视，破坏民族团结，或者侵害民族风俗、习惯的；（五）宣扬邪教、迷信的；（六）扰乱社会秩序，**破坏社会稳定的；（七）诱导未成年人违法犯罪和渲染暴力、色情、赌博、恐怖活动的；（八）侮辱或者诽谤他人，侵害公民个人隐私等他人合法权益的；（九）危害社会公德，损害民族优秀文化传统的；（十）有关法律、行政法规和国家规定禁止的其他内容。”

（四）填空题

1. 国务院广播电影电视主管部门商国务院信息产业主管部门。（《互联网视听节目服务管理规定》第7条第3款）
2. 人民政府广播电影电视主管部门；中央直属单位。（《互联网视听节目服务管理规定》第10条第1款）
3. 20日内；国务院广播电影电视主管部门。（《互联网视听节目服务管理规定》第10条第2款）

（五）简答题

答：《互联网视听节目服务管理规定》第8条规定：“申请从事互联网视听节目服务的，应当同时具备下列条件：（一）具备法人资格，为国有独资或国有控股单位，且在申请之日前三年内无违法违规记录；（二）有健全的节目安全传播管理制度和安全保护技术措施；（三）有与其业务相适应并符合国家规定的视听节目资源；（四）有与其业务相适应的技术能力、网络资源；（五）有与其业务相适应的专业人员，且主要出资者和经营者在申请之日前三年内无违法违规记录；（六）技术方案符合国家标准、行业标准和技术规范；（七）符合国务院广播电影电视主管部门确定的互联网视听节目服务总体规划、布局和业务指导目录；（八）符合法律、行政法规和国家有关规定的条件。”

三十、专网及定向传播视听节目服务管理规定

（一）判断题

1. 专网及定向传播视听节目服务，是指以电视机、手机等各类固定、移动电子设备为接收终端，通过局域网络及利用互联网架设虚拟专网或者以互联网等信息网络为定向传输通道，向公众定向提供广播电视节目等视听节目服务活动，包括以交互式网络电视（IPTV）、专网手机电视、互联网电视等形式从事内容提供、集成播控、传输分发等活动。（　　）
2. 市级以上地方人民政府广播电影电视主管部门负责本行政区域内专网及定向传播视听节目服务的监督管理工作。（　　）
3. 从事专网及定向传播视听节目服务，应当坚持为人民服务、为社会主义服务，把社会效益放在首位，弘扬社会主义核心价值观，弘扬民族优秀传统文化，弘扬正能量。（　　）
4. 申请从事内容提供服务的，应当是经国务院广播电影电视主管部门批准设立的地（市）级以上广播电视播出机构或者中央新闻单位等机构，还应当具备2000小时以上的节目内容储备和50人以上的专业节目编审人员。（　　）

（二）单项选择题

1. 省、自治区、直辖市人民政府广播电视行政部门应当自收到申请之日起（　　）提出初核意见，并将初核意见及全部申请材料报国家广播电视总局审批。

   A. 10日内　　B. 15日内
   C. 20日内　　D. 25日内

2. 专网及定向传播视听节目服务单位传播的时政类视听新闻节目，应当是（　　）广播电视播出机构制作、播出的新闻节目。

   A. 县级以上　　B. 地（市）级以上
   C. 市级　　D. 省级

3. 内容提供服务单位应当建立健全节目审查、安全播出等节目内容管理制度，配备专业节目审查人员。所播出节目的名称、内容概要、播出时间、时长、来源等信息，应当至少保留（　　），并配合广播电视行政部门依法查询。

A. 50 日　　B. 60 日

C. 70 日　　D. 80 日

4. 擅自从事专网及定向传播视听节目服务的，由县级以上广播电视行政部门予以警告、责令改正，可并处（　　）罚款；情节严重的，根据《广播电视管理条例》第 47 条的规定予以处罚。

A. 2 万元以上　　B. 2 万元以下

C. 3 万元以上　　D. 3 万元以下

（三）多项选择题

1. 申请从事专网及定向传播视听节目服务的单位，应当具备下列哪些条件？（　　）

A. 具备法人资格，为国有独资或者国有控股单位

B. 有健全的节目内容编审、安全传播管理制度和安全保护措施

C. 有与其业务相适应的技术能力、经营场所和相关资源

D. 有与其业务相适应的专业人员

2. 专网及定向传播视听节目服务单位传播的节目应当符合法律、行政法规、部门规章的规定，不得含有下列哪些内容？（　　）

A. 违反宪法确定的基本原则，煽动抗拒或者破坏宪法、法律、行政法规实施

B. 危害国家统一、主权和领土完整，泄露国家秘密，危害国家安全，损害国家荣誉和利益

C. 诋毁民族优秀文化传统，煽动民族仇恨、民族歧视，侵害民族风俗习惯，歪曲民族历史和民族历史人物，伤害民族感情，破坏民族团结

D. 宣扬宗教狂热，危害宗教和睦，伤害信教公民宗教感情，破坏信教公民和不信教公民团结，宣扬邪教、迷信

3. 专网及定向传播视听节目服务单位的（　　）依法变更的，应当在变更后 15 日内向原发证机关备案。

A. 单位名称　　　　B. 办公场所
C. 法定代表人　　　D. 资金结构

4. 专网及定向传播视听节目服务单位应当建立健全与国家网络信息安全相适应的(　　)，履行安全保障义务。
A. 安全管理制度　　B. 信息管理体制
C. 保障体系　　　　D. 技术保障手段

(四) 填空题

1. 集成播控服务单位应当建立健全安全播控管理制度，采取____，配备____，按照____的管理规定集成播控节目。
2. 省、自治区、直辖市以上人民政府____应建立健全节目监管系统，建立____，加强对专网及定向传播视听节目服务的监督管理。
3. ____负责全国专网及定向传播视听节目服务的监督管理工作。
4. ____负责本行政区域内专网及定向传播视听节目服务的监督管理工作。

(五) 简答题

简述专网及定向传播视听节目服务单位传播的节目不得含有的内容。

参考答案

(一) 判断题

1. √，解析：《专网及定向传播视听节目服务管理规定》第 2 条。
2. ×，解析：《专网及定向传播视听节目服务管理规定》第 3 条规定，国家广播电视总局负责全国专网及定向传播视听节目服务的监督管理工作。县级以上地方人民政府广播电视行政部门负责本行政区域内专网及定向传播视听节目服务的监督管理工作。
3. √，解析：《专网及定向传播视听节目服务管理规定》第 4 条第 1 款。
4. ×，解析：《专网及定向传播视听节目服务管理规定》第 7 条第 1 款规定，申请从事内容提供服务的，应当是经国家广播电视总局批准设立的地（市）级以上广播电视播出机构或者中央新闻单位等机构，还应当具备 2000 小时以上的节目内容储备和 30 人以上的专业节目编审人员。

（二）单项选择题

1. C，解析：《专网及定向传播视听节目服务管理规定》第 8 条规定，申请从事专网及定向传播视听节目服务，应当向省、自治区、直辖市人民政府广播电视行政部门提出申请，中央直属单位可直接向国家广播电视总局提出申请。省、自治区、直辖市人民政府广播电视行政部门应当自收到申请之日起 20 日内提出初核意见，并将初核意见及全部申请材料报国家广播电视总局审批；国家广播电视总局应当自收到申请或者初核意见之日起 40 日内作出许可或者不予许可的决定，其中专家评审时间为 20 日。予以许可的，向申请人颁发《信息网络传播视听节目许可证》，并向社会公告；不予许可的，应当书面通知申请人并说明理由。
2. B，解析：《专网及定向传播视听节目服务管理规定》第 18 条第 1 款规定，专网及定向传播视听节目服务单位传播的电影、电视剧、动画片、纪录片等节目，应当符合国家广播电影电视相关管理规定。专网及定向传播视听节目服务单位传播的时政类视听新闻节目，应当是地（市）级以上广播电视播出机构制作、播出的新闻节目。
3. B，解析：《专网及定向传播视听节目服务管理规定》第 20 条第 2 款规定，内容提供服务单位应当建立健全节目审查、安全播出等节目内容管理制度，配备专业节目审查人员。所播出节目的名称、内容概要、播出时间、时长、来源等信息，应当至少保留 60 日，并配合广播电视行政部门依法查询。
4. D，解析：《专网及定向传播视听节目服务管理规定》第 26 条规定，擅自从事专网及定向传播视听节目服务的，由县级以上广播电视行政部门予以警告、责令改正，可并处 3 万元以下罚款；情节严重的，根据《广播电视管理条例》第 47 条的规定予以处罚。

（三）多项选择题

1. ABCD，解析：《专网及定向传播视听节目服务管理规定》第 6 条规定：“申请从事专网及定向传播视听节目服务的单位，应当具备下列条件：（一）具备法人资格，为国有独资或者国有控股单位；（二）有健全的节目内容编审、安全传播管理制度和安全保护措施；（三）有与其业务相适应的技术能力、经营场所和相关资源；（四）有与其业务相适应的专业人员；（五）技术方案符合国家有关标准和技术规范；（六）符合国家广播电视总局确定的专网及定向传播视听节目服务总体规划、布局和业务指导目录；（七）符合法律、行政法规和国家规定的其他条件。外商投资企业不得从事专网及定向传播视听节目服务。”

2. ABCD，解析：《专网及定向传播视听节目服务管理规定》第 17 条规定：“专网及定向传播视听节目服务单位传播的节目应当符合法律、行政法规、部门规章的规定，不得含有下列内容：（一）违反宪法确定的基本原则，煽动抗拒或者破坏宪法、法律、行政法规实施；（二）危害国家统一、主权和领土完整，泄露国家秘密，危害国家安全，损害国家荣誉和利益；（三）诋毁民族优秀文化传统，煽动民族仇恨、民族歧视，侵害民族风俗习惯，歪曲民族历史和民族历史人物，伤害民族感情，破坏民族团结；（四）宣扬宗教狂热，危害宗教和睦，伤害信教公民宗教感情，破坏信教公民和不信教公民团结，宣扬邪教、迷信；（五）危害社会公德，扰乱社会秩序，破坏社会稳定，宣扬淫秽、赌博、吸毒，渲染暴力、恐怖，教唆犯罪或者传授犯罪方法；（六）侵害未成年人合法权益或者损害未成年人身心健康；（七）侮辱、诽谤他人或者散布他人隐私，侵害他人合法权益；（八）法律、行政法规禁止的其他内容。”
3. ABC，解析：《专网及定向传播视听节目服务管理规定》第 10 条第 2 款规定，专网及定向传播视听节目服务单位的单位名称、办公场所、法定代表人依法变更的，应当在变更后 15 日内向原发证机关备案。
4. ACD，解析：《专网及定向传播视听节目服务管理规定》第 14 条第 1 款规定，专网及定向传播视听节目服务单位应当建立健全与国家网络信息安全相适应的安全管理制度、保障体系和技术保障手段，履行安全保障义务。

（四）填空题

1. 技术安全管控措施；专业安全播控管理人员；广播电视行政部门。（《专网及定向传播视听节目服务管理规定》第 22 条第 1 款）
2. 广播电视行政部门；公众监督举报制度。（《专网及定向传播视听节目服务管理规定》第 25 条第 1 款）
3. 国家广播电视总局。（《专网及定向传播视听节目服务管理规定》第 3 条第 1 款）
4. 县级以上地方人民政府广播电视行政部门。（《专网及定向传播视听节目服务管理规定》第 3 条第 2 款）

（五）简答题

答：《专网及定向传播视听节目服务管理规定》第 17 条规定：“专网及定向传播视听节目服务单位传播的节目应当符合法律、行政法规、部门规章的规定，不得含有下列内容：（一）违反宪法确定的基本原则，煽动抗拒或者破坏宪法、法律、行政法规实施；（二）危害国家统一、主权和领土完整，泄露国家秘密，危害国家安全，损害国家荣誉和利益；（三）诋毁民族优秀文化传统，煽动民族仇恨、民族歧视，侵害民族风俗习惯，歪曲民族历史和民族历史人物，伤害民族感情，破坏民族团结；（四）宣扬宗教狂热，危害宗教和睦，伤害信教公民宗教感情，破坏信教公民和不信教公民团结，宣扬邪教、迷信；（五）危害社会公德，扰乱社会秩序，破坏社会稳定，宣扬淫秽、赌博、吸毒，渲染暴力、恐怖，教唆犯罪或者传授犯罪方法；（六）侵害未成年人合法权益或者损害未成年人身心健康；（七）侮辱、诽谤他人或者散布他人隐私，侵害他人合法权益；（八）法律、行政法规禁止的其他内容。”

三十一、常见类型移动互联网应用程序必要个人信息范围规定

（一）判断题

1. 移动智能终端上运行的 App 存在收集用户个人信息行为的，应当遵守本规定。法律、行政法规、部门规章和规范性文件另有规定的，依照其规定。（　　）
2. App 包括移动智能终端预置、下载安装的应用软件，基于应用软件开放平台接口开发的、用户无需安装即可使用的小程序。（　　）
3. 必要个人信息，是指保障 App 基本功能服务正常运行所必需的个人信息，缺少该信息 App 即无法实现基本功能服务。具体是指消费侧用户个人信息，包括服务供给侧用户个人信息。（　　）
4. App 不得因为用户不同意提供非必要个人信息，而拒绝用户使用其基本功能服务。（　　）
5. 常见类型 App 的必要个人信息包括地图导航类，基本功能服务为“定位和导航”，必要个人信息为：位置信息、出发地、到达地。（　　）

（二）单项选择题

1. 网络约车类，基本功能服务为“网络预约出租汽车服务、巡游出租汽车电召服务”，必要个人信息不包括：（　　）
   A. 注册用户移动电话号码
   B. 乘车人出发地、到达地、位置信息、行踪轨迹
   C. 支付时间、支付金额、支付渠道等支付信息（网络预约出租汽车服务）
   D. 账号信息：账号、即时通信联系人账号列表
2. 网络社区类，基本功能服务为“博客、论坛、社区等话题讨论、信息分享和关注互动”，必要个人信息为：（　　）

A. 账号信息：账号、即时通信联系人账号列表

B. 注册用户移动电话号码

C. 注册用户姓名、证件类型和号码、证件有效期限、银行卡号码

D. 位置信息

3. 手机银行类，基本功能服务为“通过手机等移动智能终端设备进行银行账户管理、信息查询、转账汇款等服务”，必要个人信息不包括：(　　)

A. 注册用户移动电话号码

B. 用户姓名、证件类型和号码、证件有效期限、证件影印件、银行卡号码、银行预留移动电话号码

C. 转账时需提供收款人姓名、银行卡号码、开户银行信息

D. 账号信息：账号、即时通信联系人账号列表

4. 婚恋相亲类，基本功能服务为“婚恋相亲”，必要个人信息包括：(　　)

A. 位置信息

B. 注册用户姓名、证件类型和号码、证件有效期限、银行卡号码

C. 婚恋相亲人的性别、年龄、婚姻状况

D. 账号信息：账号、即时通信联系人账号列表

（三）多项选择题

1. 下列哪些类型的 APP，无须个人信息，即可使用基本功能服务？(　　)

A. 远程会议类　　B. 网络直播类

C. 在线影音类　　D. 短视频类

2. 演出票务类，基本功能服务为“演出购票”，必要个人信息包括：(　　)

A. 注册用户移动电话号码

B. 观演场次、座位号（如有）

C. 支付时间、支付金额、支付渠道等支付信息

D. 账号信息：账号、即时通信联系人账号列表

3. 投资理财类，基本功能服务为“股票、期货、基金、债券等相关投资理财服务”，必要个人信息包括：(　　)

A. 注册用户移动电话号码

B. 投资理财人的位置信息

C. 投资理财用户姓名、证件类型和号码、证件有效期限、证件影印件

D. 投资理财用户资金账户、银行卡号码或支付账号

4. 手机银行类，基本功能服务为“通过手机等移动智能终端设备进行银行账户管理、信息查询、转账汇款等服务”，必要个人信息包括：(　　)

A. 注册用户移动电话号码

B. 用户姓名、证件类型和号码、证件有效期限、证件影印件、银行卡号码、银行预留移动电话号码

C. 转账时需提供收款人姓名、银行卡号码、开户银行信息

D. 账号信息：账号、即时通信联系人账号列表

(四) 填空题

1. App 不得因为用户不同意提供____，而拒绝用户使用其____。
2. 必要个人信息，是指保障 App 基本功能服务正常运行所必需的个人信息，缺少该信息 App 即无法实现基本功能服务。具体是指____，不包括____。
3. App 包括移动智能终端预置、下载安装的应用软件，基于应用软件开放平台接口开发的、用户无需安装即可使用的____。
4. 邮箱云盘类，基本功能服务为“邮箱、云盘等”，必要个人信息为：____。

(五) 简答题

简述用车服务类 APP 的必要个人信息包括的内容。

参考答案

(一) 判断题

1. √，解析：《常见类型移动互联网应用程序必要个人信息范围规定》第 2 条第 1 款。
2. √，解析：《常见类型移动互联网应用程序必要个人信息范围规定》第 2 条第 2 款。
3. ×，解析：《常见类型移动互联网应用程序必要个人信息范围规定》第 3 条规

定，本规定所称必要个人信息，是指保障 App 基本功能服务正常运行所必需的个人信息，缺少该信息 App 即无法实现基本功能服务。具体是指消费侧用户个人信息，不包括服务供给侧用户个人信息。

4. √，解析：《常见类型移动互联网应用程序必要个人信息范围规定》第 4 条。
5. √，解析：《常见类型移动互联网应用程序必要个人信息范围规定》第 5 条。

（二）单项选择题

1. D，解析：《常见类型移动互联网应用程序必要个人信息范围规定》第 5 条规定，网络约车类，基本功能服务为“网络预约出租汽车服务、巡游出租汽车电召服务”，必要个人信息包括：（1）注册用户移动电话号码；（2）乘车人出发地、到达地、位置信息、行踪轨迹；（3）支付时间、支付金额、支付渠道等支付信息（网络预约出租汽车服务）。
2. B，解析：《常见类型移动互联网应用程序必要个人信息范围规定》第 5 条规定，网络社区类，基本功能服务为“博客、论坛、社区等话题讨论、信息分享和关注互动”，必要个人信息为：注册用户移动电话号码。
3. D，解析：《常见类型移动互联网应用程序必要个人信息范围规定》第 5 条规定，手机银行类，基本功能服务为“通过手机等移动智能终端设备进行银行账户管理、信息查询、转账汇款等服务”，必要个人信息包括：（1）注册用户移动电话号码；（2）用户姓名、证件类型和号码、证件有效期限、证件影印件、银行卡号码、银行预留移动电话号码；（3）转账时需提供收款人姓名、银行卡号码、开户银行信息。
4. C，解析：《常见类型移动互联网应用程序必要个人信息范围规定》第 5 条规定，婚恋相亲类，基本功能服务为“婚恋相亲”，必要个人信息包括：（1）注册用户移动电话号码；（2）婚恋相亲人的性别、年龄、婚姻状况。

（三）多项选择题

1. ABCD，解析：《常见类型移动互联网应用程序必要个人信息范围规定》第 5 条规定，（26）远程会议类，基本功能服务为“通过网络提供音频或视频会议”，必要个人信息为：注册用户移动电话号码。（27）网络直播类，基本功能服务为“向公众持续提供实时视频、音频、图文等形式信息浏览服务”，无须个人信息，即可使用基本功能服务。（28）在线影音类，基本功能服务为“影视、音乐搜索和播放”，无须个人信息，即可使用基本功能服务。（29）短视频类，基本功能服务为“不超过一定时长的视频搜索、播放”，无须个人信息，即可使用基本功能服务。

2. ABC，解析：《常见类型移动互联网应用程序必要个人信息范围规定》第5条规定，演出票务类，基本功能服务为“演出购票”，必要个人信息包括：（1）注册用户移动电话号码；（2）观演场次、座位号（如有）；（3）支付时间、支付金额、支付渠道等支付信息。
3. ACD，解析：《常见类型移动互联网应用程序必要个人信息范围规定》第5条规定，投资理财类，基本功能服务为“股票、期货、基金、债券等相关投资理财服务”，必要个人信息包括：（1）注册用户移动电话号码；（2）投资理财用户姓名、证件类型和号码、证件有效期限、证件影印件；（3）投资理财用户资金账户、银行卡号码或支付账号。
4. ABC，解析：《常见类型移动互联网应用程序必要个人信息范围规定》第5条规定，手机银行类，基本功能服务为“通过手机等移动智能终端设备进行银行账户管理、信息查询、转账汇款等服务”，必要个人信息包括：（1）注册用户移动电话号码；（2）用户姓名、证件类型和号码、证件有效期限、证件影印件、银行卡号码、银行预留移动电话号码；（3）转账时需提供收款人姓名、银行卡号码、开户银行信息。

（四）填空题

1. 非必要个人信息；基本功能服务。（《常见类型移动互联网应用程序必要个人信息范围规定》第4条）
2. 消费侧用户个人信息；服务供给侧用户个人信息。（《常见类型移动互联网应用程序必要个人信息范围规定》第3条）
3. 小程序。（《常见类型移动互联网应用程序必要个人信息范围规定》第2条第2款）
4. 注册用户移动电话号码。（《常见类型移动互联网应用程序必要个人信息范围规定》第5条）

（五）简答题

答：《常见类型移动互联网应用程序必要个人信息范围规定》第5条规定，用车服务类，基本功能服务为“共享单车、共享汽车、租赁汽车等服务”，必要个人信息包括：（1）注册用户移动电话号码；（2）使用共享汽车、租赁汽车服务用户的证件类型和号码，驾驶证件信息；（3）支付时间、支付金额、支付渠道等支付信息；使用共享单车、分时租赁汽车服务用户的位置信息。

三十二、互联网用户公众账号信息服务管理规定

（一）判断题

1. 国家网信部门负责全国互联网用户公众账号信息服务的监督管理执法工作。地方网信部门依据职责负责本行政区域内互联网用户公众账号信息服务的监督管理执法工作。（　　）
2. 公众账号信息服务平台和公众账号生产运营者可以遵守法律法规，遵循公序良俗，履行社会责任，坚持正确舆论导向、价值取向，弘扬社会主义核心价值观，生产发布向上向善的优质信息内容，发展积极健康的网络文化，维护清朗网络空间。（　　）
3. 公众账号信息服务平台提供互联网用户公众账号信息服务，应当取得国家法律、行政法规规定的相关资质。公众账号信息服务平台和公众账号生产运营者向社会公众提供互联网新闻信息服务，应当取得互联网新闻信息服务许可。（　　）

（二）单项选择题

1. 公众账号信息服务平台对互联网用户注册后超过（　　）不登录、不使用的公众账号，可以根据服务协议暂停或者终止提供服务。

A. 6 个月　　B. 5 个月
C. 4 个月　　D. 3 个月

2. 公众账号信息服务平台对申请注册从事经济、教育、医疗卫生、司法等领域信息内容生产的公众账号，应当要求用户在注册时提供其（　　），以及依照法律、行政法规获得的职业资格或者服务资质等相关材料，并进行必要核验。

A. 专业信息　　B. 专业背景
C. 专业方向　　D. 专业内容

3. 公众账号信息服务平台应当依法依约禁止公众账号生产运营者违规（　　）。

A. 贩卖公众账号　　B. 公开出售公众账号

C. 泄露公众账号　　D. 转让公众账号

（三）多项选择题

1. 关于公众账号信息服务平台，下列说法正确的是：（　　）

A. 公众账号信息服务平台应当采取复合验证等措施，对申请注册公众账号的互联网用户进行基于移动电话号码、居民身份证号码或者统一社会信用代码等方式的真实身份信息认证，提高认证准确率

B. 用户不提供真实身份信息的，或者冒用组织机构、他人真实身份信息进行虚假注册的，不得为其提供相关服务

C. 公众账号信息服务平台应当对互联网用户注册的公众账号名称、头像和简介等进行合法合规性核验，发现账号名称、头像和简介与注册主体真实身份信息不相符的，特别是擅自使用或者关联党政机关、企事业单位等组织机构或者社会知名人士名义的，应当暂停提供服务并通知用户限期改正，拒不改正的，应当终止提供服务；发现相关注册信息含有违法和不良信息的，应当依法及时处置

D. 公众账号信息服务平台应当禁止被依法依约关闭的公众账号以相同账号名称重新注册；对注册与其关联度高的账号名称，还应当对账号主体真实身份信息、服务资质等进行必要核验

2. 公众账号生产运营者不得有下列哪些违法违规行为？（　　）

A. 不以真实身份信息注册，或者注册与自身真实身份信息不相符的公众账号名称、头像、简介等

B. 恶意假冒、仿冒或者盗用组织机构及他人公众账号生产发布信息内容

C. 未经许可或者超越许可范围提供互联网新闻信息采编发布等服务

D. 弘扬中华传统文化

3. 关于公众账号信息服务平台的监督管理，下列说法正确的是：（　　）

A. 公众账号信息服务平台应当加强对本平台公众账号信息服务活动的监督管理，及时发现和处置违法违规信息或者行为

B. 公众账号信息服务平台应当对违反本规定及相关法律法规的公众账号，依法依约采取警示提醒、限制账号功能、暂停信息更新、停止广告发布、关闭注销账号、列入黑名单、禁止重新注册等处置措施，保存有关记录，并及时向网信等有关主管部门报告

C. 公众账号信息服务平台和生产运营者应当自觉接受社会监督

D. 公众账号信息服务平台应当在显著位置设置便捷的投诉举报入口和申诉渠道，公布投诉举报和申诉方式，健全受理、甄别、处置、反馈等机制，明确处理流程和反馈时限，及时处理公众投诉举报和生产运营者申诉

（四）填空题

1. 公众账号生产运营者应当履行信息内容生产和公众账号运营管理主体责任，依法依规从事____和____。
2. 公众账号信息服务平台应当建立____，根据____提供相应服务。
3. 公众账号信息服务平台应当建立____，防范账号订阅数、用户关注度、内容点击率、转发评论量等____。

（五）简答题

简述公众账号生产运营者不得从事的违法违规行为。

参考答案

（一）判断题

1. √，解析：《互联网用户公众账号信息服务管理规定》第 3 条。
2. ×，解析：《互联网用户公众账号信息服务管理规定》第 4 条第 1 款规定，公众账号信息服务平台和公众账号生产运营者应当遵守法律法规，遵循公序良俗，履行社会责任，坚持正确舆论导向、价值取向，弘扬社会主义核心价值观，生产发布向上向善的优质信息内容，发展积极健康的网络文化，维护清朗网络空间。
3. √，解析：《互联网用户公众账号信息服务管理规定》第 5 条。

（二）单项选择题

1. A，解析：《互联网用户公众账号信息服务管理规定》第 10 条规定，公众账号信息服务平台应当对同一主体在本平台注册公众账号的数量合理设定上限。对申请注册多个公众账号的用户，还应当对其主体性质、服务资质、业务范围、信用评价等进行必要核验。公众账号信息服务平台对互联网用户注册后超过 6 个月不登录、不使用的公众账号，可以根据服务协议暂停或者终止提供服务。公众账号信息服务平台应当健全技术手段，防范和处置互联网用户超限量注册、恶意注册、虚假注册等违规注册行为。
2. B，解析：《互联网用户公众账号信息服务管理规定》第 9 条第 1 款规定，公众账号信息服务平台对申请注册从事经济、教育、医疗卫生、司法等领域信息内容生产的公众账号，应当要求用户在注册时提供其专业背景，以及依照法律、行政法规获得的职业资格或者服务资质等相关材料，并进行必要核验。
3. D，解析：《互联网用户公众账号信息服务管理规定》第 11 条规定，公众账号信息服务平台应当依法依约禁止公众账号生产运营者违规转让公众账号。公众账号生产运营者向其他用户转让公众账号使用权的，应当向平台提出申请。平台应当依据前款规定对受让方用户进行认证核验，并公示主体变更信息。平台发现生产运营者未经审核擅自转让公众账号的，应当及时暂停或者终止提供服务。公众账号生产运营者自行停止账号运营，可以向平台申请暂停或者终止使用。平台应当按照服务协议暂停或者终止提供服务。

（三）多项选择题

1. ABCD，解析：《互联网用户公众账号信息服务管理规定》第 8 条规定，公众账号信息服务平台应当采取复合验证等措施，对申请注册公众账号的互联网用户进行基于移动电话号码、居民身份证号码或者统一社会信用代码等方式的真实身份信息认证，提高认证准确率。用户不提供真实身份信息的，或者冒用组织机构、他人真实身份信息进行虚假注册的，不得为其提供相关服务。公众账号信息服务平台应当对互联网用户注册的公众账号名称、头像和简介等进行合法合规性核验，发现账号名称、头像和简介与注册主体真实身份信息不相符的，特别是擅自使用或者关联党政机关、企事业单位等组织机构或者社会知名人士名义的，应当暂停提供服务并通知用户限期改正，拒不改正的，应当终止提供服务；发现相关注册信息含有违法和不良信息的，应当依法及时处置。公众账号信息服务平台应当禁止被依法依约关闭的公众账号以相同账号名称重新注册；对注册与其关联度高的账号名称，还应当对账号主体真实身份信息、服务资质等进行必要核验。

2. ABC，解析：《互联网用户公众账号信息服务管理规定》第18条规定："公众账号生产运营者不得有下列违法违规行为：（一）不以真实身份信息注册，或者注册与自身真实身份信息不相符的公众账号名称、头像、简介等；（二）恶意假冒、仿冒或者盗用组织机构及他人公众账号生产发布信息内容；（三）未经许可或者超越许可范围提供互联网新闻信息采编发布等服务；（四）操纵利用多个平台账号，批量发布雷同低质信息内容，生成虚假流量数据，制造虚假舆论热点；（五）利用突发事件煽动极端情绪，或者实施网络暴力损害他人和组织机构名誉，干扰组织机构正常运营，影响社会和谐稳定；（六）编造虚假信息，伪造原创属性，标注不实信息来源，歪曲事实真相，误导社会公众；（七）以有偿发布、删除信息等手段，实施非法网络监督、营销诈骗、敲诈勒索，谋取非法利益；（八）违规批量注册、囤积或者非法交易买卖公众账号；（九）制作、复制、发布违法信息，或者未采取措施防范和抵制制作、复制、发布不良信息；（十）法律、行政法规禁止的其他行为。"

3. ABCD，解析：《互联网用户公众账号信息服务管理规定》第19条规定，公众账号信息服务平台应当加强对本平台公众账号信息服务活动的监督管理，及时发现和处置违法违规信息或者行为。公众账号信息服务平台应当对违反本规定及相关法律法规的公众账号，依法依约采取警示提醒、限制账号功能、暂停信息更新、停止广告发布、关闭注销账号、列入黑名单、禁止重新注册等处置措施，保存有关记录，并及时向网信等有关主管部门报告。第20条规定，公众账号信息服务平台和生产运营者应当自觉接受社会监督。公众账号信息服务平台应当在显著位置设置便捷的投诉举报入口和申诉渠道，公布投诉举报和申诉方式，健全受理、甄别、处置、反馈等机制，明确处理流程和反馈时限，及时处理公众投诉举报和生产运营者申诉。鼓励互联网行业组织开展公众评议，推动公众账号信息服务平台和生产运营者严格自律，建立多方参与的权威调解机制，公平合理解决行业纠纷，依法维护用户合法权益。

（四）填空题

1. 信息内容生产；公众账号运营活动。（《互联网用户公众账号信息服务管理规定》第16条第1款）
2. 生产运营者信用等级管理体系；信用等级。（《互联网用户公众账号信息服务管理规定》第13条第1款）

3. 公众账号监测评估机制；数据造假行为。（《互联网用户公众账号信息服务管理规定》第 12 条第 1 款）

（五）简答题

答：《互联网用户公众账号信息服务管理规定》第 18 条规定：“公众账号生产运营者不得有下列违法违规行为：（一）不以真实身份信息注册，或者注册与自身真实身份信息不相符的公众账号名称、头像、简介等；（二）恶意假冒、仿冒或者盗用组织机构及他人公众账号生产发布信息内容；（三）未经许可或者超越许可范围提供互联网新闻信息采编发布等服务；（四）操纵利用多个平台账号，批量发布雷同低质信息内容，生成虚假流量数据，制造虚假舆论热点；（五）利用突发事件煽动极端情绪，或者实施网络暴力损害他人和组织机构名誉，干扰组织机构正常运营，影响社会和谐稳定；（六）编造虚假信息，伪造原创属性，标注不实信息来源，歪曲事实真相，误导社会公众；（七）以有偿发布、删除信息等手段，实施非法网络监督、营销诈骗、敲诈勒索，谋取非法利益；（八）违规批量注册、囤积或者非法交易买卖公众账号；（九）制作、复制、发布违法信息，或者未采取措施防范和抵制制作、复制、发布不良信息；（十）法律、行政法规禁止的其他行为。”

三十三、网络音视频信息服务管理规定

（一）判断题

1. 网络音视频信息服务，是指通过互联网站、应用程序等网络平台，向社会公众提供音视频信息制作、发布、传播的服务。（　　）

2. 各级网信、文化和旅游、广播电视等部门依据各自职责开展网络音视频信息服务的监督管理工作。（　　）

3. 仅网络音视频信息服务提供者应当遵守宪法、法律和行政法规，坚持正确政治方向、舆论导向和价值取向，弘扬社会主义核心价值观，促进形成积极健康、向上向善的网络文化。（　　）

（二）单项选择题

1. 网络音视频信息服务提供者应当依照（　　）的规定，对用户进行基于组织机构代码、身份证件号码、移动电话号码等方式的真实身份信息认证。

A.《宪法》　　B.《网络安全法》

C.《信息安全法》　　D.《网络管理法》

2. 网络音视频信息服务提供者和网络音视频信息服务使用者不得利用基于深度学习、虚拟现实等的新技术新应用制作、发布、传播虚假新闻信息。转载音视频新闻信息的，（　　）依法转载国家规定范围内的单位发布的音视频新闻信息。

A. 应当　　B. 可以

C. 一定程度上　　D. 全部

3. 网络音视频信息服务提供者应当遵守相关法律法规规定，依法留存网络日志，配合网信、文化和旅游、广播电视等部门开展监督管理执法工作，并提供（　　）。

A. 部分技术、数据支持和协助

B. 全部的技术、数据支持和协助

C. 必要的技术、数据支持和协助

D. 一定程度的技术、数据支持和协助

（三）多项选择题

1. 网络音视频信息服务提供者应当自觉接受社会监督，设置便捷的投诉举报入口，公布（　　）等信息，及时受理并处理公众投诉举报。

A. 投诉入口　　B. 投诉

C. 举报方式　　D. 举报部门

2. 网络音视频信息服务提供者应当在与网络音视频信息服务使用者签订的服务协议中，明确双方权利、义务，要求网络音视频信息服务使用者遵守本规定及相关法律法规。对违反本规定、相关法律法规及服务协议的网络音视频信息服务使用者依法依约采取警示整改、限制功能、暂停更新、关闭账号等处置措施，保存有关记录，并向（　　）等部门报告。

A. 国务院办公厅　　B. 网信部门

C. 文化和旅游部门　　D. 广播电视部门

3. 网络音视频信息服务提供者和网络音视频信息服务使用者利用基于深度学习、虚拟现实等的新技术新应用（　　）非真实音视频信息的，应当以显著方式予以标识。

A. 制作　　B. 出售

C. 发布　　D. 传播

（四）填空题

1. 国家鼓励和指导互联网行业组织加强行业自律，建立健全____，推动网络音视频信息服务行业信用体系建设，督促网络音视频信息服务提供者依法提供服务、接受____，提高网络音视频信息服务从业人员职业素养，促进行业健康有序发展。

2. 任何组织和个人不得利用网络音视频信息服务以及相关信息技术从事____、____、____、____等法律法规禁止的活动，不得制作、发布、传播煽动颠覆国家政权、危害政治安全和社会稳定、网络谣言、淫秽色情，以及侵害他人名誉权、肖像权、隐私权、知识产权和其他合法权益等法律法规禁止的信息内容。

3. 网络音视频信息服务提供者和网络音视频信息服务使用者利用基于深度学习、虚拟现实等的新技术新应用制作、发布、传播非真实音视频信息的，应当____。

（五）简答题

简述网络音视频信息服务提供者在与网络音视频信息服务使用者签订的服务协议所应包含的内容。

参考答案

（一）判断题

1. √，解析：《网络音视频信息服务管理规定》第 2 条第 2 款。
2. √，解析：《网络音视频信息服务管理规定》第 3 条。
3. ×，解析：《网络音视频信息服务管理规定》第 4 条规定，网络音视频信息服务提供者和使用者应当遵守宪法、法律和行政法规，坚持正确政治方向、舆论导向和价值取向，弘扬社会主义核心价值观，促进形成积极健康、向上向善的网络文化。

（二）单项选择题

1. B，解析：《网络音视频信息服务管理规定》第 8 条规定，网络音视频信息服务提供者应当依照《网络安全法》的规定，对用户进行基于组织机构代码、身份证件号码、移动电话号码等方式的真实身份信息认证。用户不提供真实身份信息的，网络音视频信息服务提供者不得为其提供信息发布服务。
2. A，解析：《网络音视频信息服务管理规定》第 11 条第 2 款规定，网络音视频信息服务提供者和网络音视频信息服务使用者不得利用基于深度学习、虚拟现实等的新技术新应用制作、发布、传播虚假新闻信息。转载音视频新闻信息的，应当依法转载国家规定范围内的单位发布的音视频新闻信息。
3. C，解析：《网络音视频信息服务管理规定》第 17 条第 2 款规定，网络音视频信息服务提供者应当遵守相关法律法规规定，依法留存网络日志，配合网信、文化和旅游、广播电视等部门开展监督管理执法工作，并提供必要的技术、数据支持和协助。

（三）多项选择题

1. BC，解析：《网络音视频信息服务管理规定》第 15 条规定，网络音视频信息服务提供者应当自觉接受社会监督，设置便捷的投诉举报入口，公布投诉、举报方式等信息，及时受理并处理公众投诉举报。
2. BCD，解析：《网络音视频信息服务管理规定》第 14 条规定，网络音视频信息服务提供者应当在与网络音视频信息服务使用者签订的服务协议中，明确双方权利、义务，要求网络音视频信息服务使用者遵守本规定及相关法律法规。对违反本规定、相关法律法规及服务协议的网络音视频信息服务使用者依法依约采取警示整改、限制功能、暂停更新、关闭账号等处置措施，保存有关记录，并向网信、文化和旅游、广播电视等部门报告。
3. ACD，解析：《网络音视频信息服务管理规定》第 11 条第 1 款规定，网络音视频信息服务提供者和网络音视频信息服务使用者利用基于深度学习、虚拟现实等的新技术新应用制作、发布、传播非真实音视频信息的，应当以显著方式予以标识。

（四）填空题

1. 网络音视频信息服务行业标准和行业准则；社会监督。（《网络音视频信息服务管理规定》第 5 条）
2. 危害国家安全；破坏社会稳定；扰乱社会秩序；侵犯他人合法权益。（《网络音视频信息服务管理规定》第 9 条）
3. 以显著方式予以标识。（《网络音视频信息服务管理规定》第 11 条第 1 款）

（五）简答题

答：《网络音视频信息服务管理规定》第 14 条规定，网络音视频信息服务提供者应当在与网络音视频信息服务使用者签订的服务协议中，明确双方权利、义务，要求网络音视频信息服务使用者遵守本规定及相关法律法规。对违反本规定、相关法律法规及服务协议的网络音视频信息服务使用者依法依约采取警示整改、限制功能、暂停更新、关闭账号等处置措施，保存有关记录，并向网信、文化和旅游、广播电视等部门报告。

三十四、云计算服务安全评估办法

（一）判断题

1. 云计算服务安全评估坚持事前评估与持续监督相结合，保障安全与促进应用相统一、依据有关法律法规和政策规定，参照国家有关网络安全标准，发挥专业技术机构、专家作用，客观评价、严格监督云计算服务平台的安全性、可控性，为党政机关、关键信息基础设施运营者采购云计算服务提供参考。(　　)
2. 国家互联网信息办公室会同国家发展和改革委员会、工业和信息化部、财政部建立云计算服务安全评估工作协调机制，审议云计算服务安全评估政策文件，批准云计算服务安全评估结果，协调处理云计算服务安全评估有关重要事项。(　　)
3. 通过评估的云平台停止提供服务时，云服务商应至少提前6个月通知客户和办公室，并配合客户做好迁移工作。(　　)
4. 云服务商必须申请对面向党政机关、关键信息基础设施提供云计算服务的云平台进行安全评估。(　　)

（二）单项选择题

1. 云计算服务安全评估结果有效期3年。有效期届满需要延续保持评估结果的，云服务商应在届满前(　　)向办公室申请复评。

A. 至少5个月　　B. 至少6个月

C. 至少7个月　　D. 至少8个月

2. 云服务商可申请对面向党政机关、关键信息基础设施提供云计算服务的云平台进行(　　)。

A. 信息管理　　B. 安全监测

C. 安全评估　　D. 监督审议

3. 云计算服务安全评估专家组根据云服务商申报材料、评价报告等，综合评价云计算服务的(　　)，提出是否通过安全评估的建议。

A. 安全性、可控性　　B. 安全性、风险性

C. 风险性、可控性　　D. 风险性、信息性

4. 云计算服务安全评估专家组的建议经协调机制审议通过后，办公室按程序报(　　)核准。

A. 网络安全协调局　　B. 国家互联网信息办公室

C. 国家互联网安全管理部　　D. 国家互联网信息管理部

(三) 多项选择题

1. 云计算服务安全评估重点评估下列哪些内容?(　　)

A. 云平台管理运营者的征信、经营状况等基本情况

B. 云服务商人员背景及稳定性，特别是能够访问客户数据、能够收集相关元数据的人员

C. 云平台技术、产品和服务供应链安全情况

D. 云服务商安全管理能力及云平台安全防护情况

2. 申请安全评估的云服务商应向办公室提交(　　)。

A. 申报书

B. 云计算服务系统安全计划

C. 业务连续性和供应链安全报告

D. 客户数据可迁移性分析报告

3. 专业技术机构应坚持(　　)的原则，按照国家有关规定，在办公室指导监督下，参照《云计算服务安全指南》《云计算服务安全能力要求》等国家标准，重点评价本办法第三条所述内容，形成评价报告，并对评价结果负责。

A. 客观　　B. 诚信

C. 公平　　D. 公正

4. 国家互联网信息办公室会同(　　)建立云计算服务安全评估工作协调机制，审议云计算服务安全评估政策文件，批准云计算服务安全评估结果，协调处理云计算服务安全评估有关重要事项。

A. 国家发展和改革委员会　　B. 工业和信息化部

C. 财政部　　D. 文化和旅游部

（四）填空题

1. 云计算服务安全评估工作协调机制办公室设在____。
2. 云服务商可申请对面向____、____提供云计算服务的云平台进行安全评估。
3. 云计算服务安全评估专家组的建议经____通过后，办公室按程序报____核准。云计算服务安全评估结果由____发布。
4. 云计算服务安全评估结果有效期____。有效期届满需要延续保持评估结果的，云服务商应在届满前至少6个月向办公室____。

（五）简答题

1. 简述云计算服务安全评估重点评估的内容。
2. 简述申请安全评估的云服务商应向办公室提交的材料。

参考答案

（一）判断题

1. √，解析：《云计算服务安全评估办法》第2条。
2. √，解析：《云计算服务安全评估办法》第4条。
3. √，解析：《云计算服务安全评估办法》第14条第2款。
4. ×，解析：《云计算服务安全评估办法》第5条规定，云服务商可申请对面向党政机关、关键信息基础设施提供云计算服务的云平台进行安全评估。

（二）单项选择题

1. B，解析：《云计算服务安全评估办法》第12条规定，云计算服务安全评估结果有效期3年。有效期届满需要延续保持评估结果的，云服务商应在届满前至少6个月向办公室申请复评。
2. C，解析：《云计算服务安全评估办法》第5条规定，云服务商可申请对面向党政机关、关键信息基础设施提供云计算服务的云平台进行安全评估。
3. A，解析：《云计算服务安全评估办法》第10条规定，云计算服务安全评估专家组根据云服务商申报材料、评价报告等，综合评价云计算服务的安全性、可控性，提出是否通过安全评估的建议。

4. B，解析：《云计算服务安全评估办法》第 11 条规定，云计算服务安全评估专家组的建议经协调机制审议通过后，办公室按程序报国家互联网信息办公室核准。云计算服务安全评估结果由办公室发布。

（三）多项选择题

1. ABCD，解析：《云计算服务安全评估办法》第 3 条规定："云计算服务安全评估重点评估下列内容：（一）云平台管理运营者的征信、经营状况等基本情况；（二）云服务商人员背景及稳定性，特别是能够访问客户数据、能够收集相关元数据的人员；（三）云平台技术、产品和服务供应链安全情况；（四）云服务商安全管理能力及云平台安全防护情况；（五）客户迁移数据的可行性和便捷性；（六）云服务商的业务连续性；（七）其他可能影响云服务安全的因素。"
2. ABCD，解析：《云计算服务安全评估办法》第 6 条规定："申请安全评估的云服务商应向办公室提交下列材料：（一）申报书；（二）云计算服务系统安全计划；（三）业务连续性和供应链安全报告；（四）客户数据可迁移性分析报告；（五）安全评估工作需要的其他材料。"
3. ACD，解析：《云计算服务安全评估办法》第 8 条规定，专业技术机构应坚持客观、公正、公平的原则，按照国家有关规定，在办公室指导监督下，参照《云计算服务安全指南》《云计算服务安全能力要求》等国家标准，重点评价本办法第三条所述内容，形成评价报告，并对评价结果负责。
4. ABC，解析：《云计算服务安全评估办法》第 4 条第 1 款规定，国家互联网信息办公室会同国家发展和改革委员会、工业和信息化部、财政部建立云计算服务安全评估工作协调机制，审议云计算服务安全评估政策文件，批准云计算服务安全评估结果，协调处理云计算服务安全评估有关重要事项。

（四）填空题

1. 国家互联网信息办公室网络安全协调局。（《云计算服务安全评估办法》第 4 条第 2 款）
2. 党政机关；关键信息基础设施。（《云计算服务安全评估办法》第 5 条）
3. 协调机制审议；国家互联网信息办公室；办公室。（《云计算服务安全评估办法》第 11 条）
4. 3 年；申请复评。（《云计算服务安全评估办法》第 12 条第 1 款）

（五）简答题

1. 答：《云计算服务安全评估办法》第 3 条规定："云计算服务安全评估重点评估

下列内容：（一）云平台管理运营者的征信、经营状况等基本情况；（二）云服务商人员背景及稳定性，特别是能够访问客户数据、能够收集相关元数据的人员；（三）云平台技术、产品和服务供应链安全情况；（四）云服务商安全管理能力及云平台安全防护情况；（五）客户迁移数据的可行性和便捷性；（六）云服务商的业务连续性；（七）其他可能影响云服务安全的因素。”

2. 答：《云计算服务安全评估办法》第6条规定：“申请安全评估的云服务商应向办公室提交下列材料：（一）申报书；（二）云计算服务系统安全计划；（三）业务连续性和供应链安全报告；（四）客户数据可迁移性分析报告；（五）安全评估工作需要的其他材料。”

三十五、微博客信息服务管理规定

（一）判断题

1. 微博客，是指基于使用者关注机制，主要以简短文字、图片、视频等形式实现信息传播、获取的社交网络服务。（　　）
2. 微博客服务提供者是指提供微博客平台服务的主体。微博客服务使用者是指使用微博客平台从事信息发布、互动交流等的行为主体。（　　）
3. 国家互联网信息办公室负责全国微博客信息服务的监督管理执法工作。地方互联网信息办公室依据职责负责本行政区域内以及下级行政区域内的微博客信息服务的监督管理执法工作。（　　）
4. 向社会公众提供互联网新闻信息服务的，可以依法取得互联网新闻信息服务许可，并在许可范围内开展服务，禁止未经许可或超越许可范围开展互联网新闻信息服务活动。（　　）

（二）单项选择题

1. 微博客服务提供者应当发挥促进经济发展、服务社会大众的积极作用，弘扬社会主义核心价值观，传播先进文化，坚持正确舆论导向，倡导依法上网、（　　）上网、安全上网。

   A. 自觉　　　　B. 文明

   C. 合法　　　　D. 礼貌

2. 微博客服务提供者应当落实信息内容安全管理主体责任，建立健全用户注册、信息发布审核、跟帖评论管理、应急处置、从业人员教育培训等制度及（　　），具有安全可控的技术保障和防范措施，配备与服务规模相适应的管理人员。

   A. 总管理制度　　　　B. 总监督制度

   C. 总编辑制度　　　　D. 总处理制度

3. 微博客服务提供者应当按照(　　)的原则，对微博客服务使用者进行基于组织机构代码、身份证件号码、移动电话号码等方式的真实身份信息认证、定期核验。微博客服务使用者不提供真实身份信息的，微博客服务提供者不得为其提供信息发布服务。

A. “前台实名、后台自愿”　　B. “后台实名、前台自愿”

C. “前台实名”　　D. “前台自愿”

4. 微博客服务使用者申请前台实名认证账号的，应当提供与认证信息相符的有效证明材料。境内具有组织机构特征的微博客服务使用者申请前台实名认证账号的，应当提供(　　)等有效证明材料。

A. 组织机构代码证、营业执照

B. 驻华机构出具的有效证明材料

C. 与认证信息相符的有效证明材料

D. 相关的证明信息

（三）多项选择题

1. 微博客服务提供者应当按照分级分类管理原则，根据(　　)等制定具体管理制度，提供相应服务，并向国家或省、自治区、直辖市互联网信息办公室备案。

A. 微博客服务使用者主体类型　　B. 发布内容

C. 关注者数量　　D. 信用等级

2. 微博客服务提供者应当对申请前台实名认证账号的微博客服务使用者进行认证信息审核，并按照注册地向国家或(　　)互联网信息办公室分类备案。微博客服务使用者提供的证明材料与认证信息不相符的，微博客服务提供者不得为其提供前台实名认证服务。

A. 省　　B. 自治州

C. 自治区　　D. 直辖市

3. 微博客服务提供者发现微博客服务使用者发布、传播法律法规禁止的信息内容，应当依法立即(　　)，并向有关主管部门报告。

A. 停止传输该信息　　B. 采取消除等处置措施

C. 保存有关记录　　D. 修改该信息

（四）填空题

1. 微博客服务提供者应当按照分级分类管理原则，根据____、____、____、____等制定具体管理制度，提供相应服务，并向国家或省、自治区、直辖市互联网信息办公室备案。
2. 国家鼓励和指导互联网行业组织建立健全____，推动微博客行业信用等级评价和信用体系建设，督促微博客服务提供者依法提供服务、接受____。
3. 微博客服务提供者应当遵守国家相关法律法规规定，配合有关部门开展____，并提供____。微博客服务提供者应当记录微博客服务使用者日志信息，保存时间____。
4. 微博客服务提供者____、____或____的应用功能，应当报国家或省、自治区、直辖市互联网信息办公室进行安全评估。

（五）简答题

简述微博客服务提供者应履行的义务以及所享有的权利。

参考答案

（一）判断题

1. √，解析：《微博客信息服务管理规定》第 2 条第 2 款。
2. √，解析：《微博客信息服务管理规定》第 2 条第 3 款。
3. ×，解析：《微博客信息服务管理规定》第 3 条规定，国家互联网信息办公室负责全国微博客信息服务的监督管理执法工作。地方互联网信息办公室依据职责负责本行政区域内的微博客信息服务的监督管理执法工作。
4. ×，解析：《微博客信息服务管理规定》第 4 条规定，微博客服务提供者应当依法取得法律法规规定的相关资质。向社会公众提供互联网新闻信息服务的，应当依法取得互联网新闻信息服务许可，并在许可范围内开展服务，禁止未经许可或超越许可范围开展互联网新闻信息服务活动。

（二）单项选择题

1. B，解析：《微博客信息服务管理规定》第 5 条规定，微博客服务提供者应当发挥促进经济发展、服务社会大众的积极作用，弘扬社会主义核心价值观，传播先进文化，坚持正确舆论导向，倡导依法上网、文明上网、安全上网。

2. C，解析：《微博客信息服务管理规定》第6条规定，微博客服务提供者应当落实信息内容安全管理主体责任，建立健全用户注册、信息发布审核、跟帖评论管理、应急处置、从业人员教育培训等制度及总编辑制度，具有安全可控的技术保障和防范措施，配备与服务规模相适应的管理人员。微博客服务提供者应当制定平台服务规则，与微博客服务使用者签订服务协议，明确双方权利、义务，要求微博客服务使用者遵守相关法律法规。

3. B，解析：《微博客信息服务管理规定》第7条规定，微博客服务提供者应当按照“后台实名、前台自愿”的原则，对微博客服务使用者进行基于组织机构代码、身份证件号码、移动电话号码等方式的真实身份信息认证、定期核验。微博客服务使用者不提供真实身份信息的，微博客服务提供者不得为其提供信息发布服务。微博客服务提供者应当保障微博客服务使用者的信息安全，不得泄露、篡改、毁损，不得出售或者非法向他人提供。

4. A，解析：《微博客信息服务管理规定》第8条规定，微博客服务使用者申请前台实名认证账号的，应当提供与认证信息相符的有效证明材料。境内具有组织机构特征的微博客服务使用者申请前台实名认证账号的，应当提供组织机构代码证、营业执照等有效证明材料。境外组织和机构申请前台实名认证账号的，应当提供驻华机构出具的有效证明材料。

（三）多项选择题

1. ABCD，解析：《微博客信息服务管理规定》第9条规定，微博客服务提供者应当按照分级分类管理原则，根据微博客服务使用者主体类型、发布内容、关注者数量、信用等级等制定具体管理制度，提供相应服务，并向国家或省、自治区、直辖市互联网信息办公室备案。

2. ACD，解析：《微博客信息服务管理规定》第10条规定，微博客服务提供者应当对申请前台实名认证账号的微博客服务使用者进行认证信息审核，并按照注册地向国家或省、自治区、直辖市互联网信息办公室分类备案。微博客服务使用者提供的证明材料与认证信息不相符的，微博客服务提供者不得为其提供前台实名认证服务。各级党政机关、企事业单位、人民团体和新闻媒体等组织机构对所开设的前台实名认证账号发布的信息内容及其跟帖评论负有管理责任。微博客服务提供者应当提供管理权限等必要支持。

3. ABC，解析：《微博客信息服务管理规定》第12条规定，微博客服务提供者和微博客服务使用者不得利用微博客发布、传播法律法规禁止的信息内容。微博客服务提供者发现微博客服务使用者发布、传播法律法规禁止的信息内容，应当依法立即停止传输该信息、采取消除等处置措施，保存有关记录，并向有关主管部门报告。

（四）填空题

1. 微博客服务使用者主体类型；发布内容；关注者数量；信用等级。（《微博客信息服务管理规定》第9条规定）
2. 微博客行业自律制度和行业准则；社会监督。（《微博客信息服务管理规定》第15条规定）
3. 监督管理执法工作；必要的技术支持和协助；不少于6个月。（《微博客信息服务管理规定》第16条规定）
4. 应用新技术；调整增设具有新闻舆论属性；社会动员能力。（《微博客信息服务管理规定》第13条规定）

（五）简答题

答：《微博客信息服务管理规定》第7条规定，微博客服务提供者应当按照“后台实名、前台自愿”的原则，对微博客服务使用者进行基于组织机构代码、身份证件号码、移动电话号码等方式的真实身份信息认证、定期核验。微博客服务使用者不提供真实身份信息的，微博客服务提供者不得为其提供信息发布服务。微博客服务提供者应当保障微博客服务使用者的信息安全，不得泄露、篡改、毁损，不得出售或者非法向他人提供。

三十六、互联网新闻信息服务单位内容管理从业人员管理办法

（一）判断题

1. 互联网新闻信息服务单位内容管理从业人员，是指互联网新闻信息服务单位中专门从事互联网新闻信息采编发布、转载和审核等内容管理工作的人员。（　　）
2. 互联网新闻信息服务单位，是指依法取得互联网新闻信息服务许可，通过互联网站、应用程序、论坛、博客、微博客、公众账号、即时通信工具、网络直播等形式向社会公众提供互联网新闻信息服务的单位。（　　）
3. 地方互联网信息办公室依据职责负责本地区以及下级地区互联网新闻信息服务单位从业人员教育培训工作的规划指导和从业情况的监督检查。（　　）
4. 从业人员应当遵守宪法、法律和行政法规，坚持正确政治方向和舆论导向，贯彻执行党和国家有关新闻舆论工作的方针政策，维护国家利益和公共利益，严格遵守互联网内容管理的法律法规和国家有关规定，促进形成积极健康、向上向善的网络文化，推动构建风清气正的网络空间。（　　）

（二）单项选择题

1. 从业人员应当坚持（　　），坚持社会主义核心价值观，坚持以人民为中心的工作导向，树立群众观点，坚决抵制不良风气和低俗内容。

A. 马克思主义文化观　　B. 马克思主义新闻观

C. 马克思主义世界观　　D. 马克思主义人生观

2. 从业人员应当接受所在互联网新闻信息服务单位自行组织开展的、每年不少于 40 个学时的教育培训，其中关于马克思主义新闻观的教育培训（　　）。

A. 不少于10个学时　　B. 不少于15个学时
C. 不多于10个学时　　D. 不多于15个学时

3. 互联网新闻信息服务单位自行组织从业人员开展的教育培训工作，应当接受(　　)的指导和监督。有关情况纳入国家和地方互联网信息办公室对该单位的监督检查内容。
A. 国家互联网信息办公室　　B. 地方互联网信息办公室
C. 国家和地方互联网信息办公室　　D. 互联网信息办公室

4. 国家互联网信息办公室建立从业人员统一的管理信息系统，对从业人员基本信息、从业培训经历和奖惩情况等进行记录，并及时更新、调整。地方互联网信息办公室负责对属地从业人员建立管理信息系统，并将更新、调整情况及时上报(　　)。
A. 同级互联网信息办公室　　B. 下级互联网信息办公室
C. 国家互联网那个信息办公室　　D. 上一级互联网信息办公室

(三) 多项选择题

1. (　　)组织开展对所在地地方新闻单位（含其控股的单位）和地方新闻宣传部门主管的单位、其他单位主办的互联网新闻信息服务单位，以及中央重点新闻网站地方频道从业人员的教育培训工作。
A. 省互联网信息办公室　　B. 自治区互联网信息办公室
C. 国家互联网信息办公室　　D. 直辖市互联网信息办公室

2. 从业人员应当恪守新闻职业道德，坚持新闻真实性原则，认真核实新闻信息来源，按规定转载国家规定范围内的单位发布的新闻信息，杜绝编发虚假互联网新闻信息，确保互联网新闻信息(　　)。
A. 真实　　B. 准确
C. 全面　　D. 客观

3. 互联网新闻信息服务单位应当建立完善从业人员教育培训制度，建立培训档案，加强培训管理，自行组织开展从业人员(　　)等工作，按要求组织从业人员参加国家和省、自治区、直辖市互联网信息办公室组织开展的教育培训工作。
A. 初任培训　　B. 专项培训

C. 定期培训　　D. 按时培训

4. 互联网新闻信息服务单位自行组织从业人员开展的教育培训工作，应当接受国家和地方互联网信息办公室的（　　）。有关情况纳入国家和地方互联网信息办公室对该单位的监督检查内容。

A. 指导　　B. 监督

C. 管理　　D. 审批

（四）填空题

1. 互联网新闻信息服务单位应当建立健全____，加强____，按照国家和地方互联网信息办公室要求，定期报送从业人员有关信息，并及时报告从业人员变动情况。
2. ____组织开展对所在地地方新闻单位（含其控股的单位）和地方新闻宣传部门主管的单位、其他单位主办的互联网新闻信息服务单位，以及中央重点新闻网站地方频道从业人员的教育培训工作。
3. 从业人员应当恪守____，坚持____，认真核实____，按规定转载国家规定范围内的单位发布的新闻信息，杜绝编发虚假互联网新闻信息，确保互联网新闻信息真实、准确、全面、客观。
4. 从业人员不得从事____。不得利用互联网新闻信息采编发布、转载和审核等工作便利从事广告、发行、赞助、中介等经营活动，谋取不正当利益。不得利用网络舆论监督等工作便利进行____、____等活动。

（五）简答题

简述互联网新闻信息服务单位内容管理从业人员的教育培训制度。

参考答案

（一）判断题

1. √，解析：《互联网新闻信息服务单位内容管理从业人员管理办法》第2条。
2. √，解析：《互联网新闻信息服务单位内容管理从业人员管理办法》第3条。
3. ×，解析：《互联网新闻信息服务单位内容管理从业人员管理办法》第4条规定，国家互联网信息办公室负责全国互联网新闻信息服务单位从业人员教育培训工作的规划指导和从业情况的监督检查。地方互联网信息办公室依据职责负责本地区互联网新闻信息服务单位从业人员教育培训工作的规划指导和从业情况的监督检查。

4. √，解析：《互联网新闻信息服务单位内容管理从业人员管理办法》第 5 条。

（二）单项选择题

1. B，解析：《互联网新闻信息服务单位内容管理从业人员管理办法》第 6 条规定，从业人员应当坚持马克思主义新闻观，坚持社会主义核心价值观，坚持以人民为中心的工作导向，树立群众观点，坚决抵制不良风气和低俗内容。
2. A，解析：《互联网新闻信息服务单位内容管理从业人员管理办法》第 11 条规定，从业人员应当按要求参加国家和省、自治区、直辖市互联网信息办公室组织开展的教育培训，每 3 年不少于 40 个学时。从业人员应当接受所在互联网新闻信息服务单位自行组织开展的、每年不少于 40 个学时的教育培训，其中关于马克思主义新闻观的教育培训不少于 10 个学时。
3. C，解析：《互联网新闻信息服务单位内容管理从业人员管理办法》第 13 条规定，互联网新闻信息服务单位自行组织从业人员开展的教育培训工作，应当接受国家和地方互联网信息办公室的指导和监督。有关情况纳入国家和地方互联网信息办公室对该单位的监督检查内容。
4. D，解析：《互联网新闻信息服务单位内容管理从业人员管理办法》第 15 条规定，国家互联网信息办公室建立从业人员统一的管理信息系统，对从业人员基本信息、从业培训经历和奖惩情况等进行记录，并及时更新、调整。地方互联网信息办公室负责对属地从业人员建立管理信息系统，并将更新、调整情况及时上报上一级互联网信息办公室。国家和地方互联网信息办公室依法建立从业人员信用档案和黑名单。

（三）多项选择题

1. ABD，解析：《互联网新闻信息服务单位内容管理从业人员管理办法》第 9 条规定，国家互联网信息办公室组织开展对中央新闻单位（含其控股的单位）和中央新闻宣传部门主管的单位主办的互联网新闻信息服务单位从业人员的教育培训工作。省、自治区、直辖市互联网信息办公室组织开展对所在地地方新闻单位（含其控股的单位）和地方新闻宣传部门主管的单位、其他单位主办的互联网新闻信息服务单位，以及中央重点新闻网站地方频道从业人员的教育培训工作。省、自治区、直辖市互联网信息办公室应当按要求向国家互联网信息办公室报告组织开展的从业人员教育培训工作情况。

2. ABCD，解析：《互联网新闻信息服务单位内容管理从业人员管理办法》第7条规定，从业人员应当恪守新闻职业道德，坚持新闻真实性原则，认真核实新闻信息来源，按规定转载国家规定范围内的单位发布的新闻信息，杜绝编发虚假互联网新闻信息，确保互联网新闻信息真实、准确、全面、客观。
3. ABC，解析：《互联网新闻信息服务单位内容管理从业人员管理办法》第10条规定，互联网新闻信息服务单位应当建立完善从业人员教育培训制度，建立培训档案，加强培训管理，自行组织开展从业人员初任培训、专项培训、定期培训等工作，按要求组织从业人员参加国家和省、自治区、直辖市互联网信息办公室组织开展的教育培训工作。
4. AB，解析：《互联网新闻信息服务单位内容管理从业人员管理办法》第13条规定，互联网新闻信息服务单位自行组织从业人员开展的教育培训工作，应当接受国家和地方互联网信息办公室的指导和监督。有关情况纳入国家和地方互联网信息办公室对该单位的监督检查内容。

（四）填空题

1. 从业人员劳动人事制度；从业人员管理。（《互联网新闻信息服务单位内容管理从业人员管理办法》第14条第2款）
2. 省、自治区、直辖市互联网信息办公室。（《互联网新闻信息服务单位内容管理从业人员管理办法》第9条第2款）
3. 新闻职业道德；新闻真实性原则；新闻信息来源。（《互联网新闻信息服务单位内容管理从业人员管理办法》第7条）
4. 有偿新闻活动；敲诈勒索；打击报复。（《互联网新闻信息服务单位内容管理从业人员管理办法》第8条）

（五）简答题

答：《互联网新闻信息服务单位内容管理从业人员管理办法》第9条规定，国家互联网信息办公室组织开展对中央新闻单位（含其控股的单位）和中央新闻宣传部门主管的单位主办的互联网新闻信息服务单位从业人员的教育培训工作。省、自治区、直辖市互联网信息办公室组织开展对所在地地方新闻单位（含其控股的单位）和地方新闻宣传部门主管的单位、其他单位主办的互联网新闻信息服务单位，以及中央重点新闻网站地方频道从业人员的教育培训工作。省、自治区、直辖市互联网信息办公室应当按要求向国家互联网信息办公室报告组织开展的从业人员教育培训工作情况。第10条规定，互联网新闻信息服务单位应当建立完善从业人员教育培训制度，建立培训档案，加强培训管理，自行组织开展从业人员初任培训、专项培训、定期培训等工作，按要求组织从业人员参加国家和省、自治区、直辖市互联网信息办公室组织开展的教育培训工作。第 11 条规定，从业人员应当按要求参加国家和省、自治区、直辖市互联网信息办公室组织开展的教育培训，每 3 年不少于 40 个学时。从业人员应当接受所在互联网新闻信息服务单位自行组织开展的、每年不少于 40 个学时的教育培训，其中关于马克思主义新闻观的教育培训不少于 10 个学时。第 12 条规定，从业人员的教育培训内容应当包括马克思主义新闻观，党和国家关于网络安全和信息化、新闻舆论等工作的重要决策部署、政策措施和相关法律法规，从业人员职业道德规范等。第 13 条规定，互联网新闻信息服务单位自行组织从业人员开展的教育培训工作，应当接受国家和地方互联网信息办公室的指导和监督。有关情况纳入国家和地方互联网信息办公室对该单位的监督检查内容。

三十七、互联网新闻信息服务新技术新应用安全评估管理规定

（一）判断题

1. 互联网新闻信息服务新技术新应用，是指用于提供互联网新闻信息服务的创新性应用（包括功能及应用形式）及相关支撑技术。（　　）
2. 互联网新闻信息服务新技术新应用安全评估，是指根据新技术新应用的新闻舆论属性、社会动员能力及由此产生的信息内容安全风险确定评估等级，审查评价其信息安全管理制度和技术保障措施的活动。（　　）
3. 互联网新闻信息服务提供者调整增设新技术新应用，可以建立健全信息安全管理制度和安全可控的技术保障措施，不得发布、传播法律法规禁止的信息内容。（　　）

（二）单项选择题

1. 国家和省、自治区、直辖市互联网信息办公室应当自材料齐备之日起（　　）组织完成新技术新应用安全评估。

   A. 40个工作日内　　B. 45个工作日内

   C. 50个工作日内　　D. 55个工作日内

2. 新技术新应用安全评估报告载明的意见认为新技术新应用存在信息安全风险隐患，未能配套必要的安全保障措施手段的，互联网新闻信息服务提供者（　　）进行整改，直至符合法律法规规章等相关规定和国家强制性标准相关要求。在整改完成前，拟调整增设的新技术新应用不得用于提供互联网新闻信息服务。

   A. 无须及时　　B. 应当按时

   C. 应当及时　　D. 必须按时

3. 互联网新闻信息服务提供者按照本规定第八条自行组织开展新技术新应用安全评估后，应当自安全评估完成之日起(　　)报请国家或者省、自治区、直辖市互联网信息办公室组织开展安全评估。

A. 10 个工作日内　　B. 15 个工作日内

C. 20 个工作日内　　D. 25 个工作日内

(三) 多项选择题

1. 报请国家或者省、自治区、直辖市互联网信息办公室组织开展新技术新应用安全评估，报请主体为(　　)的，由国家互联网信息办公室组织开展安全评估。

A. 中央新闻单位　　B. 中央新闻宣传部门主管的单位

C. 其他单位　　D. 地方新闻单位

2. 国家和省、自治区、直辖市互联网信息办公室可以采取(　　)等方式对报请材料进行进一步核实，服务提供者应予配合。

A. 书面确认　　B. 实地核查

C. 网络监测　　D. 负责人签字

3. 组织开展新技术新应用安全评估的相关单位和人员应当对在履行职责中知悉的(　　)严格保密，不得泄露、出售或者非法向他人提供。

A. 国家秘密　　B. 社会秘密

C. 商业秘密　　D. 个人信息

(四) 填空题

1. ____应当建立主动监测管理制度，对新技术新应用加强____，强化信息安全风险管理，督导企业主体责任落实。

2. 报请国家或者省、自治区、直辖市互联网信息办公室组织开展____，报请主体为中央新闻单位或者中央新闻宣传部门主管的单位的，由____组织开展安全评估。

3. 国家互联网信息办公室适时发布____，供互联网新闻信息服务提供者自行组织开展安全评估参考。

（五）简答题

简述互联网新闻信息服务提供者报请国家或者省、自治区、直辖市互联网信息办公室组织开展新技术新应用安全评估，应当提供的材料。

参考答案

（一）判断题

1. √，解析：《互联网新闻信息服务新技术新应用安全评估管理规定》第 2 条第 2 款。
2. √，解析：《互联网新闻信息服务新技术新应用安全评估管理规定》第 2 条第 3 款。
3. ×，解析：《互联网新闻信息服务新技术新应用安全评估管理规定》第 3 条规定，互联网新闻信息服务提供者调整增设新技术新应用，应当建立健全信息安全管理制度和安全可控的技术保障措施，不得发布、传播法律法规禁止的信息内容。

（二）单项选择题

1. B，解析：《互联网新闻信息服务新技术新应用安全评估管理规定》第 12 条规定，国家和省、自治区、直辖市互联网信息办公室应当自材料齐备之日起 45 个工作日内组织完成新技术新应用安全评估。国家和省、自治区、直辖市互联网信息办公室可以采取书面确认、实地核查、网络监测等方式对报请材料进行进一步核实，服务提供者应予配合。国家和省、自治区、直辖市互联网信息办公室组织完成安全评估后，应自行或委托第三方机构编制形成安全评估报告。
2. C，解析：《互联网新闻信息服务新技术新应用安全评估管理规定》第 13 条第 1 款规定，新技术新应用安全评估报告载明的意见认为新技术新应用存在信息安全风险隐患，未能配套必要的安全保障措施手段的，互联网新闻信息服务提供者应当及时进行整改，直至符合法律法规规章等相关规定和国家强制性标准相关要求。在整改完成前，拟调整增设的新技术新应用不得用于提供互联网新闻信息服务。

3. A，解析：《互联网新闻信息服务新技术新应用安全评估管理规定》第 9 条规定，互联网新闻信息服务提供者按照本规定第 8 条自行组织开展新技术新应用安全评估后，应当自安全评估完成之日起 10 个工作日内报请国家或者省、自治区、直辖市互联网信息办公室组织开展安全评估。

（三）多项选择题

1. AB，解析：《互联网新闻信息服务新技术新应用安全评估管理规定》第 10 条规定，报请国家或者省、自治区、直辖市互联网信息办公室组织开展新技术新应用安全评估，报请主体为中央新闻单位或者中央新闻宣传部门主管的单位的，由国家互联网信息办公室组织开展安全评估；报请主体为地方新闻单位或者地方新闻宣传部门主管的单位的，由省、自治区、直辖市互联网信息办公室组织开展安全评估；报请主体为其他单位的，经所在地省、自治区、直辖市互联网信息办公室组织开展安全评估后，将评估材料及意见报国家互联网信息办公室审核后形成安全评估报告。
2. ABC，解析：《互联网新闻信息服务新技术新应用安全评估管理规定》第 12 条第 2 款规定，国家和省、自治区、直辖市互联网信息办公室可以采取书面确认、实地核查、网络监测等方式对报请材料进行进一步核实，服务提供者应予配合。
3. ACD，解析：《互联网新闻信息服务新技术新应用安全评估管理规定》第 14 条规定，组织开展新技术新应用安全评估的相关单位和人员应当对在履行职责中知悉的国家秘密、商业秘密和个人信息严格保密，不得泄露、出售或者非法向他人提供。

（四）填空题

1. 国家和省、自治区、直辖市互联网信息办公室；监测巡查。（《互联网新闻信息服务新技术新应用安全评估管理规定》第 15 条）
2. 新技术新应用安全评估；国家互联网信息办公室。（《互联网新闻信息服务新技术新应用安全评估管理规定》第 10 条）
3. 新技术新应用安全评估目录。（《互联网新闻信息服务新技术新应用安全评估管理规定》第 7 条第 2 款）

（五）简答题

答：《互联网新闻信息服务新技术新应用安全评估管理规定》第 11 条规定：“互联网新闻信息服务提供者报请国家或者省、自治区、直辖市互联网信息办公室组织开展新技术新应用安全评估，应当提供下列材料，并对提供材料的真实性负责：（一）服务方案（包括服务项目、服务方式、业务形式、服务范围等）；（二）产品（服务）的主要功能和主要业务流程，系统组成（主要软硬件系统的种类、品牌、版本、部署位置等概要介绍）；（三）产品（服务）配套的信息安全管理制度和技术保障措施；（四）自行组织开展并完成的安全评估报告；（五）其他开展安全评估所需的必要材料。”

三十八、互联网群组信息服务管理规定

（一）判断题

1. 互联网群组，是指互联网用户通过互联网站、移动互联网应用程序等建立的，用于群体在线交流信息的网络空间。互联网群组信息服务提供者，是指提供互联网群组信息服务的平台。互联网群组信息服务使用者，包括群组建立者、管理者和成员。（　　）
2. 国家互联网信息办公室负责全国互联网群组信息服务的监督管理执法工作。地方互联网信息办公室依据职责负责本行政区域内以及下级行政区域内的互联网群组信息服务的监督管理执法工作。（　　）
3. 互联网群组信息服务提供者和使用者，可以坚持正确导向，弘扬社会主义核心价值观，培育积极健康的网络文化，维护良好网络生态。（　　）

（二）单项选择题

1. 联网群组信息服务提供者应当配合有关主管部门依法进行的监督检查，并提供必要的技术支持和协助。互联网群组信息服务提供者应当按规定留存网络日志（　　）。

A. 不少于5个月　　B. 不少于6个月

C. 不少于7个月　　D. 不少于8个月

2. 互联网群组信息服务提供者和使用者应当接受（　　）的监督，建立健全投诉举报渠道，设置便捷举报入口，及时处理投诉举报。国家和地方互联网信息办公室依据职责，对举报受理落实情况进行监督检查。

A. 社会公众和新闻媒体　　B. 社会公众和政府

C. 政府和新闻媒体　　D. 社会公众和行业组织

3. 互联网群组成员在参与群组信息交流时，应当遵守法律法规，（　　）。

A. 文明互动、理性表达　　B. 理性互动、文明表达

C. 文明互动　　D. 理性表达

4. 互联网群组信息服务提供者应当采取必要措施保护(　　)安全，不得泄露、篡改、毁损，不得非法出售或者非法向他人提供。

A. 使用者身份信息　　B. 使用者位置信息

C. 使用者个人信息　　D. 使用者通信信息

（三）多项选择题

1. 互联网群组信息服务提供者应当对违反法律法规和国家有关规定的互联网群组，依法依约采取(　　)等处置措施，保存有关记录，并向有关主管部门报告。

A. 警示整改　　B. 暂停发布

C. 关闭群组　　D. 删除信息

2. 互联网群组信息服务提供者应当建立黑名单管理制度，对违法违约情节严重的(　　)纳入黑名单，限制群组服务功能，保存有关记录，并向有关主管部门报告。

A. 群组　　B. 建立者

C. 管理者　　D. 成员

3. 互联网群组建立者、管理者应当履行群组管理责任，依据(　　)，规范群组网络行为和信息发布，构建文明有序的网络群体空间。

A. 法律法规　　B. 用户协议

C. 平台公约　　D. 行政规章

4. 互联网群组信息服务提供者应当根据(　　)，合理设定群组成员人数和个人建立群数、参加群数上限。

A. 自身服务规模　　B. 自身服务能力

C. 管理能力　　D. 管理规模

（四）填空题

1. 互联网群组信息服务提供者应当根据互联网群组的____、____、____等实行分级分类管理，制定具体管理制度并向国家或省、自治区、直辖市____，依法规范群组信息传播秩序。

2. 互联网群组信息服务提供者应设置和显示____，对成员达到一定规模的群组要设置群信息页面，注明____、____、____等基本信息。
3. 互联网群组建立者、管理者应当履行____，依据____、____、____，规范群组网络行为和信息发布，构建文明有序的网络群体空间。
4. ____不得利用互联网群组传播法律法规和国家有关规定禁止的信息内容。

（五）简答题

简述互联网群组信息服务提供者对用户身份信息的管理制度。

参考答案

（一）判断题

1. √，解析：《互联网群组信息服务管理规定》第2条第2款。
2. ×，解析：《互联网群组信息服务管理规定》第3条规定，国家互联网信息办公室负责全国互联网群组信息服务的监督管理执法工作。地方互联网信息办公室依据职责负责本行政区域内的互联网群组信息服务的监督管理执法工作。
3. ×，解析：《互联网群组信息服务管理规定》第4条规定，互联网群组信息服务提供者和使用者，应当坚持正确导向，弘扬社会主义核心价值观，培育积极健康的网络文化，维护良好网络生态。

（二）单项选择题

1. B，解析：《互联网群组信息服务管理规定》第13条规定，互联网群组信息服务提供者应当配合有关主管部门依法进行的监督检查，并提供必要的技术支持和协助。互联网群组信息服务提供者应当按规定留存网络日志不少于6个月。
2. D，解析：《互联网群组信息服务管理规定》第12条规定，互联网群组信息服务提供者和使用者应当接受社会公众和行业组织的监督，建立健全投诉举报渠道，设置便捷举报入口，及时处理投诉举报。国家和地方互联网信息办公室依据职责，对举报受理落实情况进行监督检查。鼓励互联网行业组织指导推动互联网群组信息服务提供者制定行业公约，加强行业自律，履行社会责任。
3. A，解析：《互联网群组信息服务管理规定》第9条规定，互联网群组建立者、管理者应当履行群组管理责任，依据法律法规、用户协议和平台公约，规范群组网络行为和信息发布，构建文明有序的网络群体空间。互联网群组成员在参与群组信息交流时，应当遵守法律法规，文明互动、理性表达。互联网群组信息服务提供者应为群组建立者、管理者进行群组管理提供必要功能权限。

4. C，解析：《互联网群组信息服务管理规定》第6条规定，互联网群组信息服务提供者应当按照“后台实名、前台自愿”的原则，对互联网群组信息服务使用者进行真实身份信息认证，用户不提供真实身份信息的，不得为其提供信息发布服务。互联网群组信息服务提供者应当采取必要措施保护使用者个人信息安全，不得泄露、篡改、毁损，不得非法出售或者非法向他人提供。

（二）多项选择题

1. ABC，解析：《互联网群组信息服务管理规定》第11条第1款规定，互联网群组信息服务提供者应当对违反法律法规和国家有关规定的互联网群组，依法依约采取警示整改、暂停发布、关闭群组等处置措施，保存有关记录，并向有关主管部门报告。
2. ABCD，解析：《互联网群组信息服务管理规定》第11条第3款规定，互联网群组信息服务提供者应当建立黑名单管理制度，对违法违约情节严重的群组及建立者、管理者和成员纳入黑名单，限制群组服务功能，保存有关记录，并向有关主管部门报告。
3. ABC，解析：《互联网群组信息服务管理规定》第9条规定，互联网群组建立者、管理者应当履行群组管理责任，依据法律法规、用户协议和平台公约，规范群组网络行为和信息发布，构建文明有序的网络群体空间。互联网群组成员在参与群组信息交流时，应当遵守法律法规，文明互动、理性表达。互联网群组信息服务提供者应为群组建立者、管理者进行群组管理提供必要功能权限。
4. AC，解析：《互联网群组信息服务管理规定》第8条规定，互联网群组信息服务提供者应当根据自身服务规模和管理能力，合理设定群组成员人数和个人建立群数、参加群数上限。互联网群组信息服务提供者应设置和显示唯一群组识别编码，对成员达到一定规模的群组要设置群信息页面，注明群组名称、人数、类别等基本信息。互联网群组信息服务提供者应根据群组规模类别，分级审核群组建立者真实身份、信用等级等建群资质，完善建群、入群等审核验证功能，并标注群组建立者、管理者及成员群内身份信息。

（四）填空题

1. 性质类别；成员规模；活跃程度；互联网信息办公室备案。（《互联网群组信息服务管理规定》第7条第1款）
2. 唯一群组识别编码；群组名称；人数；类别。（《互联网群组信息服务管理规定》第8条第2款）
3. 群组管理责任；法律法规；用户协议；平台公约。（《互联网群组信息服务管理规定》第9条第1款）
4. 互联网群组信息服务提供者和使用者。（《互联网群组信息服务管理规定》第10条）

（五）简答题

答：《互联网群组信息服务管理规定》第6条规定，互联网群组信息服务提供者应当按照“后台实名、前台自愿”的原则，对互联网群组信息服务使用者进行真实身份信息认证，用户不提供真实身份信息的，不得为其提供信息发布服务。互联网群组信息服务提供者应当采取必要措施保护使用者个人信息安全，不得泄露、篡改、毁损，不得非法出售或者非法向他人提供。

三十九、互联网跟帖评论服务管理规定

（一）判断题

1. 跟帖评论服务，是指互联网站、应用程序、互动传播平台以及其他具有新闻舆论属性和社会动员功能的传播平台，以发帖、回复、留言、“弹幕”等方式，为用户提供发表文字、符号、表情、图片、音视频等信息的服务。（　　）
2. 国家互联网信息办公室负责全国跟帖评论服务的监督管理执法工作。地方互联网信息办公室依据职责负责本行政区域以及下级行政区域内的跟帖评论服务的监督管理执法工作。（　　）
3. 各级互联网信息办公室可以建立健全日常检查和定期检查相结合的监督管理制度，依法规范各类传播平台的跟帖评论服务行为。（　　）
4. 跟帖评论服务提供者提供互联网新闻信息服务相关的跟帖评论新产品、新应用、新功能的，应当报国家或者省、自治区、直辖市互联网信息部门进行安全评估。（　　）

（二）单项选择题

1. 跟帖评论服务提供者信息安全管理责任落实不到位，存在较大安全风险或者发生安全事件的，国家和省、自治区、直辖市（　　）应当及时约谈；跟帖管理服务提供者应当按照要求采取措施，进行整改，消除隐患。

   A. 互联网信息部　　　B. 互联网信息办公室

   C. 互联网办公室　　　D. 互联网管理部

2. 跟帖评论服务提供者应当建立健全（　　），设置便捷投诉举报入口，及时受理和处置公众投诉举报。国家和地方互联网信息办公室依据职责，对举报受理落实情况进行监督检查。

   A. 违法信息社会监督制度　　　B. 违法信息投诉制度

   C. 违法信息举报制度　　　D. 违法信息公众投诉举报制度

3. 跟帖评论服务提供者应当建立(　　)，对用户的跟帖评论行为开展信用评估，根据信用等级确定服务范围及功能，对严重失信的用户应列入黑名单，停止对列入黑名单的用户提供服务，并禁止其通过重新注册等方式使用跟帖评论服务。

   A. 用户分级管理制度　　B. 用户跟帖管理制度

   C. 用户信用等级制度　　D. 用户分层管理制度

4. 各级互联网信息办公室应当建立健全(　　)，依法规范各类传播平台的跟帖评论服务行为。

   A. 日常检查的监督管理制度

   B. 定期检查的监督管理制度

   C. 日常检查和定期检查相结合的监督管理制度

   D. 月度检查的监督管理制度

（三）多项选择题

1. 跟帖评论服务提供者提供互联网新闻信息服务相关的跟帖评论(　　)的，应当报国家或者省、自治区、直辖市互联网信息办公室进行安全评估。

   A. 新产品　　B. 新应用

   C. 新功能　　D. 新动态

2. 跟帖评论服务提供者对发布违反法律法规和国家有关规定的信息内容的，应当及时采取(　　)等措施，并保存相关记录。

   A. 警示　　B. 拒绝发布

   C. 删除信息　　D. 限制功能

3. 跟帖评论服务提供者信息安全管理责任落实不到位，存在较大安全风险或者发生安全事件的，国家和省、自治区、直辖市互联网信息办公室应当及时约谈；跟帖管理服务提供者应当按照要求(　　)。

   A. 采取措施　　B. 进行整改

   C. 消除隐患　　D. 修改信息

4. 国家和省、自治区、直辖市互联网信息办公室应当建立跟帖评论服务提供者的(　　)，并定期对跟帖评论服务提供者进行信用评估。

   A. 信用档案　　B. 失信黑名单管理制度

   C. 身份信息　　D. 信息隐私档案

（四）填空题

1. 跟帖评论服务提供者和用户不得____、____等方式散布信息，干扰跟帖评论正常秩序，误导公众舆论。
2. 跟帖评论服务提供者应当建立____，对用户的跟帖评论行为开展____，根据信用等级确定服务范围及功能，对____应列入黑名单，停止对列入黑名单的用户提供服务，并禁止其通过重新注册等方式使用跟帖评论服务。
3. 跟帖评论服务提供者应当建立健全____，设置便捷投诉举报入口，及时受理和处置公众投诉举报。____依据职责，对举报受理落实情况进行监督检查。
4. 跟帖评论服务提供者应当与注册用户____，明确跟帖评论的服务与管理细则，履行互联网相关法律法规告知义务，有针对性地开展____。

（五）简答题

简述跟帖评论服务提供者为严格落实主体责任所应当履行的义务。

参考答案

（一）判断题

1. √，解析：《互联网跟帖评论服务管理规定》第2条第2款。
2. ×，解析：《互联网跟帖评论服务管理规定》第3条第1款规定，国家互联网信息办公室负责全国跟帖评论服务的监督管理执法工作。地方互联网信息办公室依据职责负责本行政区域的跟帖评论服务的监督管理执法工作。
3. ×，解析：《互联网跟帖评论服务管理规定》第3条第2款规定，各级互联网信息办公室应当建立健全日常检查和定期检查相结合的监督管理制度，依法规范各类传播平台的跟帖评论服务行为。
4. ×，解析：《互联网跟帖评论服务管理规定》第4条规定，跟帖评论服务提供者提供互联网新闻信息服务相关的跟帖评论新产品、新应用、新功能的，应当报国家或者省、自治区、直辖市互联网信息办公室进行安全评估。

（二）单项选择题

1. B，解析：《互联网跟帖评论服务管理规定》第 11 条规定，跟帖评论服务提供者信息安全管理责任落实不到位，存在较大安全风险或者发生安全事件的，国家和省、自治区、直辖市互联网信息办公室应当及时约谈；跟帖管理服务提供者应当按照要求采取措施，进行整改，消除隐患。
2. D，解析：《互联网跟帖评论服务管理规定》第 10 条规定，跟帖评论服务提供者应当建立健全违法信息公众投诉举报制度，设置便捷投诉举报入口，及时受理和处置公众投诉举报。国家和地方互联网信息办公室依据职责，对举报受理落实情况进行监督检查。
3. A，解析：《互联网跟帖评论服务管理规定》第 9 条规定，跟帖评论服务提供者应当建立用户分级管理制度，对用户的跟帖评论行为开展信用评估，根据信用等级确定服务范围及功能，对严重失信的用户应列入黑名单，停止对列入黑名单的用户提供服务，并禁止其通过重新注册等方式使用跟帖评论服务。国家和省、自治区、直辖市互联网信息办公室应当建立跟帖评论服务提供者的信用档案和失信黑名单管理制度，并定期对跟帖评论服务提供者进行信用评估。
4. C，解析：《互联网跟帖评论服务管理规定》第 3 条规定，国家互联网信息办公室负责全国跟帖评论服务的监督管理执法工作。地方互联网信息办公室依据职责负责本行政区域的跟帖评论服务的监督管理执法工作。各级互联网信息办公室应当建立健全日常检查和定期检查相结合的监督管理制度，依法规范各类传播平台的跟帖评论服务行为。

（三）多项选择题

1. ABC，解析：《互联网跟帖评论服务管理规定》第 4 条规定，跟帖评论服务提供者提供互联网新闻信息服务相关的跟帖评论新产品、新应用、新功能的，应当报国家或者省、自治区、直辖市互联网信息办公室进行安全评估。
2. ABCD，解析：《互联网跟帖评论服务管理规定》第 8 条规定，跟帖评论服务提供者对发布违反法律法规和国家有关规定的信息内容的，应当及时采取警示、拒绝发布、删除信息、限制功能、暂停更新直至关闭账号等措施，并保存相关记录。
3. ABC，解析：《互联网跟帖评论服务管理规定》第 11 条规定，跟帖评论服务提供者信息安全管理责任落实不到位，存在较大安全风险或者发生安全事件的，国家和省、自治区、直辖市互联网信息办公室应当及时约谈；跟帖管理服务提供者应当按照要求采取措施，进行整改，消除隐患。

4. AB，解析：《互联网跟帖评论服务管理规定》第9条第2款规定，国家和省、自治区、直辖市互联网信息办公室应当建立跟帖评论服务提供者的信用档案和失信黑名单管理制度，并定期对跟帖评论服务提供者进行信用评估。

（四）填空题

1. 利用软件；雇佣商业机构及人员。（《互联网跟帖评论服务管理规定》第7条第2款）
2. 用户分级管理制度；信用评估；严重失信的用户。（《互联网跟帖评论服务管理规定》第9条第1款）
3. 违法信息公众投诉举报制度；国家和地方互联网信息办公室。（《互联网跟帖评论服务管理规定》第10条）
4. 签订服务协议；文明上网教育。（《互联网跟帖评论服务管理规定》第6条）

（五）简答题

答：《互联网跟帖评论服务管理规定》第5条规定："跟帖评论服务提供者应当严格落实主体责任，依法履行下列义务：（一）按照'后台实名、前台自愿'原则，对注册用户进行真实身份信息认证，不得向未认证真实身份信息的用户提供跟帖评论服务。（二）建立健全用户信息保护制度，收集、使用用户个人信息应当遵循合法、正当、必要的原则，公开收集、使用规则，明示收集、使用信息的目的、方式和范围，并经被收集者同意。（三）对新闻信息提供跟帖评论服务的，应当建立先审后发制度。（四）提供'弹幕'方式跟帖评论服务的，应当在同一平台和页面同时提供与之对应的静态版信息内容。（五）建立健全跟帖评论审核管理、实时巡查、应急处置等信息安全管理制度，及时发现和处置违法信息，并向有关主管部门报告。（六）开发跟帖评论信息安全保护和管理技术，创新跟帖评论管理方式，研发使用反垃圾信息管理系统，提升垃圾信息处置能力；及时发现跟帖评论服务存在的安全缺陷、漏洞等风险，采取补救措施，并向有关主管部门报告。（七）配备与服务规模相适应的审核编辑队伍，提高审核编辑人员专业素养。（八）配合有关主管部门依法开展监督检查工作，提供必要的技术、资料和数据支持。"

四十、互联网论坛社区服务管理规定

(一) 判断题

1. 互联网论坛社区服务，是指在互联网上以论坛、贴吧、社区等形式，为用户提供互动式信息发布社区平台的服务。(　　)
2. 国家互联网信息办公室负责全国互联网论坛社区服务的监督管理执法工作。地方互联网信息办公室依据职责负责本行政区域内以及下级行政区域内互联网论坛社区服务的监督管理执法工作。(　　)
3. 鼓励互联网论坛社区服务行业组织建立健全行业自律制度和行业准则，指导互联网论坛社区服务提供者建立健全服务规范，督促互联网论坛社区服务提供者依法提供服务、接受公众监督，提高互联网论坛社区服务从业人员的职业素养。(　　)
4. 互联网论坛社区服务提供者可以落实主体责任，建立健全信息审核、公共信息实时巡查、应急处置及个人信息保护等信息安全管理制度，具有安全可控的防范措施，配备与服务规模相适应的专业人员，为有关部门依法履行职责提供必要的技术支持。(　　)

(二) 单项选择题

1. 互联网论坛社区服务提供者应当按照(　　)的原则，要求用户通过真实身份信息认证后注册账号，并对版块发起者和管理者实施真实身份信息备案、定期核验等。用户不提供真实身份信息的，互联网论坛社区服务提供者不得为其提供信息发布服务。

   A. “后台实名、前台自愿”　　B. “前台实名、后台自愿”

   C. “前台实名”　　D. “后台自愿”
2. 互联网论坛社区服务提供者应当建立健全公众投诉、举报制度，在显著位置公布投诉、举报方式，主动接受(　　)，及时处理公众投诉、举报。国家和地方互联网信息办公室依据职责，对举报受理落实情况进行监督检查。

A. 社会监督　　　　B. 大众监督

C. 公众监督　　　　D. 媒体监督

3. 互联网论坛社区服务提供者开展经营和服务活动，（　　）遵守法律法规，尊重社会公德，遵守商业道德，诚实信用，承担社会责任。

A. 应当　　　　B. 必须

C. 可以　　　　D. 应该

4. 互联网论坛社区服务提供者应当加强对其用户发布信息的管理，发现含有法律法规和国家有关规定禁止的信息的，应当立即（　　），采取消除等处置措施，保存有关记录，并及时同国家或者地方互联网信息办公室报告。

A. 关闭该互联网论坛社区　　　　B. 停止传输该信息

C. 修改不正确信息　　　　D. 修改信息记录

（三）多项选择题

1. 互联网论坛社区服务提供者及其从业人员，不得通过（　　）等手段，谋取不正当利益。

A. 发布　　　　B. 转载

C. 删除信息　　　　D. 干预呈现结果

2. 互联网论坛社区服务提供者开展经营和服务活动，必须（　　），诚实信用，承担社会责任。

A. 遵守法律法规　　　　B. 尊重个人信仰

C. 尊重社会公德　　　　D. 遵守商业道德

3. 联网论坛社区服务提供者应当落实主体责任，建立健全（　　）等信息安全管理制度，具有安全可控的防范措施，配备与服务规模相适应的专业人员，为有关部门依法履行职责提供必要的技术支持。

A. 信息审核　　　　B. 公共信息实时巡查

C. 应急处置　　　　D. 个人信息保护

4. 鼓励互联网论坛社区服务行业组织建立健全行业自律制度和行业准则，指导互联网论坛社区服务提供者建立健全服务规范，督促互联网论坛社区服务提供者（　　）。

A. 依法提供服务

B. 接受社会监督

C. 提高互联网论坛社区服务从业人员的职业素养

D. 依法管理互联网论坛社区服务从业人员

（四）填空题

1. ____负责全国互联网论坛社区服务的监督管理执法工作。____依据职责负责本行政区域内互联网论坛社区服务的监督管理执法工作。
2. 鼓励互联网论坛社区服务行业组织建立健全____和____，指导互联网论坛社区服务提供者建立健全____，督促互联网论坛社区服务提供者依法提供服务、接受社会监督，提高互联网论坛社区服务从业人员的职业素养。
3. 互联网论坛社区服务提供者应当加强对注册用户____、____等的审核管理，不得出现法律法规和国家有关规定禁止的内容。
4. 互联网论坛社区服务提供者应当落实主体责任，建立健全____、____、____及____等信息安全管理制度，具有安全可控的防范措施，配备与服务规模相适应的专业人员，为有关部门依法履行职责提供必要的技术支持。

（五）简答题

简述互联网论坛社区服务提供者与用户签订协议时的权利义务内容。

参考答案

（一）判断题

1. √，解析：《互联网论坛社区服务管理规定》第2条第2款。
2. ×，解析：《互联网论坛社区服务管理规定》第3条规定，国家互联网信息办公室负责全国互联网论坛社区服务的监督管理执法工作。地方互联网信息办公室依据职责负责本行政区域内互联网论坛社区服务的监督管理执法工作。
3. ×，解析：《互联网论坛社区服务管理规定》第4条规定，鼓励互联网论坛社区服务行业组织建立健全行业自律制度和行业准则，指导互联网论坛社区服务提供者建立健全服务规范，督促互联网论坛社区服务提供者依法提供服务、接受社会监督，提高互联网论坛社区服务从业人员的职业素养。

4. ×，解析：《互联网论坛社区服务管理规定》第5条规定，互联网论坛社区服务提供者应当落实主体责任，建立健全信息审核、公共信息实时巡查、应急处置及个人信息保护等信息安全管理制度，具有安全可控的防范措施，配备与服务规模相适应的专业人员，为有关部门依法履行职责提供必要的技术支持。

（二）单项选择题

1. A，解析：《互联网论坛社区服务管理规定》第8条第1款规定，互联网论坛社区服务提供者应当按照“后台实名、前台自愿”的原则，要求用户通过真实身份信息认证后注册账号，并对版块发起者和管理者实施真实身份信息备案、定期核验等。用户不提供真实身份信息的，互联网论坛社区服务提供者不得为其提供信息发布服务。
2. C，解析：《互联网论坛社区服务管理规定》第11条规定，互联网论坛社区服务提供者应当建立健全公众投诉、举报制度，在显著位置公布投诉、举报方式，主动接受公众监督，及时处理公众投诉、举报。国家和地方互联网信息办公室依据职责，对举报受理落实情况进行监督检查。
3. B，解析：《互联网论坛社区服务管理规定》第10条规定，互联网论坛社区服务提供者开展经营和服务活动，必须遵守法律法规，尊重社会公德，遵守商业道德，诚实信用，承担社会责任。
4. B，解析：《互联网论坛社区服务管理规定》第7条规定，互联网论坛社区服务提供者应当加强对其用户发布信息的管理，发现含有法律法规和国家有关规定禁止的信息的，应当立即停止传输该信息，采取消除等处置措施，保存有关记录，并及时向国家或者地方互联网信息办公室报告。

（三）多项选择题

1. ABCD，解析：《互联网论坛社区服务管理规定》第9条规定，互联网论坛社区服务提供者及其从业人员，不得通过发布、转载、删除信息或者干预呈现结果等手段，谋取不正当利益。
2. ACD，解析：《互联网论坛社区服务管理规定》第10条规定，互联网论坛社区服务提供者开展经营和服务活动，必须遵守法律法规，尊重社会公德，遵守商业道德，诚实信用，承担社会责任。
3. ABCD，解析：《互联网论坛社区服务管理规定》第5条规定，互联网论坛社区服务提供者应当落实主体责任，建立健全信息审核、公共信息实时巡查、应急处置及个人信息保护等信息安全管理制度，具有安全可控的防范措施，配备与服务规模相适应的专业人员，为有关部门依法履行职责提供必要的技术支持。

4. ABC，解析：《互联网论坛社区服务管理规定》第 4 条规定，鼓励互联网论坛社区服务行业组织建立健全行业自律制度和行业准则，指导互联网论坛社区服务提供者建立健全服务规范，督促互联网论坛社区服务提供者依法提供服务、接受社会监督，提高互联网论坛社区服务从业人员的职业素养。

（四）填空题

1. 国家互联网信息办公室；地方互联网信息办公室。（《互联网论坛社区服务管理规定》第 3 条）
2. 行业自律制度；行业准则；服务规范。（《互联网论坛社区服务管理规定》第 4 条）
3. 虚拟身份信息；版块名称简介。（《互联网论坛社区服务管理规定》第 8 条第 2 款）
4. 信息审核；公共信息实时巡查；应急处置；个人信息保护。（《互联网论坛社区服务管理规定》第 5 条）

（五）简答题

答：《互联网论坛社区服务管理规定》第 6 条规定，互联网论坛社区服务提供者不得利用互联网论坛社区服务发布、传播法律法规和国家有关规定禁止的信息。互联网论坛社区服务提供者应当与用户签订协议，明确用户不得利用互联网论坛社区服务发布、传播法律法规和国家有关规定禁止的信息，情节严重的，服务提供者将封禁或者关闭有关账号、版块；明确论坛社区版块发起者、管理者应当履行与其权利相适应的义务，对违反法律规定和协议约定、履行责任义务不到位的，服务提供者应当依法依约限制或取消其管理权限，直至封禁或者关闭有关账号、版块。

四十一、互联网新闻信息服务许可管理实施细则

（一）判断题

1. 通过互联网站、应用程序、论坛、博客、微博客、公众账号、即时通信工具、网络直播等形式向社会公众提供互联网新闻信息服务，可以取得互联网新闻信息服务许可，禁止未经许可或超越许可范围开展互联网新闻信息服务活动。（　　）
2. 互联网新闻信息服务，包括互联网新闻信息采编发布服务、转载服务、传播平台服务。其中，采编发布服务，是指对新闻信息进行采集、编辑、制作并发布的服务；转载服务，是指选择、编辑并发布其他主体已发布新闻信息的服务；传播平台服务，是指为用户传播新闻信息提供平台的服务。（　　）
3. 国家和地方互联网信息办公室建立抽查、考核等日常检查和定期检查相结合的监督管理制度，加强对互联网新闻信息服务活动的监督检查，有关单位、个人应当予以配合。监督检查结果，依法向社会公开，接受社会监督。（　　）

（二）单项选择题

1. 审核过程中，国家和省、自治区、直辖市（　　）可依据实际情况，约见申请者主要负责人、总编辑，到网站备案地、实际经营地、网站服务器所在地等其他相关场所进行实地检查。

A. 互联网信息部　　B. 互联网信息办公室

C. 互联网办公室　　D. 信息办公室

2. 省、自治区、直辖市互联网信息办公室应当自作出批准决定之日起（　　），向国家互联网信息办公室报告有关情况。

A. 7 个工作日内　　B. 8 个工作日内

C. 9 个工作日内　　D. 10 个工作日内

3. 获准提供互联网新闻信息采编发布服务的，可以同时提供互联网新闻信息转载服务。获准提供互联网新闻信息传播平台服务，拟同时提供采编发布服务、转载服务的，（　　）依法取得互联网新闻信息采编发布、转载服务许可。

A. 无须　　B. 可以

C. 应当　　D. 无需

（三）多项选择题

1. 互联网新闻信息服务单位与（　　）进行涉及互联网新闻信息服务业务的合作，应当报国家互联网信息办公室进行安全评估。

A. 境内外中外合资经营　　B. 中外合作经营

C. 外资经营的企业　　D. 外资控股企业

2. 申请互联网新闻信息服务许可的，应当提交下列哪些申请材料？（　　）

A. 主要负责人、总编辑为中国公民的证明。包括主要负责人、总编辑的身份证复印件等

B. 专职新闻编辑人员、内容审核人员和技术保障人员的资质情况。包括相关人员基本情况，以及国家新闻出版广电总局统一颁发的新闻记者证、新闻单位从业证明、相关培训考核证明等材料，具体人员数量应当与所提供的服务相适应

C. 互联网新闻信息服务管理制度。包括网站总编辑制度、从业人员教育培训和考核制度等

D. 信息安全管理制度和技术保障措施。包括信息发布审核制度、公共信息巡查制度、应急处置制度、用户个人信息保护制度等，以及相关技术保障措施的情况

3. 国家和省、自治区、直辖市互联网信息办公室收到申请材料后，应当如何处理？（　　）

A. 申请材料齐全、符合要求的，予以受理

B. 申请材料不齐全、不符合要求的，当场或5个工作日内一次性告知申请者应予更正或补充的内容

C. 对依法不需要取得互联网新闻信息服务许可的，不予受理，并即时告

知申请者，退回申请材料

D. 对申请事项不属于职权范围的，应当即时作出不予受理的决定，并告知申请者向有关行政机关申请

4. 互联网信息办公室对申请材料审核过程中，国家和省、自治区、直辖市互联网信息办公室可依据实际情况，约见申请者主要负责人、总编辑，到(　　)等其他相关场所进行实地检查。

A. 网站备案地　　B. 网站经营地

C. 实际经营地　　D. 网站服务器所在地

（四）填空题

1. 国家和省、自治区、直辖市互联网信息办公室应当依据《行政许可法》第42条，在规定期限内依法作出批准或不予批准的决定。批准的，核发____。省、自治区、直辖市互联网信息办公室应当自作出批准决定之日起____，向____报告有关情况。

2. 申请互联网新闻信息传播平台服务许可的，除应当提交相关的的申请材料外，还应当提交____、____、____等。

3. 任何组织不得设立____、____和____。

4. 新闻单位是指经国家有关部门依法批准设立的____、____、____、____和____。

（五）简答题

简述申请者为企业法人的，应当提供的股权相关资料。

参考答案

（一）判断题

1. ×，解析：《互联网新闻信息服务许可管理实施细则》第3条规定，通过互联网站、应用程序、论坛、博客、微博客、公众账号、即时通信工具、网络直播等形式向社会公众提供互联网新闻信息服务，应当取得互联网新闻信息服务许可，禁止未经许可或超越许可范围开展互联网新闻信息服务活动。

2. √，解析：《互联网新闻信息服务许可管理实施细则》第4条。
3. √，解析：《互联网新闻信息服务许可管理实施细则》第17条。

（二）单项选择题

1. B，解析：《互联网新闻信息服务许可管理实施细则》第10条规定，依法受理后，国家和省、自治区、直辖市互联网信息办公室按照本细则第5条、第6条、第7条的规定，对申请材料进行审核，包括申请者是否符合许可条件、材料是否真实等。审核过程中，国家和省、自治区、直辖市互联网信息办公室可依据实际情况，约见申请者主要负责人、总编辑，到网站备案地、实际经营地、网站服务器所在地等其他相关场所进行实地检查。
2. A，解析：《互联网新闻信息服务许可管理实施细则》第11条规定，国家和省、自治区、直辖市互联网信息办公室应当依据《行政许可法》第42条，在规定期限内依法作出批准或不予批准的决定。批准的，核发《互联网新闻信息服务许可证》。省、自治区、直辖市互联网信息办公室应当自作出批准决定之日起7个工作日内，向国家互联网信息办公室报告有关情况。
3. C，解析：《互联网新闻信息服务许可管理实施细则》第4条第3款规定，获准提供互联网新闻信息采编发布服务的，可以同时提供互联网新闻信息转载服务。获准提供互联网新闻信息传播平台服务，拟同时提供采编发布服务、转载服务的，应当依法取得互联网新闻信息采编发布、转载服务许可。

（三）多项选择题

1. ABC，解析：《互联网新闻信息服务许可管理实施细则》第8条第1款规定，互联网新闻信息服务单位与境内外中外合资经营、中外合作经营和外资经营的企业进行涉及互联网新闻信息服务业务的合作，应当报国家互联网信息办公室进行安全评估。
2. ABCD，解析：《互联网新闻信息服务许可管理实施细则》第6条规定："申请互联网新闻信息服务许可的，应当提交下列申请材料：（一）主要负责人、总编辑为中国公民的证明。包括主要负责人、总编辑的身份证复印件等；（二）专职新闻编辑人员、内容审核人员和技术保障人员的资质情况。包括相关人员基本情况，以及国家新闻出版广电总局统一颁发的新闻记者证、新闻单位从业证明、相关培训考核证明等材料，具体人员数量应当与所提供的服务相适应；（三）互联网新闻信息服务管理制度。包括网站总编辑制度、从业人员教育培训和考核制度等；（四）信息安全管理制度和技术保障措施。包括信息发布审核制度、公共信息巡查制度、应急处置制度、用户个人信息保护制度等，以及相关技术保障措施的情况；（五）互联网新闻信息服务安全评估报告。由有关部门或具有相关资质的机构出具的对于申请者信息安全管理制度和技术保障措施的安全评估报告；（六）法人资格、场所、资金的证明。包括企业营业执照、事业单位法人证书、服务场所产权证书、租赁合同等材料复印件；（七）互联网新闻信息服务许可申请书。包括申请表，以及对拟提供具体服务形式、服务方案的说明等。”

3. ABCD，解析：《互联网新闻信息服务许可管理实施细则》第 9 条规定：“国家和省、自治区、直辖市互联网信息办公室收到申请材料后，应当根据情况依法作出处理：（一）申请材料齐全、符合要求的，予以受理；（二）申请材料不齐全、不符合要求的，当场或五个工作日内一次性告知申请者应予更正或补充的内容；（三）对依法不需要取得互联网新闻信息服务许可的，不予受理，并即时告知申请者，退回申请材料；（四）对申请事项不属于职权范围的，应当即时作出不予受理的决定，并告知申请者向有关行政机关申请。”
4. ACD，解析：《互联网新闻信息服务许可管理实施细则》第 10 条第 2 款规定，审核过程中，国家和省、自治区、直辖市互联网信息办公室可依据实际情况，约见申请者主要负责人、总编辑，到网站备案地、实际经营地、网站服务器所在地等其他相关场所进行实地检查。

（四）填空题

1. 《互联网新闻信息服务许可证》；七个工作日内；国家互联网信息办公室。（《互联网新闻信息服务许可管理实施细则》第 11 条第 2 款）
2. 平台账号用户管理规章制度；用户协议范本；投诉举报处理机制。（《互联网新闻信息服务许可管理实施细则》第 7 条第 2 款）
3. 中外合资经营；中外合作经营；外资经营的互联网新闻信息服务单位。（《互联网新闻信息服务许可管理实施细则》第 5 条第 3 款）
4. 报刊社；广播电台；电视台；通讯社；新闻电影制片厂。（《互联网新闻信息服务许可管理实施细则》第 5 条第 2 款）

（五）简答题

答：《互联网新闻信息服务许可管理实施细则》第 7 条第 3 款规定：“申请者为企业法人的，除应当提交本细则第六条规定的申请材料外，还应当提供下列股权相关材料：（一）股权结构图。包括股东名称、股权比例、出资方式、出资时间等信息。股东为非自然人主体的，须逐级追溯到自然人、事业单位以及国有独资公司，并就实际控制人情况作出说明。股权结构图需加盖单位公章，并由法定代表人签字；（二）股东证明材料。股东为自然人的，须提供身份证明材料；股东为非自然人主体的，须提供该主体的名称、组织形式、法定代表人等材料；（三）公司章程。包括公司章程及历次修改决议；（四）无外资承诺书。申请者对股权结构图中所有股东均不含外资成分作出的书面承诺；（五）专业机构意见书。律师事务所或会计师事务所就上述股权材料的真实性、准确性、完整性出具的书面证明，包括验资报告、法律意见书等材料。”

四十二、互联网直播服务管理规定

（一）判断题

1. 提供互联网直播服务，应当遵守法律法规，坚持正确导向，大力弘扬社会主义核心价值观，培育积极健康、向上向善的网络文化，维护良好网络生态，维护国家利益和公共利益，为广大网民特别是青少年成长营造风清气正的网络空间。(　　)
2. 国家互联网信息办公室负责全国互联网直播服务信息内容的监督管理执法工作。地方互联网信息办公室依据职责负责本行政区域内以及下级行政区域内的互联网直播服务信息内容的监督管理执法工作。国务院相关管理部门依据职责对互联网直播服务实施相应监督管理。(　　)
3. 各级互联网信息办公室应当建立日常监督检查和定期检查相结合的监督管理制度，指导督促互联网直播服务提供者依据法律法规和服务协议规范互联网直播服务行为。(　　)
4. 开展互联网新闻信息服务的互联网直播发布者，可以依法取得互联网新闻信息服务资质并在许可范围内提供服务。(　　)

（二）单项选择题

1. 互联网直播服务提供者应当记录互联网直播服务使用者发布内容和日志信息，保存(　　)。

   A. 50 日　　B. 60 日

   C. 70 日　　D. 80 日

2. 鼓励支持相关行业组织制定行业公约，加强行业自律，建立健全(　　)，促进行业规范发展。

   A. 行业信用管理体系

   B. 服务评价制度

   C. 行业信用评价体系和服务评议制度

D. 行业信用管理体系

3. 互联网直播服务提供者应当按照(　　)的原则，对互联网直播用户进行基于移动电话号码等方式的真实身份信息认证，对互联网直播发布者进行基于身份证件、营业执照、组织机构代码证等的认证登记。

A. “后台实名、前台自愿”　　B. “前台实名、后台自愿”

C. “前台实名”　　D. “后台自愿”

4. 互联网直播服务协议和平台公约的(　　)由互联网直播服务提供者所在地省、自治区、直辖市互联网信息办公室指导制定。

A. 必备条款　　B. 基本条款

C. 必须条款　　D. 必需条款

(三) 多项选择题

1. 互联网直播服务提供者应当对违反法律法规和服务协议的互联网直播服务使用者，视情采取(　　)等处置措施，及时消除违法违规直播信息内容，保存记录并向有关主管部门报告。

A. 警示　　B. 罚款

C. 暂停发布　　D. 关闭账号

2. 互联网直播服务提供者应当建立黑名单管理制度，对纳入黑名单的互联网直播服务使用者禁止重新注册账号，并及时向所在地(　　)报告。

A. 省互联网信息办公室　　B. 自治区互联网信息办公室

C. 直辖市互联网信息办公室　　D. 自治州互联网信息办公室

3. 通过(　　)等提供网络直播服务，违反有关法律法规的，由相关部门依法予以处罚。

A. 网络表演　　B. 网络视听节目

C. 网络电影　　D. 网络配音

4. 互联网直播服务提供者应当保护互联网直播服务使用者身份信息和隐私，不得(　　)或者非法向他人提供。

A. 泄露　　B. 篡改

C. 毁损　　D. 不得出售

（四）填空题

1. 互联网直播服务提供者应当加强对____、____等直播互动环节的____，配备相应管理人员。

2. 互联网直播服务提供者以及互联网直播服务使用者不得利用互联网直播服务从事____、____、____、____、____等法律法规禁止的活动，不得利用互联网直播服务制作、复制、发布、传播法律法规禁止的信息内容。

3. 互联网直播服务提供者应当与互联网直播服务使用者签订____，明确双方权利义务，要求其承诺遵守____和____。

4. 互联网直播服务提供者应当建立____，提供与____的管理和服务。

（五）简答题

简述互联网直播服务提供者和互联网直播发布者违法违规的法律责任。

参考答案

（一）判断题

1. √，解析：《互联网直播服务管理规定》第3条。
2. ×，解析：《互联网直播服务管理规定》第4条第1款规定，国家互联网信息办公室负责全国互联网直播服务信息内容的监督管理执法工作。地方互联网信息办公室依据职责负责本行政区域内的互联网直播服务信息内容的监督管理执法工作。国务院相关管理部门依据职责对互联网直播服务实施相应监督管理。
3. √，解析：《互联网直播服务管理规定》第4条第2款。
4. ×，解析：《互联网直播服务管理规定》第5条规定，互联网直播服务提供者提供互联网新闻信息服务的，应当依法取得互联网新闻信息服务资质，并在许可范围内开展互联网新闻信息服务。

   开展互联网新闻信息服务的互联网直播发布者，应当依法取得互联网新闻信息服务资质并在许可范围内提供服务。

（二）单项选择题

1. B，解析：《互联网直播服务管理规定》第16条规定，互联网直播服务提供者应当记录互联网直播服务使用者发布内容和日志信息，保存 60 日。互联网直播服务提供者应当配合有关部门依法进行的监督检查，并提供必要的文件、资料和数据。

2. C，解析：《互联网直播服务管理规定》第 18 条规定，鼓励支持相关行业组织制定行业公约，加强行业自律，建立健全行业信用评价体系和服务评议制度，促进行业规范发展。
3. A，解析：《互联网直播服务管理规定》第 12 条规定，互联网直播服务提供者应当按照“后台实名、前台自愿”的原则，对互联网直播用户进行基于移动电话号码等方式的真实身份信息认证，对互联网直播发布者进行基于身份证件、营业执照、组织机构代码证等的认证登记。互联网直播服务提供者应当对互联网直播发布者的真实身份信息进行审核，向所在地省、自治区、直辖市互联网信息办公室分类备案，并在相关执法部门依法查询时予以提供。互联网直播服务提供者应当保护互联网直播服务使用者身份信息和隐私，不得泄露、篡改、毁损，不得出售或者非法向他人提供。
4. A，解析：《互联网直播服务管理规定》第 13 条规定，互联网直播服务提供者应当与互联网直播服务使用者签订服务协议，明确双方权利义务，要求其承诺遵守法律法规和平台公约。互联网直播服务协议和平台公约的必备条款由互联网直播服务提供者所在地省、自治区、直辖市互联网信息办公室指导制定。

（三）多项选择题

1. ACD，解析：《互联网直播服务管理规定》第 14 条规定，互联网直播服务提供者应当对违反法律法规和服务协议的互联网直播服务使用者，视情采取警示、暂停发布、关闭账号等处置措施，及时消除违法违规直播信息内容，保存记录并向有关主管部门报告。
2. ABC，解析：《互联网直播服务管理规定》第 15 条第 2 款规定，互联网直播服务提供者应当建立黑名单管理制度，对纳入黑名单的互联网直播服务使用者禁止重新注册账号，并及时向所在地省、自治区、直辖市互联网信息办公室报告。
3. AB，解析：《互联网直播服务管理规定》第 17 条第 2 款规定，对于违反本规定的其他违法行为，由国家和地方互联网信息办公室依据职责，依法予以处罚；构成犯罪的，依法追究刑事责任。通过网络表演、网络视听节目等提供网络直播服务，违反有关法律法规的，由相关部门依法予以处罚。

4. ABCD，解析：《互联网直播服务管理规定》第12条第2款规定，互联网直播服务提供者应当保护互联网直播服务使用者身份信息和隐私，不得泄露、篡改、毁损，不得出售或者非法向他人提供。

（四）填空题

1. 评论；弹幕；实时管理。（《互联网直播服务管理规定》第11条第1款）
2. 危害国家安全；破坏社会稳定；扰乱社会秩序；侵犯他人合法权益；传播淫秽色情。（《互联网直播服务管理规定》第9条）
3. 服务协议；法律法规；平台公约。（《互联网直播服务管理规定》第13条第1款）
4. 互联网直播发布者信用等级管理体系；信用等级挂钩。（《互联网直播服务管理规定》第15条第1款）

（五）简答题

答：《互联网直播服务管理规定》第17条规定，互联网直播服务提供者和互联网直播发布者未经许可或者超出许可范围提供互联网新闻信息服务的，由国家和省、自治区、直辖市互联网信息办公室依据《互联网新闻信息服务管理规定》予以处罚。对于违反本规定的其他违法行为，由国家和地方互联网信息办公室依据职责，依法予以处罚；构成犯罪的，依法追究刑事责任。通过网络表演、网络视听节目等提供网络直播服务，违反有关法律法规的，由相关部门依法予以处罚。

四十三、移动互联网应用程序信息服务管理规定

（一）判断题

1. 移动互联网应用程序，是指通过预装、下载等方式获取并运行在移动智能终端上、向用户提供信息服务的应用软件。（　　）
2. 国家互联网信息办公室负责全国移动互联网应用程序信息内容的监督管理执法工作。地方互联网信息办公室依据职责负责本行政区域内以及下级行政区域内的移动互联网应用程序信息内容的监督管理执法工作。（　　）
3. 鼓励各级党政机关、企事业单位和各人民团体积极运用移动互联网应用程序，推进政务公开，提供公共服务，促进经济社会发展。（　　）
4. 通过移动互联网应用程序提供信息服务，应当依法取得法律法规规定的相关资质。从事互联网应用商店服务，还应当在业务上线运营 60 日内向所在地省、自治区、直辖市互联网信息办公室备案。（　　）

（二）单项选择题

1. 移动互联网应用程序提供者和（　　）不得利用移动互联网应用程序从事危害国家安全、扰乱社会秩序、侵犯他人合法权益等法律法规禁止的活动，不得利用移动互联网应用程序制作、复制、发布、传播法律法规禁止的信息内容。

   A. 移动互联网应用程序的创建者　　B. 互联网应用商店服务提供者

   C. 移动互联网应用程序的使用者　　D. 移动互联网应用程序的传播者

2. 通过移动互联网应用程序提供信息服务，应当依法取得法律法规规定的相关资质。从事互联网应用商店服务，还应当在业务上线运营（　　）向所在地省、自治区、直辖市互联网信息办公室备案。

   A. 20 日内　　B. 25 日内

   C. 30 日内　　D. 35 日内

3. 互联网应用商店服务提供者和移动互联网应用程序提供者应当签订（　　），明确双方权利义务，共同遵守法律法规和平台公约。

A. 服务协议　　B. 服务合同

C. 服务章程　　D. 服务条例

4. 移动互联网应用程序提供者和互联网应用商店服务提供者应当配合有关部门依法进行的监督检查，自觉接受（　　），设置便捷的投诉举报入口，及时处理公众投诉举报。

A. 社会监督　　B. 公众监督

C. 政府监督　　D. 媒体监督

（三）多项选择题

1. 互联网应用商店服务提供者应当对应用程序提供者履行下列哪些管理责任？（　　）

A. 对应用程序提供者进行真实性、安全性、合法性等审核，建立信用管理制度，并向所在地省、自治区、直辖市互联网信息办公室分类备案

B. 督促应用程序提供者保护用户信息，完整提供应用程序获取和使用用户信息的说明，并向用户呈现

C. 督促应用程序提供者发布合法信息内容，建立健全安全审核机制，配备与服务规模相适应的专业人员

D. 督促应用程序提供者发布合法应用程序，尊重和保护应用程序提供者的知识产权

2. 移动互联网应用程序提供者应当严格落实信息安全管理责任，依法履行下列哪些义务？（　　）

A. 按照“后台实名、前台自愿”的原则，对注册用户进行基于移动电话号码等真实身份信息认证

B. 建立健全用户信息安全保护机制，收集、使用用户个人信息应当遵循合法、正当、必要的原则，明示收集使用信息的目的、方式和范围，并经用户同意

C. 建立健全信息内容审核管理机制，对发布违法违规信息内容的，视情

采取警示、限制功能、暂停更新、关闭账号等处置措施，保存记录并向有关主管部门报告

D. 依法保障用户在安装或使用过程中的知情权和选择权，未向用户明示并经用户同意，也可在必要时开启收集地理位置、读取通讯录、使用摄像头、启用录音等功能，但不得开启与服务无关的功能，不得捆绑安装无关应用程序

3. 移动互联网应用程序提供者和互联网应用商店服务提供者不得利用移动互联网应用程序从事危害国家安全、扰乱社会秩序、侵犯他人合法权益等法律法规禁止的活动，不得利用移动互联网应用程序（　　）法律法规禁止的信息内容。

A. 制作　　B. 复制

C. 发布　　D. 传播

4. 通过移动互联网应用程序提供信息服务，应当依法取得法律法规规定的相关资质。从事互联网应用商店服务，还应当在业务上线运营30日内向所在地（　　）备案。

A. 省互联网信息办公室　　B. 自治区互联网信息办公室

C. 自治州互联网信息办公室　　D. 直辖市互联网信息办公室

（四）填空题

1. 互联网应用商店服务提供者和移动互联网应用程序提供者应当签订服务协议，明确双方权利义务，共同遵守____和____。
2. 移动互联网应用程序提供者和互联网应用商店服务提供者应当配合有关部门依法进行的监督检查，自觉接受____，设置便捷的投诉举报入口，及时处理____。
3. 移动互联网应用程序提供者和互联网应用商店服务提供者不得利用移动互联网应用程序从事____、____、____等法律法规禁止的活动，不得利用移动互联网应用程序制作、复制、发布、传播法律法规禁止的信息内容。
4. 通过移动互联网应用程序提供信息服务，应当依法取得法律法规规定的相关资质。从事互联网应用商店服务，还应当在业务上线运营30日内向所在地____备案。

（五）简答题

简述移动互联网应用程序提供者为严格落实信息安全管理责任，应依法履行哪些义务。

参考答案

（一）判断题

1. √，解析：《移动互联网应用程序信息服务管理规定》第2条第2款。
2. ×，解析：《移动互联网应用程序信息服务管理规定》第3条规定，国家互联网信息办公室负责全国移动互联网应用程序信息内容的监督管理执法工作。地方互联网信息办公室依据职责负责本行政区域内的移动互联网应用程序信息内容的监督管理执法工作。
3. √，解析：《移动互联网应用程序信息服务管理规定》第4条。
4. ×，解析：《移动互联网应用程序信息服务管理规定》第5条规定，通过移动互联网应用程序提供信息服务，应当依法取得法律法规规定的相关资质。从事互联网应用商店服务，还应当在业务上线运营30日内向所在地省、自治区、直辖市互联网信息办公室备案。

（二）单项选择题

1. B，解析：《移动互联网应用程序信息服务管理规定》第6条规定，移动互联网应用程序提供者和互联网应用商店服务提供者不得利用移动互联网应用程序从事危害国家安全、扰乱社会秩序、侵犯他人合法权益等法律法规禁止的活动，不得利用移动互联网应用程序制作、复制、发布、传播法律法规禁止的信息内容。
2. C，解析：《移动互联网应用程序信息服务管理规定》第5条规定，通过移动互联网应用程序提供信息服务，应当依法取得法律法规规定的相关资质。从事互联网应用商店服务，还应当在业务上线运营30日内向所在地省、自治区、直辖市互联网信息办公室备案。
3. A，解析：《移动互联网应用程序信息服务管理规定》第9条规定，互联网应用商店服务提供者和移动互联网应用程序提供者应当签订服务协议，明确双方权利义务，共同遵守法律法规和平台公约。

4. A，解析：《移动互联网应用程序信息服务管理规定》第 10 条规定，移动互联网应用程序提供者和互联网应用商店服务提供者应当配合有关部门依法进行的监督检查，自觉接受社会监督，设置便捷的投诉举报入口，及时处理公众投诉举报。

（三）多项选择题

1. ABCD，解析：《移动互联网应用程序信息服务管理规定》第 8 条规定："互联网应用商店服务提供者应当对应用程序提供者履行下列管理责任：（一）对应用程序提供者进行真实性、安全性、合法性等审核，建立信用管理制度，并向所在地省、自治区、直辖市互联网信息办公室分类备案。（二）督促应用程序提供者保护用户信息，完整提供应用程序获取和使用用户信息的说明，并向用户呈现。（三）督促应用程序提供者发布合法信息内容，建立健全安全审核机制，配备与服务规模相适应的专业人员。（四）督促应用程序提供者发布合法应用程序，尊重和保护应用程序提供者的知识产权。对违反前款规定的应用程序提供者，视情采取警示、暂停发布、下架应用程序等措施，保存记录并向有关主管部门报告。"
2. ABC，解析：《移动互联网应用程序信息服务管理规定》第 7 条规定："移动互联网应用程序提供者应当严格落实信息安全管理责任，依法履行下列义务：（一）按照'后台实名、前台自愿'的原则，对注册用户进行基于移动电话号码等真实身份信息认证。（二）建立健全用户信息安全保护机制，收集、使用用户个人信息应当遵循合法、正当、必要的原则，明示收集使用信息的目的、方式和范围，并经用户同意。（三）建立健全信息内容审核管理机制，对发布违法违规信息内容的，视情采取警示、限制功能、暂停更新、关闭账号等处置措施，保存记录并向有关主管部门报告。（四）依法保障用户在安装或使用过程中的知情权和选择权，未向用户明示并经用户同意，不得开启收集地理位置、读取通讯录、使用摄像头、启用录音等功能，不得开启与服务无关的功能，不得捆绑安装无关应用程序。（五）尊重和保护知识产权，不得制作、发布侵犯他人知识产权的应用程序。（六）记录用户日志信息，并保存六十日。"
3. ABCD，解析：《移动互联网应用程序信息服务管理规定》第 6 条规定，移动互联网应用程序提供者和互联网应用商店服务提供者不得利用移动互联网应用程序从事危害国家安全、扰乱社会秩序、侵犯他人合法权益等法律法规禁止的活动，不得利用移动互联网应用程序制作、复制、发布、传播法律法规禁止的信息内容。

4. ABD，解析：《移动互联网应用程序信息服务管理规定》第5条规定，通过移动互联网应用程序提供信息服务，应当依法取得法律法规规定的相关资质。**从事互联网应用商店服务，还应当在业务上线运营30日内向所在地省、自治区、直辖市互联网信息办公室备案。**

（四）填空题

1. **法律法规；平台公约。**（《移动互联网应用程序信息服务管理规定》第9条）
2. **社会监督；公众投诉举报。**（《移动互联网应用程序信息服务管理规定》第10条）
3. **危害国家安全；扰乱社会秩序；侵犯他人合法权益。**（《移动互联网应用程序信息服务管理规定》第6条）
4. 省、自治区、直辖市互联网信息办公室。（《移动互联网应用程序信息服务管理规定》第5条）

（五）简答题

答：《移动互联网应用程序信息服务管理规定》第7条规定："移动互联网应用程序提供者应当严格落实信息安全管理责任，依法履行下列义务：（一）按照'后台实名、前台自愿'的原则，对注册用户进行基于移动电话号码等真实身份信息认证。（二）建立健全用户信息安全保护机制，收集、使用用户个人信息应当遵循合法、正当、必要的原则，明示收集使用信息的目的、方式和范围，并经用户同意。（三）建立健全信息内容审核管理机制，对发布违法违规信息内容的，视情采取警示、限制功能、暂停更新、关闭账号等处置措施，保存记录并向有关主管部门报告。（四）依法保障用户在安装或使用过程中的知情权和选择权，未向用户明示并经用户同意，不得开启收集地理位置、读取通讯录、使用摄像头、启用录音等功能，不得开启与服务无关的功能，不得捆绑安装无关应用程序。（五）尊重和保护知识产权，不得制作、发布侵犯他人知识产权的应用程序。（六）记录用户日志信息，并保存六十日。"

四十四、互联网信息搜索服务管理规定

(一) 判断题

1. 互联网信息搜索服务，是指运用计算机技术从互联网上搜集、处理各类信息供用户检索的服务。(　　)
2. 国家互联网信息办公室负责全国互联网信息搜索服务的监督管理执法工作。地方互联网信息办公室依据职责负责本行政区域内以及下级行政区域内互联网信息搜索服务的监督管理执法工作。(　　)
3. 互联网信息搜索服务行业组织可以建立健全行业自律制度和行业准则，指导互联网信息搜索服务提供者建立健全服务规范，督促互联网信息搜索服务提供者依法提供服务、接受社会监督，提高互联网信息搜索服务从业人员的职业素养。(　　)
4. 互联网信息搜索服务提供者应当取得法律法规规定的合法资质。(　　)

(二) 单项选择题

1. 互联网信息搜索服务提供者应当落实(　　)，建立健全信息审核、公共信息实时巡查、应急处置及个人信息保护等信息安全管理制度，具有安全可控的防范措施，为有关部门依法履行职责提供必要的技术支持。

   A. 主体责任　　B. 客体责任

   C. 信息保全责任　　D. 监管责任

2. (　　)不得以链接、摘要、快照、联想词、相关搜索、相关推荐等形式提供含有法律法规禁止的信息内容。

   A. 互联网信息搜索服务建设者　　B. 互联网信息搜索服务提供者

   C. 互联网信息搜索服务使用者　　D. 互联网信息服务提供者

3. 互联网信息搜索服务提供者提供付费搜索信息服务，(　　)依法查验客户有关资质，明确付费搜索信息页面比例上限，醒目区分自然搜索结果与付费搜索信息，对付费搜索信息逐条加注显著标识。

A. 不可以　　　　B. 可以

C. 应当　　　　D. 无须

4. 互联网信息搜索服务提供者应当提供客观、公正、权威的（　），不得损害国家利益、公共利益，以及公民、法人和其他组织的合法权益。

A. 搜索过程　　　　B. 搜索页面

C. 搜索结果　　　　D. 搜索程度

（三）多项选择题

1. 互联网信息搜索服务提供者不得以（　）等形式提供含有法律法规禁止的信息内容。

A. 链接　　　　B. 摘要

C. 快照　　　　D. 联想词

2. 互联网信息搜索服务提供者应当落实主体责任，建立健全（　），具有安全可控的防范措施，为有关部门依法履行职责提供必要的技术支持。

A. 信息审核　　　　B. 公共信息实时巡查

C. 应急处置　　　　D. 个人信息保护

3. 互联网信息搜索服务提供者应当提供（　）的搜索结果，不得损害国家利益、公共利益，以及公民、法人和其他组织的合法权益。

A. 客观　　　　B. 诚信

C. 公正　　　　D. 权威

4. 互联网信息搜索服务提供者应当建立健全（　），在显著位置公布投诉、举报方式，主动接受公众监督，及时处理公众投诉、举报，依法承担对用户权益造成损害的赔偿责任。

A. 公众投诉　　　　B. 举报

C. 用户权益保护制度　　　　D. 用户信息保护制度

（四）填空题

1. 互联网信息搜索服务提供者提供付费搜索信息服务，应当____，明确____，醒目区分自然搜索结果与付费搜索信息，对付费搜索信息逐条加注显著标识。

2. 互联网信息搜索服务提供者应当提供____、____、____的搜索结果，不得损害国家利益、公共利益，以及公民、法人和其他组织的合法权益。
3. 互联网信息搜索服务提供者不得以____、____、____、____、____、____等形式提供含有法律法规禁止的信息内容。

（五）简答题

简述互联网信息搜索服务提供者应当承担的安全义务与责任义务。

参考答案

（一）判断题

1. √，解析：《互联网信息搜索服务管理规定》第 2 条第 2 款。
2. ×，解析：《互联网信息搜索服务管理规定》第 3 条规定，国家互联网信息办公室负责全国互联网信息搜索服务的监督管理执法工作。地方互联网信息办公室依据职责负责本行政区域内互联网信息搜索服务的监督管理执法工作。
3. ×，解析：《互联网信息搜索服务管理规定》第 4 条规定，互联网信息搜索服务行业组织应当建立健全行业自律制度和行业准则，指导互联网信息搜索服务提供者建立健全服务规范，督促互联网信息搜索服务提供者依法提供服务、接受社会监督，提高互联网信息搜索服务从业人员的职业素养。
4. ×，解析：《互联网信息搜索服务管理规定》第 5 条规定，互联网信息搜索服务提供者应当取得法律法规规定的相关资质。

（二）单项选择题

1. A，解析：《互联网信息搜索服务管理规定》第 6 条规定，互联网信息搜索服务提供者应当落实主体责任，建立健全信息审核、公共信息实时巡查、应急处置及个人信息保护等信息安全管理制度，具有安全可控的防范措施，为有关部门依法履行职责提供必要的技术支持。
2. B，解析：《互联网信息搜索服务管理规定》第 7 条规定，互联网信息搜索服务提供者不得以链接、摘要、快照、联想词、相关搜索、相关推荐等形式提供含有法律法规禁止的信息内容。
3. C，解析：《互联网信息搜索服务管理规定》第 11 条第 1 款规定，互联网信息搜索服务提供者提供付费搜索信息服务，应当依法查验客户有关资质，明确付费搜索信息页面比例上限，醒目区分自然搜索结果与付费搜索信息，对付费搜索信息逐条加注显著标识。

4. C，解析：《互联网信息搜索服务管理规定》第 10 条规定，互联网信息搜索服务提供者应当提供客观、公正、权威的搜索结果，不得损害国家利益、公共利益，以及公民、法人和其他组织的合法权益。

（三）多项选择题

1. ABCD，解析：《互联网信息搜索服务管理规定》第 7 条规定，互联网信息搜索服务提供者不得以链接、摘要、快照、联想词、相关搜索、相关推荐等形式提供含有法律法规禁止的信息内容。

2. ABCD，解析：《互联网信息搜索服务管理规定》第 6 条规定，互联网信息搜索服务提供者应当落实主体责任，建立健全信息审核、公共信息实时巡查、应急处置及个人信息保护等信息安全管理制度，具有安全可控的防范措施，为有关部门依法履行职责提供必要的技术支持。

3. ACD，解析：《互联网信息搜索服务管理规定》第 10 条规定，互联网信息搜索服务提供者应当提供客观、公正、权威的搜索结果，不得损害国家利益、公共利益，以及公民、法人和其他组织的合法权益。

4. ABC，解析：《互联网信息搜索服务管理规定》第 12 条规定，互联网信息搜索服务提供者应当建立健全公众投诉、举报和用户权益保护制度，在显著位置公布投诉、举报方式，主动接受公众监督，及时处理公众投诉、举报，依法承担对用户权益造成损害的赔偿责任。

（四）填空题

1. 依法查验客户有关资质；付费搜索信息页面比例上限。（《互联网信息搜索服务管理规定》第 11 条第 1 款）

2. 客观；公正；权威。（《互联网信息搜索服务管理规定》第 10 条）

3. 链接；摘要；快照；联想词；相关搜索；相关推荐。（《互联网信息搜索服务管理规定》第 7 条）

（五）简答题

答：《互联网信息搜索服务管理规定》第 12 条规定，互联网信息搜索服务提供者应当建立健全公众投诉、举报和用户权益保护制度，在显著位置公布投诉、举报方式，主动接受公众监督，及时处理公众投诉、举报，依法承担对用户权益造成损害的赔偿责任。

四十五、互联网新闻信息服务单位约谈工作规定

（一）判断题

1. 国家互联网信息办公室、地方互联网信息办公室建立互联网新闻信息服务单位约谈制度。(　　)
2. 约谈，是指国家互联网信息办公室、地方互联网信息办公室在互联网新闻信息服务单位发生严重违法违规情形时，约见其相关负责人，进行警示谈话、指出问题、责令整改纠正的行政处罚。(　　)
3. 地方互联网信息办公室负责对本行政区域内以及下级行政区域内的互联网新闻信息服务单位实施约谈，约谈情况应当及时向国家互联网信息办公室报告。(　　)
4. 国家互联网信息办公室、地方互联网信息办公室对互联网新闻信息服务单位实施约谈，可以提前告知约谈事由，并约定时间、地点和参加人员等。(　　)

（二）单项选择题

1. 国家互联网信息办公室、地方互联网信息办公室应当加强对互联网新闻信息服务单位的监督检查，并对其整改情况进行综合评估，综合评估(　　)第三方开展。

   A. 必须授权　　B. 必须委托

   C. 可以委托　　D. 可以授权

2. 国家互联网信息办公室、地方互联网信息办公室通过(　　)，及时指出互联网新闻信息服务单位存在的问题，并提出整改要求。

   A. 警告　　B. 约谈

   C. 行政处罚　　D. 行政强制措施

3. 国家互联网信息办公室、地方互联网信息办公室实施约谈时，应当由(　　)执法人员参加，主动出示证件，并记录约谈情况。

A. 2 名以上　　B. 3 名以上

C. 3 名以下　　D. 5 名以下

4. 地方互联网信息办公室负责对本行政区域内的互联网新闻信息服务单位实施约谈，约谈情况应当及时向(　　)报告。

A. 国家互联网信息部　　B. 国家互联网信息办公室

C. 国家新闻中心　　D. 国务院文化和旅游部

(三) 多项选择题

1. 互联网新闻信息服务单位有下列哪些情形之一的，国家互联网信息办公室、地方互联网信息办公室可对其主要负责人、总编辑等进行约谈？(　　)

A. 未及时处理公民、法人和其他组织关于互联网新闻信息服务的投诉、举报情节严重的

B. 通过采编、发布、转载、删除新闻信息等谋取不正当利益的

C. 违反互联网用户账号名称注册、使用、管理相关规定情节严重的

D. 未及时处置违法信息情节严重的

2. 国家互联网信息办公室、地方互联网信息办公室可将与互联网新闻信息服务单位的约谈情况向社会公开。约谈情况记入互联网新闻信息服务单位(　　)。

A. 年度考核　　B. 日常考核

C. 日常档案　　D. 年检档案

3. 国家互联网信息办公室、地方互联网信息办公室履行约谈职责时，互联网新闻信息服务单位应当(　　)。

A. 予以配合　　B. 不得拒绝

C. 不得阻挠　　D. 不得违反

4. 约谈，是指国家互联网信息办公室、地方互联网信息办公室在互联网新闻信息服务单位发生严重违法违规情形时，约见其相关负责人，进行(　　)的行政行为。

A. 警示谈话　　B. 作出行政处罚

C. 指出问题　　D. 责令整改纠正

（四）填空题

1. ____负责对本行政区域内的互联网新闻信息服务单位实施约谈，约谈情况应当及时向____报告。
2. 国家互联网信息办公室、地方互联网信息办公室实施约谈时，应当由____参加，____，并____。
3. 国家互联网信息办公室、地方互联网信息办公室应当加强对互联网新闻信息服务单位的监督检查，并对其整改情况进行____，可以委托____开展。
4. 国家互联网信息办公室、地方互联网信息办公室可将与互联网新闻信息服务单位的约谈情况向社会公开。约谈情况记入互联网新闻信息服务单位____和____。

（五）简答题

互联网新闻信息服务单位有哪些情形时，国家互联网信息办公室、地方互联网信息办公室可对其主要负责人、总编辑等进行约谈？

参考答案

（一）判断题

1. √，解析：《互联网新闻信息服务单位约谈工作规定》第 2 条第 1 款。
2. ×，解析：《互联网新闻信息服务单位约谈工作规定》第 2 条第 2 款规定，本规定所称约谈，是指国家互联网信息办公室、地方互联网信息办公室在互联网新闻信息服务单位发生严重违法违规情形时，约见其相关负责人，进行警示谈话、指出问题、责令整改纠正的行政行为。
3. ×，解析：《互联网新闻信息服务单位约谈工作规定》第 3 条规定，地方互联网信息办公室负责对本行政区域内的互联网新闻信息服务单位实施约谈，约谈情况应当及时向国家互联网信息办公室报告。对存在重大违法情形的互联网新闻信息服务单位，由国家互联网信息办公室单独或联合属地互联网信息办公室实施约谈。
4. ×，解析：《互联网新闻信息服务单位约谈工作规定》第 5 条规定，国家互联网信息办公室、地方互联网信息办公室对互联网新闻信息服务单位实施约谈，应当提前告知约谈事由，并约定时间、地点和参加人员等。国家互联网信息办公室、地方互联网信息办公室实施约谈时，应当由 2 名以上执法人员参加，主动出示证件，并记录约谈情况。

（二）单项选择题

1. C，解析：《互联网新闻信息服务单位约谈工作规定》第 7 条规定，国家互联网信息办公室、地方互联网信息办公室应当加强对互联网新闻信息服务单位的监督检查，并对其整改情况进行综合评估，综合评估可以委托第三方开展。互联网新闻信息服务单位未按要求整改，或经综合评估未达到整改要求的，将依照《互联网信息服务管理办法》、《互联网新闻信息服务管理规定》的有关规定给予警告、罚款、责令停业整顿、吊销许可证等处罚；互联网新闻信息服务单位被多次约谈仍然存在违法行为的，依法从重处罚。
2. B，解析：《互联网新闻信息服务单位约谈工作规定》第 6 条规定，国家互联网信息办公室、地方互联网信息办公室通过约谈，及时指出互联网新闻信息服务单位存在的问题，并提出整改要求。互联网新闻信息服务单位应当及时落实整改要求，依法提供互联网新闻信息服务。
3. A，解析：《互联网新闻信息服务单位约谈工作规定》第 5 条规定，国家互联网信息办公室、地方互联网信息办公室对互联网新闻信息服务单位实施约谈，应当提前告知约谈事由，并约定时间、地点和参加人员等。国家互联网信息办公室、地方互联网信息办公室实施约谈时，应当由两名以上执法人员参加，主动出示证件，并记录约谈情况。
4. B，解析：《互联网新闻信息服务单位约谈工作规定》第 3 条规定，地方互联网信息办公室负责对本行政区域内的互联网新闻信息服务单位实施约谈，约谈情况应当及时向国家互联网信息办公室报告。对存在重大违法情形的互联网新闻信息服务单位，由国家互联网信息办公室单独或联合属地互联网信息办公室实施约谈。

（三）多项选择题

1. ABCD，解析：《互联网新闻信息服务单位约谈工作规定》第 4 条规定："互联网新闻信息服务单位有下列情形之一的，国家互联网信息办公室、地方互联网信息办公室可对其主要负责人、总编辑等进行约谈：（一）未及时处理公民、法人和其他组织关于互联网新闻信息服务的投诉、举报情节严重的；（二）通过采编、发布、转载、删除新闻信息等谋取不正当利益的；（三）违反互联网用户账号名称注册、使用、管理相关规定情节严重的；（四）未及时处置违法信息情节严重的；（五）未及时落实监管措施情节严重的；（六）内容管理和网络安全制度不健全、不落实的；（七）网站日常考核中问题突出的；（八）年检中问题突出的；（九）其他违反相关法律法规规定需要约谈的情形。"

2. BD，解析：《互联网新闻信息服务单位约谈工作规定》第 8 条规定，国家互联网信息办公室、地方互联网信息办公室可将与互联网新闻信息服务单位的约谈情况向社会公开。约谈情况记入互联网新闻信息服务单位日常考核和年检档案。
3. ABC，解析：《互联网新闻信息服务单位约谈工作规定》第 9 条规定，国家互联网信息办公室、地方互联网信息办公室履行约谈职责时，互联网新闻信息服务单位应当予以配合，不得拒绝、阻挠。
4. ACD，解析：《互联网新闻信息服务单位约谈工作规定》第 2 条第 2 款规定，本规定所称约谈，是指国家互联网信息办公室、地方互联网信息办公室在互联网新闻信息服务单位发生严重违法违规情形时，约见其相关负责人，进行警示谈话、指出问题、责令整改纠正的行政行为。

（四）填空题

1. 地方互联网信息办公室；国家互联网信息办公室。（《互联网新闻信息服务单位约谈工作规定》第 3 条第 1 款）
2. 两名以上执法人员；主动出示证件；记录约谈情况。（《互联网新闻信息服务单位约谈工作规定》第 5 条第 2 款）
3. 综合评估；第三方。（《互联网新闻信息服务单位约谈工作规定》第 7 条第 1 款）
4. 日常考核；年检档案。（《互联网新闻信息服务单位约谈工作规定》第 8 条）

（五）简答题

答：《互联网新闻信息服务单位约谈工作规定》第 4 条规定："互联网新闻信息服务单位有下列情形之一的，国家互联网信息办公室、地方互联网信息办公室可对其主要负责人、总编辑等进行约谈：（一）未及时处理公民、法人和其他组织关于互联网新闻信息服务的投诉、举报情节严重的；（二）通过采编、发布、转载、删除新闻信息等谋取不正当利益的；（三）违反互联网用户账号名称注册、使用、管理相关规定情节严重的；（四）未及时处置违法信息情节严重的；（五）未及时落实监管措施情节严重的；（六）内容管理和网络安全制度不健全、不落实的；（七）网站日常考核中问题突出的；（八）年检中问题突出的；（九）其他违反相关法律法规规定需要约谈的情形。"

四十六、互联网危险物品信息发布管理规定

（一）判断题

1. 危险物品，是指枪支弹药、爆炸物品、剧毒化学品、易制爆危险化学品和其他危险化学品、放射性物品、核材料、管制器具等能够危及人身安全和财产安全的物品。（　　）
2. 危险物品从业单位，是指依法取得危险物品生产、经营、使用资质的单位以及从事危险物品相关工作的教学、科研、社会团体、中介机构等单位。（ ）
3. 危险物品从业单位从事互联网信息服务的，可以按照《互联网信息服务管理办法》规定，向电信主管部门申请办理互联网信息服务增值电信业务经营许可或者办理非经营性互联网信息服务备案手续，并按照《计算机信息网络国际联网安全保护管理办法》规定，持从事危险物品活动的合法资质材料到所在地县级以上人民政府公安机关接受网站安全检查。（　　）
4. 危险物品从业单位依法取得互联网信息服务增值电信业务经营许可或者办理非经营性互联网信息服务备案手续后，应当在本单位网站发布危险物品信息。（　　）

（二）单项选择题

1. 任何组织和个人对在互联网上违法违规发布危险物品信息和利用互联网从事走私、贩卖危险物品的违法犯罪行为，有权向（　　）举报。接到举报的部门应当依法及时处理，并对举报有功人员予以奖励。

   A. 互联网信息办公室　　B. 有关主管部门

   C. 互联网信息部　　D. 有关单位
2. 禁止危险物品从业单位在本单位网站以外的互联网应用服务中（　　）。危险物品从业单位发布的危险物品信息不得包含诱导非法购销危险物品行为的内容。

A. 传播相关信息　　B. 发布危险物品链接

C. 发布非法购销危险物品信息　　D. 发布危险物品信息及建立相关链接

3. 危险物品从业单位(　　)在本单位网站主页显著位置标明可供查询的互联网信息服务经营许可证编号或者备案编号、从事危险物品活动的合法资质和营业执照等材料。

A. 无须　　B. 不可以

C. 应当　　D. 可以

4. 危险物品从业单位从事互联网信息服务的，应当按照(　　)规定，向电信主管部门申请办理互联网信息服务增值电信业务经营许可或者办理非经营性互联网信息服务备案手续，并按照《计算机信息网络国际联网安全保护管理办法》规定，持从事危险物品活动的合法资质材料到所在地县级以上人民政府公安机关接受网站安全检查。

A. 《宪法》　　B. 《互联网信息服务管理办法》

C. 《互联网信息服务管理协议》　　D. 《网络安全法》

（三）多项选择题

1. 危险物品从业单位，是指依法取得危险物品生产、经营、使用资质的单位以及从事危险物品相关工作的教学、科研、社会团体、中介机构等单位。具体包括：(　　)

A. 经公安机关核发《民用枪支（弹药）制造许可证》、《民用枪支（弹药）配售许可证》的民用枪支、弹药制造、配售企业

B. 经民用爆炸物品行业主管部门核发《民用爆炸物品生产许可证》、《民用爆炸物品销售许可证》的民用爆炸物品生产、销售企业，经公安机关核发《爆破作业单位许可证》的爆破作业单位

C. 经安全生产监督管理部门核发《烟花爆竹安全生产许可证》、《烟花爆竹经营（批发）许可证》、《烟花爆竹经营（零售）许可证》的烟花爆竹生产、经营单位

D. 经安全生产监督管理部门核发《危险化学品安全生产许可证》、《危险化学品经营许可证》、《危险化学品安全使用许可证》的危险化学品生产、经营、使用单位

2. 危险物品信息，是指在互联网上发布的危险物品(　　)，包括危险物品种类、性能、用途和危险物品专业服务等相关信息。

A. 生产　　B. 经营

C. 储存　　D. 开发信息

3. 危险物品从业单位应当在本单位网站主页显著位置标明(　　)。

A. 可供查询的互联网信息服务经营许可证编号

B. 备案编号

C. 从事危险物品活动的合法资质

D. 营业执照

4. 各级公安、网信、工业和信息化、电信主管、环境保护、工商行政管理、安全监管等部门在各自的职责范围内依法履行职责，完善(　　)加强协作配合，共同防范危险物品信息发布的违法犯罪行为。

A. 危险物品从业单位许可　　B. 危险单位登记备案

C. 信息情况通报　　D. 信息发布机制

（四）填空题

1. 任何组织和个人对在互联网上____和____、____的违法犯罪行为，有权向有关主管部门举报。接到举报的部门应当依法及时处理，并对举报有功人员____。

2. 网络服务提供者应当加强对接入网站及用户发布信息的管理，定期对发布信息进行巡查，对法律、法规和本规定禁止发布或者传输的危险物品信息，应当____，____，____并向公安机关等主管部门报告。

3. 禁止____和____在互联网上发布危险物品制造方法的信息。

（五）简答题

简述危险物品从业单位应当在本单位网站网页显著位置标明的单位、个人购买相关危险物品应当具备的资质、资格条件。

参考答案

（一）判断题

1. √，解析：《互联网危险物品信息发布管理规定》第 2 条。
2. √，解析：《互联网危险物品信息发布管理规定》第 3 条第 1 款。
3. ×，解析：《互联网危险物品信息发布管理规定》第 5 条规定，危险物品从业单位从事互联网信息服务的，应当按照《互联网信息服务管理办法》规定，向电信主管部门申请办理互联网信息服务增值电信业务经营许可或者办理非经营性互联网信息服务备案手续，并按照《计算机信息网络国际联网安全保护管理办法》规定，持从事危险物品活动的合法资质材料到所在地县级以上人民政府公安机关接受网站安全检查。
4. ×，解析：《互联网危险物品信息发布管理规定》第 6 条规定，危险物品从业单位依法取得互联网信息服务增值电信业务经营许可或者办理非经营性互联网信息服务备案手续后，可以在本单位网站发布危险物品信息。
   禁止个人在互联网上发布危险物品信息。

（二）单项选择题

1. B，解析：《互联网危险物品信息发布管理规定》第 15 条规定，任何组织和个人对在互联网上违法违规发布危险物品信息和利用互联网从事走私、贩卖危险物品的违法犯罪行为，有权向有关主管部门举报。接到举报的部门应当依法及时处理，并对举报有功人员予以奖励。
2. D，解析：《互联网危险物品信息发布管理规定》第 10 条规定，禁止危险物品从业单位在本单位网站以外的互联网应用服务中发布危险物品信息及建立相关链接。危险物品从业单位发布的危险物品信息不得包含诱导非法购销危险物品行为的内容。
3. C，解析：《互联网危险物品信息发布管理规定》第 8 条规定，危险物品从业单位应当在本单位网站主页显著位置标明可供查询的互联网信息服务经营许可证编号或者备案编号、从事危险物品活动的合法资质和营业执照等材料。
4. B，解析：《互联网危险物品信息发布管理规定》第 5 条规定，危险物品从业单位从事互联网信息服务的，应当按照《互联网信息服务管理办法》规定，向电信主管部门申请办理互联网信息服务增值电信业务经营许可或者办理非经营性互联网信息服务备案手续，并按照《计算机信息网络国际联网安全保护管理办法》规定，持从事危险物品活动的合法资质材料到所在地县级以上人民政府公安机关接受网站安全检查。

（三）多项选择题

1. ABCD，解析：《互联网危险物品信息发布管理规定》第3条规定："本规定所称危险物品从业单位，是指依法取得危险物品生产、经营、使用资质的单位以及从事危险物品相关工作的教学、科研、社会团体、中介机构等单位。具体包括：（一）经公安机关核发《民用枪支（弹药）制造许可证》、《民用枪支（弹药）配售许可证》的民用枪支、弹药制造、配售企业；（二）经民用爆炸物品行业主管部门核发《民用爆炸物品生产许可证》、《民用爆炸物品销售许可证》的民用爆炸物品生产、销售企业，经公安机关核发《爆破作业单位许可证》的爆破作业单位；（三）经安全生产监督管理部门核发《烟花爆竹安全生产许可证》、《烟花爆竹经营（批发）许可证》、《烟花爆竹经营（零售）许可证》的烟花爆竹生产、经营单位；（四）经安全生产监督管理部门核发《危险化学品安全生产许可证》、《危险化学品经营许可证》、《危险化学品安全使用许可证》的危险化学品生产、经营、使用单位；（五）经环境保护主管部门核发《辐射安全许可证》的生产、销售、使用放射性同位素和射线装置单位；（六）经国务院核材料管理部门核发《核材料许可证》的核材料持有、使用、生产、储存、运输和处置单位；（七）经公安机关批准的弩制造企业、营业性射击场，经公安机关登记备案的管制刀具制造、销售单位；（八）从事危险物品教学、科研、服务的高等院校、科研院所、社会团体、中介机构和技术服务企业；（九）法律、法规规定的其他危险物品从业单位。"
2. ABC，解析：《互联网危险物品信息发布管理规定》第4条规定，本规定所称危险物品信息，是指在互联网上发布的危险物品生产、经营、储存、使用信息，包括危险物品种类、性能、用途和危险物品专业服务等相关信息。
3. ABCD，解析：《互联网危险物品信息发布管理规定》第8条规定，危险物品从业单位应当在本单位网站主页显著位置标明可供查询的互联网信息服务经营许可证编号或者备案编号、从事危险物品活动的合法资质和营业执照等材料。
4. ABCD，解析：《互联网危险物品信息发布管理规定》第13条规定，各级公安、网信、工业和信息化、电信主管、环境保护、工商行政管理、安全监管等部门在各自的职责范围内依法履行职责，完善危险物品从业单位许可、登记备案、信息情况通报和信息发布机制，加强协作配合，共同防范危险物品信息发布的违法犯罪行为。

（四）填空题

1. 违法违规发布危险物品信息；利用互联网从事走私；贩卖危险物品的；予以奖励。（《互联网危险物品信息发布管理规定》第15条）
2. 立即停止传输；采取消除等处置措施；保存有关记录。（《互联网危险物品信息发布管理规定》第12条）
3. 任何单位；个人。（《互联网危险物品信息发布管理规定》第11条）

（五）简答题

答：《互联网危险物品信息发布管理规定》第9条规定：“危险物品从业单位应当在本单位网站网页显著位置标明单位、个人购买相关危险物品应当具备的资质、资格条件：（一）购买民用枪支、弹药应当持有省级或者设区的市级人民政府公安机关核发的《民用枪支（弹药）配购证》。（二）购买民用爆炸物品应当持有国务院民用爆炸物品行业主管部门核发的《民用爆炸物品生产许可证》，或者省级人民政府民用爆炸物品行业主管部门核发的《民用爆炸物品销售许可证》，或者所在地县级人民政府公安机关核发的《民用爆炸物品购买许可证》。（三）购买烟花爆竹的，批发企业应当持有安全生产监督管理部门核发的《烟花爆竹经营（批发）许可证》；零售单位应当持有安全生产监督管理部门核发的《烟花爆竹经营（零售）许可证》；举办焰火晚会以及其他大型焰火燃放活动的应当持有公安机关核发的《焰火燃放许可证》；个人消费者应当向持有安全生产监督管理部门核发的《烟花爆竹经营（零售）许可证》的零售单位购买。批发企业向烟花爆竹生产企业采购烟花爆竹；零售经营者向烟花爆竹批发企业采购烟花爆竹。严禁零售单位和个人购买专业燃放类烟花爆竹。（四）购买剧毒化学品应当持有安全生产监督管理部门核发的《危险化学品安全生产许可证》，或者设区的市级人民政府安全生产监督管理部门核发的《危险化学品经营许可证》或者《危险化学品安全使用许可证》，或者县级人民政府公安机关核发的《剧毒化学品购买许可证》。购买易制爆危险化学品应当持有安全生产监督管理部门核发的《危险化学品安全生产许可证》，或者工业和信息化部核发的《民用爆炸物品生产许可证》，或者设区的市级人民政府安全生产监督管理部门核发的《危险化学品经营许可证》或者《危险化学品安全使用许可证》，或者本单位出具的合法用途证明。（五）购买放射性同位素的单位应当持有环境保护主管部门核发的《辐射安全许可证》。（六）购买核材料的单位应当持有国务院核材料管理部门核发的《核材料许可证》。（七）购买弩应当持有省级人民政府公安机关批准使用的许可文件。（八）购买匕首、三棱刮刀应当持有所在单位的批准文件或者证明，且匕首仅限于军人、警察、专业狩猎人员和地质、勘探等野外作业人员购买，三棱刮刀仅限于机械加工单位购买。（九）法律、法规和相关管理部门的其他。”

四十七、互联网用户账号名称管理规定

（一）判断题

1. 互联网用户账号名称，是指机构或个人在博客、微博客、即时通信工具、论坛、贴吧、跟帖评论等互联网信息服务中注册或使用的账号名称。（ ）
2. 国家互联网信息办公室负责对全国互联网用户账号名称的注册、使用实施监督管理，各省、自治区、直辖市互联网信息内容主管部门负责对本行政区域内以及下级行政区域内互联网用户账号名称的注册、使用实施监督管理。（ ）
3. 互联网信息服务使用者以虚假信息骗取账号名称注册，或其账号头像、简介等注册信息存在违法和不良信息的，互联网信息服务提供者可以采取通知限期改正、暂停使用、注销登记等措施。（ ）
4. 互联网信息服务使用者注册账号时，应当与互联网信息服务提供者签订协议，承诺遵守法律法规、社会主义制度、国家利益、公民合法权益、公共秩序、社会道德风尚和信息真实性等七条底线。（ ）

（二）单项选择题

1. 互联网信息服务提供者应当按照（ ）的原则，要求互联网信息服务使用者通过真实身份信息认证后注册账号。

   A. “前台实名，后台自愿”　　B. “后台实名、前台自愿”

   C. “前台自愿”　　D. “后台实名”

2. 对冒用、关联机构或社会名人注册账号名称的，互联网信息服务提供者应当（ ），并向互联网信息内容主管部门报告。

   A. 停用其账号　　B. 修改其账号

   C. 注销其账号　　D. 关闭其账号

3. 互联网信息服务使用者注册账号时，应当与互联网信息服务提供者（ ），承诺遵守法律法规、社会主义制度、国家利益、公民合法权益、公共秩序、社会道德风尚和信息真实性等七条底线。

A. 签订合同　　B. 达成协议

C. 签订协议　　D. 达成合同

4. 互联网信息服务使用者以（　　）骗取账号名称注册，或其账号头像、简介等注册信息存在违法和不良信息的，互联网信息服务提供者应当采取通知限期改正、暂停使用、注销登记等措施。

A. 违规信息　　B. 违法信息

C. 他人信息　　**D. 虚假信息**

（三）多项选择题

1. 互联网用户账号名称，是指机构或个人在（　　）等互联网信息服务中注册或使用的账号名称。

A. 博客　　B. 微博客

C. 即时通信工具　　D. 论坛

2. 互联网信息服务使用者注册账号时，应当与互联网信息服务提供者签订协议，承诺遵守法律法规、社会主义制度、国家利益、（　　）等七条底线。

A. 公民合法权益　　B. 社会利益

C. 社会道德风尚　　D. 信息真实性

3. 互联网信息服务使用者以虚假信息骗取账号名称注册，或其账号头像、简介等注册信息存在违法和不良信息的，互联网信息服务提供者应当采取（　　）等措施。

A. 通知限期改正　　B. 暂停使用

C. 注销登记　　D. 删除信息

4. 任何机构或个人注册和使用的互联网用户账号名称，不得有下列哪些情形？（　　）

A. 违反宪法或法律法规规定的

B. 危害国家安全，泄露国家秘密，颠覆国家政权，破坏国家统一的

C. 损害国家荣誉和利益的，损害公共利益的

D. 煽动民族仇恨、民族歧视，破坏民族团结的

（四）填空题

1. 互联网信息服务提供者应当按照____的原则，要求互联网信息服务使用者通过____后注册账号。
2. 互联网信息服务使用者以虚假信息骗取账号名称注册，或其账号头像、简介等注册信息存在违法和不良信息的，互联网信息服务提供者应当____、____、____等措施。
3. 对冒用、关联机构或社会名人注册账号名称的，互联网信息服务提供者应当____，并向____报告。

（五）简答题

任何机构或个人注册和使用的互联网用户账号名称，不得有哪些情形？

参考答案

（一）判断题

1. √，解析：《互联网用户账号名称管理规定》第2条第2款。
2. ×，解析：《互联网用户账号名称管理规定》第3条规定，国家互联网信息办公室负责对全国互联网用户账号名称的注册、使用实施监督管理，各省、自治区、直辖市互联网信息内容主管部门负责对本行政区域内互联网用户账号名称的注册、使用实施监督管理。
3. ×，解析：《互联网用户账号名称管理规定》第7条规定，互联网信息服务使用者以虚假信息骗取账号名称注册，或其账号头像、简介等注册信息存在违法和不良信息的，互联网信息服务提供者应当采取通知限期改正、暂停使用、注销登记等措施。
4. √，解析：《互联网用户账号名称管理规定》第5条第2款。

（二）单项选择题

1. B，解析：《互联网用户账号名称管理规定》第5条规定，互联网信息服务提供者应当按照“后台实名、前台自愿”的原则，要求互联网信息服务使用者通过真实身份信息认证后注册账号。互联网信息服务使用者注册账号时，应当与互联网信息服务提供者签订协议，承诺遵守法律法规、社会主义制度、国家利益、公民合法权益、公共秩序、社会道德风尚和信息真实性等七条底线。

2. C，解析：《互联网用户账号名称管理规定》第8条规定，对冒用、关联机构或社会名人注册账号名称的，互联网信息服务提供者应当注销其账号，并向互联网信息内容主管部门报告。

3. C，解析：《互联网用户账号名称管理规定》第5条规定，互联网信息服务提供者应当按照“后台实名、前台自愿”的原则，要求互联网信息服务使用者通过真实身份信息认证后注册账号。互联网信息服务使用者注册账号时，应当与互联网信息服务提供者签订协议，承诺遵守法律法规、社会主义制度、国家利益、公民合法权益、公共秩序、社会道德风尚和信息真实性等七条底线。

4. D，解析：《互联网用户账号名称管理规定》第7条规定，互联网信息服务使用者以虚假信息骗取账号名称注册，或其账号头像、简介等注册信息存在违法和不良信息的，互联网信息服务提供者应当采取通知限期改正、暂停使用、注销登记等措施。

（三）多项选择题

1. ABCD，解析：《互联网用户账号名称管理规定》第2条第2款规定，本规定所称互联网用户账号名称，是指机构或个人在博客、微博客、即时通信工具、论坛、贴吧、跟帖评论等互联网信息服务中注册或使用的账号名称。
2. ACD，解析：《互联网用户账号名称管理规定》第5条规定，互联网信息服务提供者应当按照“后台实名、前台自愿”的原则，要求互联网信息服务使用者通过真实身份信息认证后注册账号。互联网信息服务使用者注册账号时，应当与互联网信息服务提供者签订协议，承诺遵守法律法规、社会主义制度、国家利益、公民合法权益、公共秩序、社会道德风尚和信息真实性等七条底线。
3. ABC，解析：《互联网用户账号名称管理规定》第7条规定，互联网信息服务使用者以虚假信息骗取账号名称注册，或其账号头像、简介等注册信息存在违法和不良信息的，互联网信息服务提供者应当采取通知限期改正、暂停使用、注销登记等措施。
4. ABCD，解析：《互联网用户账号名称管理规定》第6条规定：“任何机构或个人注册和使用的互联网用户账号名称，不得有下列情形：（一）违反宪法或法律法规规定的；（二）危害国家安全，泄露国家秘密，颠覆国家政权，破坏国家统一的；（三）损害国家荣誉和利益的，损害公共利益的；（四）煽动民族仇恨、民族歧视，破坏民族团结的；（五）破坏国家宗教政策，宣扬邪教和封建迷信的；（六）散布谣言，扰乱社会秩序，破坏社会稳定的；（七）散布淫秽、色情、赌博、暴力、凶杀、恐怖或者教唆犯罪的；（八）侮辱或者诽谤他人，侵害他人合法权益的；（九）含有法律、行政法规禁止的其他内容的。”

（四）填空题

1. “后台实名、前台自愿”；真实身份信息认证。（《互联网用户账号名称管理规定》第5条第1款）
2. 采取通知限期改正；暂停使用；注销登记。（《互联网用户账号名称管理规定》第7条）
3. 注销其账号；互联网信息内容主管部门。（《互联网用户账号名称管理规定》第8条）

（五）简答题

答：《互联网用户账号名称管理规定》第6条规定：“任何机构或个人注册和使用的互联网用户账号名称，不得有下列情形：（一）违反宪法或法律法规规定的；（二）危害国家安全，泄露国家秘密，颠覆国家政权，破坏国家统一的；（三）损害国家荣誉和利益的，损害公共利益的；（四）煽动民族仇恨、民族歧视，破坏民族团结的；（五）破坏国家宗教政策，宣扬邪教和封建迷信的；（六）散布谣言，扰乱社会秩序，破坏社会稳定的；（七）散布淫秽、色情、赌博、暴力、凶杀、恐怖或者教唆犯罪的；（八）侮辱或者诽谤他人，侵害他人合法权益的；（九）含有法律、行政法规禁止的其他内容的。”

四十八、即时通信工具公众信息服务发展管理暂行规定

(一) 判断题

1. 即时通信工具，是指基于互联网面向终端使用者提供即时信息交流服务的应用。本规定所称公众信息服务，是指通过即时通信工具的公众账号及其他形式向公众发布信息的活动。(　　)
2. 国家互联网信息办公室负责统筹协调指导即时通信工具公众信息服务发展管理工作，市级互联网信息内容主管部门负责本行政区域的相关工作。(　　)
3. 互联网行业组织可以积极发挥作用，加强行业自律，推动行业信用评价体系建设，促进行业健康有序发展。(　　)
4. 即时通信工具服务提供者应当取得法律法规规定的相关资质。即时通信工具服务提供者从事公众信息服务活动，应当取得互联网新闻信息服务资质。(　　)

(二) 单项选择题

1. 即时通信工具服务提供者应当落实安全管理责任，建立健全各项制度，配备与服务规模相适应的专业人员，保护用户信息及公民个人隐私，自觉接受(　　)，及时处理公众举报的违法和不良信息。

   A. 公众监督　　B. 社会监督

   C. 政府监督　　D. 媒体监督
2. 即时通信工具服务提供者应当按照(　　)的原则，要求即时通信工具服务使用者通过真实身份信息认证后注册账号。

   A. “后台实名、前台自愿”　　B. “前台实名、后台自愿”

   C. “后台实名”　　D. “前台自愿”

3. 即时通信工具服务使用者注册账号时，应当与即时通信工具服务提供者(　　)，承诺遵守法律法规、社会主义制度、国家利益、公民合法权益、公共秩序、社会道德风尚和信息真实性等“七条底线”。

A. 签订合同　　B. 达成协议

C. 签订协议　　D. 达成合同

4. 即时通信工具服务使用者为从事公众信息服务活动开设公众账号，(　　)经即时通信工具服务提供者审核，由即时通信工具服务提供者向互联网信息内容主管部门分类备案。

A. 无须　　B. 不应该

C. 可以　　D. 应当

(三) 多项选择题

1. 鼓励(　　)开设公众账号，服务经济社会发展，满足公众需求。

A. 各级党政机关　　B. 企事业单位

C. 财团法人　　D. 各人民团体

2. 对违反协议约定的即时通信工具服务使用者，即时通信工具服务提供者应当视情节采取(　　)等措施，并保存有关记录，履行向有关主管部门报告义务。

A. 训诫　　B. 警示

C. 限制发布　　D. 暂停更新直至关闭账号

3. 即时通信工具服务使用者注册账号时，应当与即时通信工具服务提供者签订协议，承诺遵守法律法规、社会主义制度、国家利益、(　　)等“七条底线”。

A. 公民合法权益　　B. 公共秩序

C. 社会道德风尚　　D. 信息真实性

4. (　　)可以发布、转载时政类新闻，取得互联网新闻信息服务资质的非新闻单位开设的公众账号可以转载时政类新闻。其他公众账号未经批准不得发布、转载时政类新闻。

A. 新闻单位　　B. 新闻网站开设的公众账号

C. 新闻单位的工作者　　D. 新闻单位工作者的私人微博

（四）填空题

1. ____负责统筹协调指导即时通信工具公众信息服务发展管理工作，____负责本行政区域的相关工作。
2. 即时通信工具服务提供者应当取得____。即时通信工具服务提供者从事公众信息服务活动，应当取得____。
3. 即时通信工具服务提供者应当按照“____、____”的原则，要求即时通信工具服务使用者通过____后注册账号。
4. 即时通信工具服务使用者为从事公众信息服务活动开设____，应当经____审核，由即时通信工具服务提供者向____分类备案。

（五）简答题

简述对即时通信工具服务提供者的责任管理与监督机制。

参考答案

（一）判断题

1. √，解析：《即时通信工具公众信息服务发展管理暂行规定》第2条第2款。
2. ×，解析：《即时通信工具公众信息服务发展管理暂行规定》第3条第1款规定，国家互联网信息办公室负责统筹协调指导即时通信工具公众信息服务发展管理工作，省级互联网信息内容主管部门负责本行政区域的相关工作。
3. ×，解析：《即时通信工具公众信息服务发展管理暂行规定》第3条第2款规定，互联网行业组织应当积极发挥作用，加强行业自律，推动行业信用评价体系建设，促进行业健康有序发展。
4. √，解析：《即时通信工具公众信息服务发展管理暂行规定》第4条规定，即时通信工具服务提供者应当取得法律法规规定的相关资质。即时通信工具服务提供者从事公众信息服务活动，应当取得互联网新闻信息服务资质。

（二）单项选择题

1. B，解析：《即时通信工具公众信息服务发展管理暂行规定》第5条规定，即时通信工具服务提供者应当落实安全管理责任，建立健全各项制度，配备与服务规模相适应的专业人员，保护用户信息及公民个人隐私，自觉接受社会监督，及时处理公众举报的违法和不良信息。

2. A，解析：《即时通信工具公众信息服务发展管理暂行规定》第 6 条第 1 款规定，即时通信工具服务提供者应当按照“后台实名、前台自愿”的原则，要求即时通信工具服务使用者通过真实身份信息认证后注册账号。
3. C，解析：《即时通信工具公众信息服务发展管理暂行规定》第 6 条第 2 款规定，即时通信工具服务使用者注册账号时，应当与即时通信工具服务提供者签订协议，承诺遵守法律法规、社会主义制度、国家利益、公民合法权益、公共秩序、社会道德风尚和信息真实性等“七条底线”。
4. D，解析：《即时通信工具公众信息服务发展管理暂行规定》第 7 条第 1 款规定，即时通信工具服务使用者为从事公众信息服务活动开设公众账号，应当经即时通信工具服务提供者审核，由即时通信工具服务提供者向互联网信息内容主管部门分类备案。

（三）多项选择题

1. ABD，解析：《即时通信工具公众信息服务发展管理暂行规定》第 7 条规定，即时通信工具服务使用者为从事公众信息服务活动开设公众账号，应当经即时通信工具服务提供者审核，由即时通信工具服务提供者向互联网信息内容主管部门分类备案。新闻单位、新闻网站开设的公众账号可以发布、转载时政类新闻，取得互联网新闻信息服务资质的非新闻单位开设的公众账号可以转载时政类新闻。其他公众账号未经批准不得发布、转载时政类新闻。即时通信工具服务提供者应当对可以发布或转载时政类新闻的公众账号加注标识。鼓励各级党政机关、企事业单位和各人民团体开设公众账号，服务经济社会发展，满足公众需求。
2. BCD，解析：《即时通信工具公众信息服务发展管理暂行规定》第 8 条规定，即时通信工具服务使用者从事公众信息服务活动，应当遵守相关法律法规。对违反协议约定的即时通信工具服务使用者，即时通信工具服务提供者应当视情节采取警示、限制发布、暂停更新直至关闭账号等措施，并保存有关记录，履行向有关主管部门报告义务。
3. ABCD，解析：《即时通信工具公众信息服务发展管理暂行规定》第 6 条规定，即时通信工具服务提供者应当按照“后台实名、前台自愿”的原则，要求即时通信工具服务使用者通过真实身份信息认证后注册账号。即时通信工具服务使用者注册账号时，应当与即时通信工具服务提供者签订协议，承诺遵守法律法规、社会主义制度、国家利益、公民合法权益、公共秩序、社会道德风尚和信息真实性等“七条底线”。

4. AB，解析：《即时通信工具公众信息服务发展管理暂行规定》第7条第2款规定，新闻单位、新闻网站开设的公众账号可以发布、转载时政类新闻，取得互联网新闻信息服务资质的非新闻单位开设的公众账号可以转载时政类新闻。其他公众账号未经批准不得发布、转载时政类新闻。

（四）填空题

1. 国家互联网信息办公室；省级互联网信息内容主管部门。（《即时通信工具公众信息服务发展管理暂行规定》第3条第1款）
2. 法律法规规定的相关资质；互联网新闻信息服务资质。（《即时通信工具公众信息服务发展管理暂行规定》第4条）
3. 后台实名；前台自愿；真实身份信息认证。（《即时通信工具公众信息服务发展管理暂行规定》第6条第1款）
4. 公众账号；即时通信工具服务提供者；互联网信息内容主管部门。（《即时通信工具公众信息服务发展管理暂行规定》第7条第1款）

（五）简答题

答：《即时通信工具公众信息服务发展管理暂行规定》第5条规定，即时通信工具服务提供者应当落实安全管理责任，建立健全各项制度，配备与服务规模相适应的专业人员，保护用户信息及公民个人隐私，自觉接受社会监督，及时处理公众举报的违法和不良信息。